邹广严教育文集

第五卷（2020—2021）

邹广严　著

国家图书馆出版社

2020年2月26日，时任四川省委教育工委副书记李光华同志（左二）来校调研疫情防控和在线教育工作，肯定锦城学院"第一时间全员，全课表线上开学"

2020年5月9日，邹广严校长在十五周年校庆大会上发表重要讲话——《忆"锦城"创业历史，创锦大新的辉煌》

2020年12月1日，锦城学院4K HDR超高清演播室系统剪彩、启用仪式圆满举行。该演播室占地面积500余平方米，是西南首家全流程4K HDR演播室。在西南地区高校中，该演播室设备最新、最先进、最完善，整个配套系统处于行业内的领先水平

2021年3月19日，时任四川大学校长李言荣、副校长梁斌一行来校考察指导。李言荣校长表示："四川大学在过去、现在和将来都将支持锦城学院实现办学目标"

2021年3月23—24日，全国高校设置评议委员会专家组在锦城学院进行了为期两天的转设评审实地考察，高度评价学校"有理念、有规范、有成绩、有特色"

2021年4月2日，教育部思政司司长魏士强（左四）在时任四川省委教育工委副书记李光华（右四）陪同下，到锦城学院调研思政工作。魏司长表示："把党建和思想政治工作的理念转化成具体的行动，在潜移默化中影响和教育学生，是锦城学院非常鲜明的特色"

中华人民共和国教育部

教发函〔2021〕96 号

教育部关于同意四川大学锦城学院
转设为成都锦城学院的函

四川省人民政府:

《四川省人民政府关于四川大学锦城学院转设为独立设置普通本科高校的函》(川府函〔2021〕35 号)、《四川省教育厅关于提请调整四川大学锦城学院拟转设校名的函》(川教函〔2021〕134 号)收悉。

根据《中华人民共和国高等教育法》《中华人民共和国民办教育促进法》《中华人民共和国民办教育促进法实施条例》《普通本科学校设置暂行规定》《关于加快推进独立学院转设工作的实施方案》有关规定以及第七届全国高等学校设置评议委员会评议结果,经教育部党组会议研究决定,同意四川大学锦城学院转设为成都锦城学院,学校标识码 4151013903;同时撤销四川大学锦城学院的建制。现将有关事项函告如下:

一、成都锦城学院系独立设置的本科层次民办普通高等学校,由你省负责管理。

二、学校要切实加强党的建设,全面贯彻党的教育方针,坚持

2021 年 5 月 31 日,经教育部审批同意,学校正式由"四川大学锦城学院"转设为"成都锦城学院",开启办学新篇章

2021年6月15日，锦城学院校务（扩大）会议宣布王亚利任校长。图为邹广严、王亚利校长共同出席毕业典礼活动

2021年7月1日，邹广严校长获得"光荣在党50年"纪念章

2021年10月22日，邹广严校长在锦城教育理论专题研讨班上为干部员工讲授"四大框架"的理论精髓和贯彻要点

2021年11月12日，邹广严校长与到学校指导团学工作的共青团四川省委副书记任世强（前排左一）、时任共青团成都市委书记李佳林（前排右一）交谈

目　录

2021年　四大框架攀顶峰

2020年
实现转变再跨越

这一年，明确"以三个增值为目标，以显性成果为导向，以改革创新为动力，以公正评价为手段，实现'锦城'高质量发展"的总任务；

这一年，一手抓疫情防控，一手抓教育教学，通过大规模网课，开展"未来型大学"的建设和实践，学习教育目标分类学理论，全面深化"锦城"人才培养改革；

这一年，大力推动转设，为学校加快发展、永续发展开辟新天地，提出打造"锦城教育"百年品牌的伟大构想；

这一年，继续抓队伍、上质量，为持续提高学生满意度和社会认可度不懈奋斗！

春华秋实又一年，砥砺向前再出发

——2020年新年寄语

（2020年1月1日）

新年伊始，万象更新。值此佳节，我谨代表学校党、政、工、团，向全校师生员工和海内外校友致以亲切的问候和新年的祝福！向所有关心、支持学校事业发展的各级领导和社会各界朋友致以衷心的感谢和崇高的敬意！

一年砥砺前行，一年春华秋实。对于全体"锦城人"来说，2019年是忙碌充实的一年，也是硕果累累的一年。在这一年里，我们守正创新，凝心聚力，狠抓落实，谋取突破，用昂扬奋斗谱写了"锦城教育"新的辉煌，交上了一份事业发展的优秀答卷。

这一年，我们深入贯彻落实教育部系列文件精神，高扬提升人才培养质量的主旋律，着力打造"金专""金课"，取得良好成效，获批省级一流专业4个、省级应用型示范专业2个、省级精品在线开放课程1门、省级应用型示范课程5门。我们狠抓"学生忙起来，教师强起来，管理严起来，效果实起来，质量高起来"。据调查，我校学生每天的平均学习时间比2018年增加1小时，周末平均学习时间增加0.36小时，校园里一个明显的变化就是学生都更忙了。我们的教师队伍中涌现出以"全国优秀教师"李海艳为代表的一大批践行学校"四全三高"理念的优秀教师。我们把优教和严管结合起来，继续深入推进"三大教改""两设一翻""课堂大于天""三不放水"等措施，首创"双50"制度，严格执行五个环节的过程考核，加强教学督查。我们的育人成果在竞赛中凸显——今年的各类学科竞赛中，我校获得国家级一等奖1项、二等奖3项、三等奖4项；省级一等奖44项、二等奖94项、三等奖194项；大学生"互联网+"大赛中，我校获国赛铜奖1项，省赛金奖1项、银奖4项、铜奖12项；"挑战杯"全国大学生课外学术科技作品竞赛中，我校获省赛二等奖2项、三等奖4项。

这一年，我校的招生和就业延续了"进口旺，出口畅"的大好局面。2019年招生人数创历史最高，提档线排位稳中有升，实现了生源规模和生源质量的双丰收。我们延续了毕业生高就业、就好业的优良传统，特别是2019届毕业生考研（含出境留学）上线率近20%，创历史新高；我校与泰国商会大学联合培养硕士研究生的项目也诞生了首届29名硕士毕业生，这些都充分证明了我校人才培养水平的提升，再次奏响了"就读锦城，锦绣前程"的强音。

这一年，我们创造新优势，夺取新辉煌。继续勇作教育教学改革排头兵，获批教育部1+X证书制度试点1项、四川省高等教育人才培养质量和教学改革项目10个；"以传统农耕文化为载体的新时代高校劳动实践教育体系"从众多项目中脱颖而出，获批"教育部高校思想政治工作精品项目"；劳动教育和教学改革两大特色，分别获全省教育体制机制改革试点重点和一般项目立项；第八批"四川省社会科学普及基地"花落我校；以大数据、智能超算、脑机融合、机器人、物联网等为代表的一大批前沿实验室更在紧锣密鼓地建设中……我们有理由相信，"锦城"明天会更强大，更领先！

这一年，我们的社会影响力继续扩大。通过《中国日报》（*China Daily*）的专题报道，我校劳动教育获得了国际性的关注，赢得了国内外网友纷纷点赞；CCTV发现之旅频道推出我校专题纪录片《人才·锦绣》，高度评价我校人才培养。《广州日报》应用型大学排行榜、中国科教评价研究院民办本科院校及独立学院竞争力排行榜、武书连大学评价排行榜等第三方评价均把我校评为同类院校中西部领先、四川第一的高校。锦大创造了一种被教育界和社会各界公认的教育价值。光荣属于锦城学院！

老师们，同学们，同志们，盛世又逢新岁月，春来更有好花枝。2020年是"锦城"建校十五周年，也是我校实现历史转折、承前启后、再上台阶的一年。我们将以学校、教师、学生的"三个增值"为目标，以教学、科研、社会服务的显性成果为导向，以改革创新和新技术赋能为动力，以公正评价、奖惩分明的考核评价机制为手段，大力促进"锦城教育"高质量发展，奋力开创"锦城教育"的新局面！

我们要顺应历史潮流，把握有利时机，站在谋全局、谋长远的战略高度，积极推进转设工作。在四川大学和股东单位的大力支持下，我校经过十五年的建设和发展，办学条件臻于完善，办学实力显著增强，考生向往，社会赞誉，转设条件已经成熟。我们要抓住国家支持转设的历史机遇，高度重视，全力以赴，做好各项工作，确保顺利通过、平稳过渡，为学校加快发展、永续发展开辟新天地！

我们要继续坚持高质量办学和高质量发展，把应用型人才培养做到最好，把本科教育办到一流。要继续贯彻"严起来、忙起来、长起来"的要求，建设一流校风；要坚持通过改革创新和技术赋能提高我校教育质量，推动我校教育教学从传统型教学向智能型教学转变，从工业时代的标准化教学向数据时代的个性化教学转变，从现在时的适应式教学向未来时的前瞻式教学转变，从先生教学生学、先教后学向预习在前、先学后教、师生切磋、教学相长转变，从以知识为主的教育向以智慧为主的教育转变，打造"锦城教育"新生态。科研工作要在量的增长基础上更加注重质的提升，社会服务工作要继续做好、做强，为区域经济社会发展贡献更多更大的"锦城力量"！

光大"锦城教育"，关键在人才，成败在队伍。我们要继续抓好教师、管理、服务三支队伍建设。要以师德、师风、师才、师能建设为核心，以"四全三高"为要求，不断提高我校教师的育人水平和学术水平；要继续提高管理水平、服务质量、协作效能，为师生排忧解难，让师生办事更便捷，工作学习更舒心。我们要聚才、用才、爱才，以奋斗者为本，绝不亏待每一个忠诚员工，让他们更有尊严地工作和生活，充满激情地、全身心投入"锦城"教育事业！

衷心祝愿全校师生和各界朋友新年吉祥如意、幸福安康！祝愿学校的明天更美好！

抓住机遇，实现转变，
努力把"锦城教育"推向新阶段

——在2020年工作部署大会上的讲话

（2020年1月11日）

各位老师，同志们：

大家好！今天上午我们听了党委副书记、副校长王亚利教授对学校2019年度工作的全面总结，总督办就教学行政督查工作做了报告，还听了几位老师、辅导员和校友的发言。他们都讲得很好，大家很赞赏。刚才我们投资方的毛董事长和钟总又做了很好的讲话，对我校过去十五年的发展充分肯定，对今后的规划建设和发展表示要大力支持。

在这里我要特别说一下，以毛董事长为代表的锦城学院投资方有三个很重要的特点。第一个特点，他们是在我们最困难的时候投资进来的，不是行市看涨的时候进来的。大家都知道，任何一个单位创业时是最困难的，是最需要投资支持的。当时扩招受到指责，银行不给学校贷款，尤其不给民办高校贷款，他们在这个时候投资"锦城"——当然他们也有自己的判断，认为锦城学院一定能办好。第二个特点，他们和其他股东（省内十几家企业）过去十几年没有拿走一分钱回报，全力支持学校创业初期的建设和滚动发展。要知道，按照过去的法律规定，投资民办高校是可以取得合理回报的，他们应当分配但没有拿走，竭力支持锦城学院做大做强，这是我们能从2000人发展到2万人的物质基础。第三个特点，他们对学校进行投资，但不干预学校运营和发展的日常事务、学术性事务，放手让学校处理。他们相信我们不会把钱用到不该用的地方，对我们放心、放手，充分信任。这是难能可贵的，我们应该感谢他们！以毛先生为代表的投资方为学校十五年来的发展作出了突出的贡献，我们要记住这点。

今天，我要讲的是——2020年，我们怎么干？

一、2020年"锦城"工作总方针、总任务——四个着力点，力促"锦城"高质量发展

2020年我校工作的总方针、总任务是：以"三个增值"为目标，以显性成果为导向，以改革创新为动力，以公正评价为手段，实现"锦城"高质量发展。

（一）以"三个增值"为目标

为什么要以"三个增值"为目标？我可以告诉大家，办学校就是为了实现师生的增值，如果师生不增值就没有必要办学校。我曾说过："能够使学校、教师和学生都增值的学校就是好学校。"增值多的叫一流学校，增值一般的叫二流学校，增值少的叫三流学校。"三个增值"是我们"锦城"的通俗说法，是我们发展的中心目标。我们要办"近者悦，远者来"的大学，学生、教师、学校就必须增值。

　　什么叫学生增值？学生增值突出的标志就是他们获得了有价值的文凭和学位，更重要的是学到了知识，增长了才干，提高了本领，培养了智慧。当然，我们还要将学生增值数据化，例如学生在各类竞赛（包括学术的、体育的、艺术的比赛）中，与西华大学、成都信息工程大学比，与电子科技大学和四川大学等高校比，能够打赢，这就是增值；学生毕业后实现了高就业、就好业，到了岗位能胜任工作，受到单位好评，步步晋升，这就是增值。你们看今天上午发言的校友段吟颖，毕业十年时间，晋升到了四川农业大学的教授、硕士生导师；我们还有一位校友马超，小小年纪就当了一家国企的董事长。前几天在我们的校友年会上，我很欣喜地看到部分校友已经能够独立担任项目工程师，比如：陈伟校友担任宁波梅山春晓大桥施工项目部总工程师，这座桥开启宽度列同类桥梁世界第一；唐小灵校友曾任赤水河大桥四川岸施工项目部副经理，赤水河大桥的净空高度是世界第一啊！学生们的成长、成人、成才、成功，这就是增值。

　　什么叫教师增值？学生增值首先是教师增值。有些年轻教师，到"锦城"来的时候，对教育、教学懂得不多，由于全身心投入"锦城"的教育事业，在学校的训练和老教师的帮助下，师德师风有很大的改善，教学本领有很大的提高，这就是增值；教师在教育界同行中，认可度提升了，话语权增多了，影响力扩大了，这就是增值；教师的教育力、学术力提高了，育人方法完善了，教学科研成果显著了，个人的职称和学历晋升了，从本科到硕士到博士，从助教到讲师到副教授，这不就是增值了吗？

用真心真情赋能学生成长增值。图为四川省第六届高校辅导员年度人物提名奖获得者，锦城学院土木学院辅导员唐毅老师在教室指导学生（土木学院 供图）

什么叫学校增值？学生的增值、老师的增值，必然带来学校的增值。学校培养出好学生，有知名的教授，教学科研和学生成长的显性成果显著增加了，学校就增值了。学校的增值是通过三个方面的知名度、认可度来体现的，即在官方那里的知名度、认可度，在同行那里的知名度、认可度，在学生、家长那里的知名度、认可度。提起"锦城"人们都竖起大拇指，这就是学校增值。去年，我们的招生录取分又提高了一点儿，往前进了一步，这也不简单。

所以，我们要以"三个增值"为目标，不增值学校是办不下去的。老师们，过去十五年，我们已经创造了一种被教育界和社会公众初步认可的独特的"锦城价值"，未来，我们需要让这种"锦城价值"不断增值。

（二）以显性成果为导向

我们为什么要以显性成果为导向？

刚开始办学校的时候，我关心的是，家长把孩子送到这所学校来，毕业了能不能找到工作。因为扩招以后，有些学校的毕业生找不到工作，家长、学生都很恼火。我们学校通过办应用型大学，通过德智体美劳五育并举，培养出社会需要的人，使他们能够找到好的工作，能够回报社会，这当然很好啦。但是，我们办学十多年以后，就要考虑另外一个问题，就是社会评价体系。现在的社会评价体系，包括官方评价、同行评价、第三方评价。他们看重什么？人才培养当然很重要，但"十年树木，百年树人"，看一所学校培养出多少人才，需要很长时间才会有结果。而当前呢？当前最主要的是看成果、看指标。不管我们赞成不赞成，客观上就是这样。比如说，在武书连的大学评价排行榜中，如果我们获得了"互联网＋"大赛国家级金奖，我们在独立学院中的排名就有可能进入全国前三。

我们必须认识到，一所大学是否拥有显性成果，就代表它是否拥有软实力、影响力，是否拥有话语权，这是学校社会地位的象征。

显性成果都包括什么呢？包括教学成果、科研成果、学生培养成果、师资发展成果等，我们列了一个简表，这些都是被政府和社会认可的指标或项目，这就是显性成果。

政府和社会认可的显性成果概览

板块	内容
教学显性成果	教研教改、综合改革项目
	课程建设项目（精品课、示范课、翻转课、慕课等）
	学科专业建设成果 （一流、示范、特色专业、卓越计划、专业评估和认证等）
	教学成果奖

续表

板块	内容
科研显性成果	科研项目（含科研经费）
	科研论文
	学术著作
	专利成果
	科研获奖
	学科竞赛获奖
	社会服务（横向课题）
学生培养显性成果	学生就业
	考研、出国
	英语考试通过率
	计算机等级考试通过率
	职业资格证通过率
师资发展显性成果	教师荣誉（教学名师、教学团队等）
	教师竞赛获奖
	高级职称教师比例
	博士培养与引进
	学科带头人

　　我们明确告诉教职员工，这些显性成果是学校应当争取的，它是教育体系评价的重要指标。我们要尊重政府和社会第三方的评价体系，不是要过分看重，但是它体现了教师的努力和学校的竞争力，所以要尊重。

　　因此，在学校迈入新阶段、踏上新台阶的重要节点，我们要进一步以显性成果为导向，大力促进"锦城教育"高质量发展。

（三）以改革创新为动力

改革创新是我们学校发展不竭的动力。2014年的时候，我就讲过，改革和创新是我们"锦城"后来居上的两大法宝。改革创新就要与保守落后的思维和行为做斗争。我们如果思想保守，新东西一概不接受，抱住过时的东西不放，对日新月异的新技术革命及其影响视而不见，充耳不闻，关起门来办学，能行吗？那肯定是要落伍的。

互联网、大数据、人工智能等新技术的发展和应用，极大地影响和改变着教育，不但改变教学的技术，而且改变教学的思维、教学的形态，甚至学校的体制。现在教育部提倡慕课，教育厅也提出系列在线教育工程。我们要舍得花点钱，花点力气，把它搞上去，一个学院上线一门行不行？

上午总督办周爱萍提出，创新是人工智能时代最主要的特点。有的老师做得很好，金融学院的秋慧、秦洋等老师的"翻转课堂"就做得不错。有毕业校友评价说："锦城学院的教学水平甩某些公办院校十几条街。"好，说得好！尽管夸张了一些，但在创新方面，我们就是要甩某些老学校十几条街。论老办法，别人比我们强。我们不靠创新，不靠改革，就没有办法取胜！

习近平总书记说："谁排斥变革，谁拒绝创新，谁就会落后于时代，谁就会被历史淘汰。"所以，"惟改革者进，惟创新者强，惟改革创新者胜"。

我们必须清楚，抓改革就是促"锦城"发展，抓创新就是谋"锦城"未来。当然，"改革争在朝夕，落实难在方寸"。我们坚持以改革创新为动力，既要顶层设计，还要尊重员工的首创精神；既要胆子大，还要步子稳；既要立治有体，施治有序，还要允许试错，灵活柔性。

（四）以公正评价为手段

目标和导向清楚了，动力足了，用什么手段来保证目标、导向的实现？在教育教学中，考试是指挥棒；在学校管理中，考核评价就是指挥棒。我们要用这根指挥棒指挥全校师生，实现学校的大目标。

去年，我们实行"M+3"的考评机制，效果很好。2018年刚开始绩效考核的时候大家还将信将疑，也有些人不太清楚；到2019年我看大部分员工已经清楚学校重点抓什么、怎样考核了。这就为今年我们的考核评价打下了良好的基础。今年我们的考核办法是什么？"M+3"评价体系原则不变，大稳定，小修改，比如说要增加"两库建设"（教学资料库、学生长板库），稳定三年。

考核的总要求，就是办法、标准、程序、底线都要公开。各个部门要把这个工作做得更好，合格线要公开，标准要明确，考核办法要告诉大家。在这个基础上，条块结合，双重考核，即职能部门认定什么，学院考核什么，学校复核什么，大家要搞清楚。

考核评价一要严格，二要公正，三要科学，坚持"不放水"、不马虎，实事求是。考核评价要能发挥导向作用，还要跟上一个措施，即奖惩兑现、赏罚分明，这自古是治国带兵之道。为了更好地进行公平、公正、科学的考核，我们还要充分发挥大数据的作用，把一切可能数据化的东西数据化。

总之，同志们一定要明白，现阶段我校对教职员工考核的基本原则是坚持教学优先，守住科研底线。在奖励晋升那些优秀员工的同时，坚决把那些多次考核不合格、学生负面反映强烈并经核实的员工淘汰出局，以保持我校教师和管理队伍的高水平。

二、2020年"锦城"工作要点——"三抓两提高"，把"锦城教育"推向高质量新阶段

2020年将是"锦城"历史上大转变的一年，我们要实现三大转变：一是学校由独立学院向民办大学转变，二是发展战略从规模扩大向高质量内涵发展转变，三是教职工队伍向高水平转变。而这些转变，需要靠具体的措施来保证。2020年的具体工作要点是"三抓两提高"，宗旨是努力把"锦城教育"推向高质量发展新阶段。

（一）抓转设，为学校加快发展、永续发展开辟新天地

什么叫"转设"？把独立学院转设为名正言顺的独立的民办高校，把八个字变成四个字，把帽子摘了，变成锦城学院，这就叫转设。为什么要转设，转设我们要抓什么，有必要给大家讲讲。

1.提高认识，统一认识，把转设的重要性和重大意义宣传到家喻户晓

我们要把这个工作做好，全体员工，特别是全体老师、辅导员、干部都要提高认识，统一认识，把转设的重要性和重大意义宣传到家喻户晓（包括学生），这是非常必要的。

首先，独立学院是扩招的产物，它的历史使命已经完成，是时候退出中国高等教育历史舞台了。

我国高等教育毛入学率1978年只有1.55%，1988年达到3.7%，1998年也仅升至9.76%。按照马丁·特罗的分类，我们国家当时还在高等教育的精英化阶段。后来朱镕基总理接受了汤敏的建议，1999年起高校开始扩大招生规模。作为分担扩招的载体，在美国是赠地学院、社区学院，在日本和韩国是私立高校，而我国那时候公办高校的条件和容量都是有限的，民办本科高校又基本没搞起来，公共财政投入也有一定困难。国家就想了一个新办法，公办学校出名，社会力量出钱，开办民办机制的特殊本科高校，叫独立学院，作为分担扩招压力、承载高等教育大众化任务的一个新载体。这在我国高校发展历史上是有重要意义的，发挥了很好的作用。1999年大学扩招时，高校为1071所，学生人数为436万人；到2002年，高等教育毛入学率就突破15%大关，进入高等教育大众化阶段；到2008年（也就是扩招的第十个年头），全国普通高校总规模就翻了一倍，达到2263所，学生人数增长差不多6倍，达到2907万人，毛入学率达到23.3%。到2010年，独立学院也发展到峰值323所，占全国本科高校数的1/3，民办高校数的一半；独立学院在校生数占全国本科在校生数的20%，其本科生数量占全国民办本科在校生数的85%。可见其在扩大我国本科教育规模方面作出了重大的贡献。

但是，独立学院是在特殊历史条件下发展起来的，顶层设计也不是很周全。独立学院的办学形态五花八门，有的是"校中校"（没有独立的校区，就是在公办学校校园内盖了一两栋楼）；有的是"国有举办者"，如浙江大学城市学院和浙江大学宁波理工学院，是当地政府与母体学校合办的，严格讲它不是民办；还有"中外联姻者""混合所有者"等等，办学形态多元，办学情况复杂。所以，独立学院只是高等教育大众化阶段的一种过渡形式，现在它的历史使命已经完成。长期冠以公办高校的牌子办学是不可能持久的，这种"似公似民，贴个牌子"的状态，就像过去建筑行业的"挂靠施工"、制造行业的"贴牌生产"，无论是对学生（求学者）还是对其他普通民办高校（办学者）来说，都是不公平的。这种不适应未来高等教育发展的办学体制是时候退出了，我们没有必要留恋它。

其次，教育部的态度和政策是要求独立学院实行战略转型，是应当转、必须转的"规定动作"，而不是可转可不转了。

同志们，转设是国家的政策，因此，我们要提高认识，要宣传，要给教师和学生讲明白，这是国家"规定动作"。在2008年，国家就开始对独立学院采取"撤""并""转"的规范发展政策，此后每年都有一批独立学院转为民办普通本科院校。当前，国家进一步明确"公、民共同发展"的教育发展路线，独立学院转设开始进入"快速轨道"。自2018年起，教育部针对独立学院采取"能转快转、能转尽转"的指导意见，要求独立学院成熟一所，转设一所；2019年，进一步明确在"十三五"期间也就是今年内，基本符合条件的独立学院都应完成转设。因此，转设是政策导向，是大势所趋。现在，全国已经转了71所，特别是东北，基本都转了。像黑龙江，早期都是通过给予独立学院转设后增加招生计划、质量工程建设立项和配套资金支持、地方立法出台相关法规条例、"零规费"过户等政策来推动转设工作。所以，东北的独立学院转设早、转设快。现在，教育部给部属高校和各省教育厅都发了指示，要求加快独立学院的转设进度。

再次，独立学院转设为民办大学，是名正言顺的，对学校的发展大有好处。

从全球教育经验来看，高等教育都是清晰的公立和私立两种大学形态。而且私立大学大有可为，美国排名前十的高校有九所是私立大学，例如哈佛大学、耶鲁大学、斯坦福大学等等；中国的研究型民办高校——西湖大学，应用型民办本科高校——浙江树人学院、黄河科技学院、西京学院等办学都已经小有成绩。

从转设院校的实践结果来看，全国已转设的71所独立学院摘掉"红帽子"，不再挂靠公办学校，反而发展得更顺更好。而且一批转设院校发展势头迅猛，在全国崭露头角，如上海视觉艺术学院设计专业进入QS世界大学排名（该排名是参与机构最多、世界影响范围最广的排名之一）该专业前100名段，吉林动画学院的动画专业位居同专业全国排名第一，等等。这充分说明理顺关系转设的大方向是正确的，发展前途是光明的。

从我校转设后的发展来看，我校成功转设后，好处很多。第一是名正言顺，言顺则事成，该怎么办就怎么办，合情合理合法，也与世界民办大学相互借鉴。第二，我们可以减轻财务负担，不用再上交"管理费""资源费"，学校可以集中财力搞好建设，新建实验室，改善办学条件，提高教职工工资福利待遇，招募优秀教师加盟"锦城"，壮大师资队伍，等等。例如，大家说我们新建的四维楼很雄伟，有气势，是一流的设计、一流的施工，但这是要花钱的嘛！第三，学校转设后，不再打四川大学的牌子，我们就要进一步加强学校自身的品牌建设，为打造"百年锦城"品牌、百年长青的基业，凝聚全校之力量！

其实，近几年，我们在非正式场合都是讲四个字——"锦城学院"。我们的师生员工，我省的考生，都叫我们"锦城"。事实证明，对招生没有影响。现在，到了即将转设的时候，我们一定要把独立学院发展的历史、转设的必要性、国家的政策、转设的好处，都给学生讲清楚，这叫认识。我们经过十五年的努力，已经培养出一支自己的有相当水平的教师队伍和干部队伍，他们全身心投入、忠诚于"锦城"的教育事业，对学生、社会高度负责。所以，转设后，我们的办学质量、师资队伍、管理干部队伍都不受影响，而且会更加多元化；我们的质量不会降低，反而会持续提高。因此，提高认识，统一认识，有利于学校的提升，有利于学校的品牌发展。

2.高度重视，全力以赴，抓好抓实各项基础工作，确保今年顺利通过，平稳过渡，还要以转促建，推动发展

第一是完善硬件条件。要进一步搞好土地、房屋、实验室、图书馆建设，这是硬件条件。

第二是完善软实力。包括学科、专业、师资、教学、校园文化等方面，这些是软条件、软指标，我们要进一步做到"人无我有，人有我优"。

第三是准备好转设材料。各项资料都要准备得全一点，包括学校的转设论证报告、未来的建设规划、各类证件资料、图书和教学科研仪器设备值数据库等，迎接专家来审查。我们要按照可用、可看、先进三个标准，进一步优化各方面建设和展览展示。

所以，抓转设，就是要抓认识、抓宣传、抓具体工作，剩下的事情就是举办方和投资方的事情。我们初步的计划是按照教育部的导

向，今年内成功转设。各学院、各职能部门把应该准备的工作做好，放假不能停，包括实验室建设等。总之，要确保万无一失，必须万无一失。希望全校上下全力以赴，为成功转设、加快发展做好工作，作出贡献！

（二）抓质量，把人才培养做到最好，把"锦城教育"办到一流

按照教育部的说法，质量是今年的主旋律，或者说是今年的中心工作。我校历来重视质量，在适当扩大规模的同时，把质量放在首位。前几年我们提出正确处理五个关系，其中在数量、质量和公平的关系方面，我们提出"质量第一"。我们是自收自支的民办高校，没有一定的规模不行。当在校生人数达到一定数量，扩大规模的任务就告一段落，以后就是申报硕士点、研究生招生的问题了。因此，我们必须适时地、坚决地把所有工作的重点转移到以质量建设为中心的轨道上来。

1.与教育部对表达标

教育部去年出台了《关于深化本科教育教学改革全面提高人才培养质量的意见》，即"高教质量22条"，还有其他文件，办公室已经给大家发了。我们都要对对表，哪些是已经做到的（比如我们一贯提倡"三大教改""两设一翻""三不放水""教师四全投入"，鼓励和引导学生刻苦学习，提高教育教学质量，严把考试和毕业关，引导教师倾心育人等），这些要继续深化，发扬光大；哪些是还没做到或者做好的，就要制定细则，贯彻落实。

要打好"质量革命"攻坚战，首先我们要对好教育部的表，主要是"两金""五新""二十七赛"。

（1）"两金"就是"金专"和"金课"

教育部"金专"及专业建设相关指标

类别	指标
一流专业建设"双万计划"	从2019年到2021年，建设1万个国家级一流本科专业建设点和1万个省级一流本科专业建设点
三级专业认证体系	基本质量标准认证（每年专业评估） 国家质量标准认证（参考"国标"） 国际质量标准认证（如工程教育专业认证）
1+X证书制度试点	在职业院校、应用型本科高校启动"学历证书+若干职业技能等级证书"（即1+X证书）制度试点

教育部刚刚公布了首批一流本科专业建设点，其中，国家级4054个、省级6010个。我校获批4个省级一流专业建设点，分别是软件工程、机械设计制造及其自动化、市场营销、新闻学。首先要恭喜这4个专业，在全省民办高校中，我们有4个省级一流专业，也是第一。今年，我们还获批教育部第二批1+X证书制度试点1个——电子商务数据分析。过去两年，在两轮专业评估中，有4个专业（计算机科学与技术、会计学、英语、电子信息工程）接受评估，结果中上。

总体来看，我校的专业建设还是有一定成效的，当然还需再接再厉：一是进一步争取第二批省级一流专业建设点，尝试突破国家级一流专业建设点（全国已有民办高校获批首批国家级一流专业建设点）；二是在专业评估上，争取跻身省内高校专业评估的一流梯队；三是在工程教育专业认证方面，教务处可以会同工科学院研究这个事情做不做、怎么做；四是在1+X证书试点方面，要争取更多专业试点，扩大官方对我校坚持十五年"双证培养"特色的加持和成果认可。

<h3 style="text-align:center">教育部"金课"及"思政金课"相关指标</h3>

类别	指标
一流课程"双万计划"（五大金课）	从2019年到2021年，认定1万门国家级一流本科课程和1万门省级一流本科课程—— 4000门左右国家精品在线开放课程 4000门左右国家级线下一流课程 6000门左右国家级线上线下混合式一流课程 1500门左右国家虚拟仿真实验教学一流课程 1000门左右国家级社会实践一流课程（青年红色筑梦之旅、互联网+） 相应省级一流"五大金课"
思政金课	加强思政课课程群建设，实施"一省一策思政课"集体行动 建设"思政课程+课程思政"大格局，推出一批思政课程和课程思政示范课（含国家精品在线开放课程、融媒体思政公开课等） 加强思政课教师队伍建设（建设一批全国高校"思政课名师工作室"等） 国家社科基金规划项目、教育部人文社科研究项目、国家级教学成果奖中设立思政专项等 （详见《中共教育部党组关于印发〈"新时代高校思想政治理论课创优行动"工作方案〉的通知》）

在"金课"建设方面，去年，由党委副书记、副校长王亚利教授领衔的"创业管理"课程获批省级精品在线开放课程，工商学院做了很多努力，值得肯定；同时，我省推荐的线下线上线下混合式和社会实践国家级一流本科课程中，我校有2门榜上有名——工商学院的"创业管理"（线上线下混合式）和文传学院的"应用写作"（线下）。在"思政金课"方面，虽然我们暂时没有省级思政示范课程，但是土木学院的"建筑职业道德教育"和工商学院的"管理学院原理"获批省级课程思政示范课。

"金课计划"如何突破？一是学校拿出100万，全校建设10门左右的慕课，每个学院争取建1门，再争取3—5门省级精品在线开放课程，而且要上国家三大慕课平台；二是持续推动全校"翻转课堂"上水平，争取更多国家级线上线下混合式一流课程；三是依托新技术实验室建设，全力争取省级、国家级虚拟仿真实验教学一流课程零的突破；四是注意思政序列是"单独赛道，优先评选"，通识学院和辅导员队伍都要努力争取省级思政示范课程，其他专业课程继续争取课程思政示范课。

当然，我还要特别强调，"金专""金课"不仅仅是争取更多的成果，最重要的是在建设"两金"的过程中，进一步提升我们的教育教学质量。吴岩司长不是说让金专、金课就在你我身边，让水专、水课、水师无处安身吗？建设"金专"，我们要进一步做好专业的优化、调整和升级，要把整个专业的优势特色发挥出来，改革成效体现出来，人才质量凸显出来；建设"金课"，就是要淘汰低阶、陈旧、不用心的"水课"，建设高阶、创新、挑战、有温度、有浓度、有梯度的"金课"，我们很早就提出的"锦城课堂大于天""两设一翻三改""对待课堂做到六个像"等理念和要求，就是要给学生丰满的、充实的、有收获的课程和课堂。

（2）"五新"即新工科、新文科、新经济学科、新管理学科、新艺术学科

早在2010年，我们就原创性地开展就业岗位调查，进行专业建设的"逆向革命"，即把原有的从学科出发的专业建设"学科—专业—专业方向—就业"倒过来，变为"就业岗位（群）—专业方向—专业—学科或跨学科"，解决专业建设与社会需求对接的问题。

2016 年，我校在全国最早提出"建设未来型学校，培养未来型人才"，"未来型人才"就是带"新"字的新学科人才。

随后，我们在文传学院"技术型文科人才"的基础上，提出要培养为未来社会服务的新文科、新工科、新商科、新经济学科、新艺术学科等方面的人才。

现在教育部提倡"四新"建设，我们可以对对表，努力争取。

教育部"四新"建设相关指标

类别	指标	具体目标/国家现状
新工科	卓越工程师教育培养计划2.0	目标：建设一批新型高水平理工科大学、多主体共建的现代产业学院和未来技术学院、产业急需的新兴工科专业、体现产业和技术最新发展的新课程等；培养一批工程实践能力强的高水平专业教师；20%以上的工科专业点通过国际实质等效的专业认证，形成中国特色、世界一流工程教育体系
	"新工科"研究与实践项目	现状：2018年教育部认定首批612个项目；2019年，天津大学（天大行动）、电子科技大学（成电方案）已是教育部新工科建设的标杆院校
	教育部产学合作协同育人项目	现状：2018和2019年各发布两批
新文科	卓越新闻传播人才教育培养计划2.0	量化指标：建设240个左右国家级一流新闻传播专业点，打造500门国家级一流线上线下新闻传播专业课程，增设20个国家级新闻传播融媒体实验教学示范中心，建设50个新闻传播国家虚拟仿真实验教学项目等
新医科、新农科	我校暂无相关学科	

教育部所列的新医科、新农科我校没有。我们有的新商科、新经济学科、新艺术学科，教育部没有列。怎么办？我校可以参照教育部的方案，先自己列一个奋斗的项目和目标。这需要所有学院来认真研

究怎么筹划我们的新工科、新文科、新经济学科、新管理学科、新艺术学科建设。怎么新？怎么走在前沿？怎么与现代产业和新技术相结合？怎么培养适应新的社会发展趋势的人才？等等。

（3）"二十七赛"

竞赛是培养学生技能和思维的重要举措，也是学生成长的重要标志。教师通过辅导学生参与比赛，既检验了自己的教学成果，也促进了自己教学水平的提高，可以说"教赛相长"。因此，对教育部和教育系统认可的27种比赛，我们都要积极参与，力争获奖。现列表如下：

大学生竞赛相关指标

类别	赛事
国家三大赛	1. "互联网＋"大学生创新创业大赛 2. "挑战杯"大学生课外学术科技作品竞赛 3. "创青春"中国大学生创业计划竞赛
教育部认可的学科竞赛（注：科研处可根据教育部、中国高教学会每年公布的大学生竞赛目录作动态调整）	1.ACM–ICPC国际大学生程序设计竞赛 2.全国大学生数学建模竞赛 3.全国大学生电子设计竞赛 4.全国大学生机械创新设计大赛 5.全国大学生结构设计竞赛 6.全国大学生广告艺术大赛 7.全国大学生智能汽车竞赛 8.全国大学生交通科技大赛 9.全国大学生电子商务"创新、创意及创业"挑战赛 10.全国大学生节能减排社会实践与科技竞赛 11.全国大学生工程训练综合能力竞赛 12.全国大学生物流设计竞赛 13."外研社杯"全国大学生英语系列赛——英语演讲、英语辩论、英语写作、英语阅读 14.全国大学生创新创业训练计划年会展示 15.全国大学生机器人大赛——RoboMaster、RoboCon 16."西门子杯"中国智能制造挑战赛

续表

类别	赛事
教育部认可的学科竞赛（注：科研处可根据教育部、中国高教学会每年公布的大学生竞赛目录作动态调整）	17.全国大学生先进成图技术与产品信息建模创新大赛 18.中国大学生计算机设计大赛 19.全国大学生市场调查与分析大赛 20.中国大学生服务外包创新创业大赛 21.两岸新锐设计竞赛"华灿奖" 22.中国高校计算机大赛——大数据挑战赛、团体程序设计天梯赛、移动应用创新赛、网络技术挑战赛 23.全国三维数字化创新设计大赛（大学生组） 24.全国大学生英语竞赛

去年，金融学院的杨勇与三创办一起拿下"互联网+"省赛一等奖，这是突破。艺术学院、智能制造学院、工商学院、计算机学院、文传学院等单位在这方面都做得有成绩，做到了以赛促学、促教和促研。因此，今年全校要持续抓好学生竞赛，在人才培养和高水平竞赛成果上实现双突破！

2.充分利用"三项赋能"

我们已经进入信息化、智能化时代，新技术、新思想、新方法促进了教育、教学和学习的革命，在这种形势下，我们要上台阶、抓质量，必须要在发挥传统教学优点的情况下，充分利用"三项赋能"。

（1）环境赋能

教育学中有一种观点是"教育即生长"，最早由法国的思想家、教育家卢梭提出，美国教育家杜威进一步阐发。生长首先需要环境，好的环境能够为教育赋能。美国斯坦福大学校长马克·特榭－勒温说过，我们斯坦福之所以是现代信息化的发源地，是因为我们创造了一个很好的环境。创造了一个什么样的环境？就是构建了一种大胆质疑、追求真理的宽松环境，一种开放包容的环境、多元共生的环境、良性益智的环境，既有竞争又有合作、百花齐放、百家争鸣的环境。美国另外一所名校——芝加哥大学校长司马博同样说过："我们一直在营造一种环境，在其中我们不断对知识质疑和挑战，进行不受约束的、开放的研究，对各种想法进行严谨的测试，对各种假设进行辨识和评估，鼓励和支持能够改变范式的想法。我们相信最强大的科研和教学环境需要质疑而非顺从，需要分析而非空论，需要学术开放而非排斥。"他们的共同点就是相信这样的环境能为广大师生赋能。

办好图书馆，为学生成长提供环境赋能。图为邹广严校长的题词（图书馆　供图）

我校历来强调办大学首先办环境、办氛围，强调学生的一部分知识和技能是环境熏陶出来的，强调让学校的阳光、空气、土壤、水分有利于学生的锻炼和成长。锦城学院要营造提倡质疑、鼓励争论、追求事实、追求真理、勤学互助、发挥长板的氛围和环境，让学生在对比、鉴别、辩论中明辨是非，识别真理，启迪智慧，使之成为引领未来社会的创新者。

（2）新技术赋能

新技术历来是促进教育革命性变革的重要因素，同时也是教育发展的重要助力。例如：

印刷技术，极大地促进了知识的推广和教育的普及；

无线电广播和电视技术，实现了教育信息的远距离输送，开启了广播、电视教育，促进了开放大学的兴起；

互联网和移动互联网技术，解决了远程教育中的交互问题，打破了时空界限，使移动学习、泛在学习成为可能；

在线教育系统技术，通过MOOC、SPOC等实现了全球优质教学资源共享，并使在线教育中报名注册、课程管理、考核评估、跟踪报告等学习过程管理更加完善；

虚拟仿真和增强现实技术，可以创造一个虚拟的三维环境，完成教学任务，也可以使教学中减少传统实验耗材投入的同时进行一些复杂的实验，同时提高学生的自主探索能力；

大数据处理技术，帮助学校在更真实了解学生潜能、特点、需求、爱好的基础上，进行正确的教育决策和对学生因材施教、个性化教育和管理；

云计算技术，基于互联网提供按需配置的数据存储与计算服务，为教育教学提供了一个泛在的、强大的，也可以说是无处不在、无所不能的计算基础设施；

机器人和人工智能技术，机器人和人工智能无疑是当代和今后相当长的时期内最重要的技术，它不但对教育提出了挑战，也给教育带来了机会和帮助。机器人不仅是个对手，更是个伙伴。正如联合国教科文组织总干事阿祖莱所说："人工智能将为教育带来深刻变革。教学工具、学习方法、知识获取和教师培训都将迎来一次革命。"所以，我们要认真学习人工智能，利用人工智能，充分做好"AI+教育"这篇大文章。

以上这些举例无非说明新技术赋能教育大有可为，我校全体师生都应该学习新技术，懂得新技术，应用新技术，让新技术赋能"锦城教育"。

（3）脑科学赋能

长期以来，在我国的教育学领域，研究"教"的多，研究"学"的少，而研究"学"的，也多是经验之谈。例如刻苦学习，有头悬梁锥刺股的案例，有反复学习、熟读强记的案例。如明朝顾炎武自小学习，每年春夏与几位士子一起温习经书，每天至少温习二百页；还有陈寅恪，熟读十三经，倒背如流，等等。总之，过去我们对学习的研究，主要停留在外显的行为及对内部心理机制的推测上。

从20世纪50年代开始，认知科学、脑神经科学陆续诞生。脑科学的飞跃发展，使我们能从细胞分子的水平重新认识学习过程。由神经科学、心理学和教育学跨学科整合而来的"教育神经科学"很大程度上重塑了"人如何学习"的理论。

因此，我们要提高教育质量，就要借助脑科学来赋能教学，提高学生学习的效果和效率。结合我们当前的情况，这里要特别强调三点：一是强度学习，二是深度学习，三是科学学习。具体内容请大家研究，这里就不多讲了。

这就要求老师们研究脑的结构和功能、神经认知的理论和基本规律，把它们与教育学结合起来，进行科学的有效的教学活动，极大地提高学习的质量和效果。

今后，"锦城"教师的学习和培训，要把脑科学、心理学和教育学作为三门必修课。

3.实现"五个变化"

为了实现"锦城"教育质量上的跨越，我们在做好与教育部要求对表达标，充分利用"三项赋能"的基础上，务必争取在教学上实现"五个变化"。

（1）在师生角色和教学形态上，实现从以教师为中心向学习共同体的变化。改变过去先生教、学生学、先教后学的情形，要实现师生带着问题进课堂，围绕主题相互切磋，教学相长，教师的角色从知识的宣讲员变化为循循善诱的学习伙伴。

（2）在教学手段和教学方法上，从传统型向智能型变化。要发扬传统课堂的优点，同时鼓励和提倡教师使用新技术、新方法，使"锦城"的教学走在全国同行的前列。

（3）在教学模式和教学体制上，从工业化时代的大批量标准化教学向数据时代的个性教学变化。个性化、多样化是自孔夫子以来历代教育家追求的目标，也是我国教育改革追求的目标。我们要在大数据分析的基础上，深入贯彻"长板原理"，提倡"两库建设"（学生长板库、教学资料库），提倡教学上共性和个性的统一。

（4）在教学内容和培养方向上，由适应性教育向前瞻性教育变化。在科学技术日新月异的时代，在教好基础知识、基本原理的基础上，一定要融入学科和产业的前沿，使毕业生既能适应现代的产业和岗位，又能应对未来发展的需要。

（5）在教育目标上，从知识、能力教育向智慧教育变化。我们不但要传授学生知识，培养他们的能力，而且要启迪他们的智慧，增长他们的才干。要培养学生更高阶的思维，更聪明的头脑，更灵活的处事方式，更恰当的待人智慧，面对复杂问题能提出多个解决方案并有优良之策。

（三）抓队伍，让每一位员工充满激情地、全身心投入"锦城"教育事业

同志们，为了保证"抓转设"和"抓质量"两大任务的完成，我们必须抓好队伍建设，使我们的教职工队伍进一步向高水平转变。

1.以"四师"为核心，抓好教师队伍建设

师资队伍是办学的基本保证，教师队伍建设须以"四师"为核心。

（1）师德，即教师的职业操守和职业道德。教师首先要遵守教育部对师德的各项规定。在我校，还有一条，就是"全身心投入教育事业"是第一师德。

（2）师风，即教师的作风和风尚。在我校，"学而不厌，诲人不倦"就是师风最集中的体现。

师德、师风的核心价值是爱。关爱学生，对学生高度负责是锦大的灵魂。教师通过教书育人、言传身教，促进学生成长、成人、

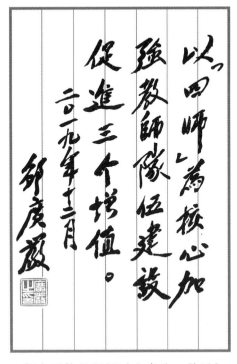

邹广严校长题词（人事处　供图）

成才，以至将来事业上成功。这是我们"锦城人"的基因，要一代一代传下去。

（3）师才，即教师的才智和素质。在我校，修养好，方显素质高；三商（智商、情商、行商）足，则是才华溢。

（4）师能，即教师教书育人的职业能力。在我校，教学、科研、社会服务的能力就是师能，能让同行和学生叹服的能力就是师能。

师才、师能的核心要求是每位教师既要有素质、有才华，又必须有能力、有本事，能掌握科学的教育思想、教育方法和现代化的教育技能和手段，善于把学校培养人才的蓝图规划落到实处。

同志们，师德、师风好，你是一个好人；师才、师能好，你是一个能人；只有师德、师风、师才、师能都好，你才是一个合格的教师。

所以，我们要抓好师德、师风、师才、师能四个环节，就是要着力培养教师的职业素养、职业操守和职业能力，最重要的是培养教师的职业良心。做教育就是个良心活，要"仰不愧于天，俯不怍于人"，要做一个良师、名师和大师。人们常说，大学是一个高大上的学术殿堂。但学校之高，不是学校的楼房之高，而是教师的学术水平高；学校之大，不是学校的占地面积大，而是学校的毕业生前途远大。

2.以"提升三个水平"为中心，抓好管理队伍建设

（1）提升管理水平，重点抓好三件事

一是按照学校发展战略和发展规划，制订具体的、切实可行的计划和目标。没有目标就没有方向，没有计划就没有管理。

二是形成规章和制度，实施清单管理。规章制度是保证一个机构正常运转的前提条件。我们说的学校管理，就是贯彻学校的规章制

度。没有规章制度，人的随兴决策和管理是靠不住的。

三是考核评价。这是一切计划、目标、规章、制度落实下来的关键。凡是不可考核或可考核而不进行考核的东西，都是落实不了的。所以凡布置"作业"，必跟上考核；凡考核评价，必和奖惩挂钩。

（2）提升服务水平，也是三件事

一是态度好。机关工作人员要明白，学校因师生而存在，我们所做的一切都是为师生服务的，所以要换位思考，放下身段，端正态度，解决一个"色难"问题。

二是正确处理管理和服务的关系。管理就是服务，在服务中实现管理。

三是坚决消除"这事不该我管""这事我不晓得"等不负责任的现象。"锦城"是大家的"锦城"，学校是大家的家庭。中国传统不是讲"以天下为己任"吗？凡有关学校的事，人人都有责任。大家要向保卫处的保安学习，每年招生以前，有家长来学校咨询，保安都主动帮助，或领家长参观，或领家长到招生处洽谈，让人很暖。

（3）提升协作水平

现代管理机关往往设有多个部门，这既提高了效率，又带来了扯皮。凡涉及跨部门的业务要多商量，多协调，多合作；要多出主意，少出难题，要把困难留给自己，把方便让给别人；不要搞摩擦，不要以邻为壑，不要甩包袱，这就是大团队精神。

3.以"四个服务"为中心，抓好服务队伍建设

一是主动服务。凡事要主动想、主动做，主动去调查研究，发现问题、解决问题，不能像算盘珠，要别人拨一下才动。学生宿舍洗澡的热水怎么样？要主动去试一下；教师的投影仪好用不？要提前去看

一下。

二是热情服务。对服务对象要尊重，服务对象是你的客户，客户就是上帝！所以不论碰到什么难题都要态度热情，实行有温度、有感情的服务。

三是周到服务。要设想周到、措施精细、注重细节、滴水不漏。要把用户没想到的，你想到了；用户未要求的，你做到了。

四是满意服务。服务的最终目标是客户满意，想用户所想，急用户所急，让学生安心满意地学习，让老师安心满意地教学、科研和工作，这就是满意。

4.抓好三支队伍建设的具体措施

为了抓好三支队伍建设，今年我们要采取一系列措施。

首先，拿出 1000 万元用于员工培训。从各级领导、教师到普通员工，都要进行多种形式的培训，包括办训练班，外出考察，参加国际国内学术活动、会议等，以期提高学术水平和工作水平。

其次，再拿出 1000 万元支持教师和员工搞科研。用于鼓励教职工围绕社会需要搞科研，围绕教学和人才培养搞科研，多拿些国家和省部级项目搞科研。这个钱是用来配套和奖励的，不够的话还可以增加。

我历来主张，我们的教师和干部都要成为专家。要干一行爱一行，学一行专一行。"行行出状元"嘛，状元就是专家。我多次强调，要把工作当作科研项目来做。要多动脑，多用心，多钻研，多反思，要力争有所发现，有所创新，有所心得，有所提升。这样坚持下去，少则三年五年，多则十年八年，自然会成为一个方面的专家。就像苏联的苏霍姆林斯基、捷克的夸美纽斯、中国的陶行知先生，他们都是从事教育的活动家，当过教师，当过校长，因为肯动脑筋，又很勤奋，所以他们都成为伟大的教育家。

再次，学校在为职工购买五险一金的基础上，再拿出1000万元，作为职工福利和保险的补充。这笔钱的用途有三项：一是为每个在册员工购买重大疾病等补充保险；二是增加节假日、生日、生病住院慰问金；三是学校建立骨干教职员工退休保障基金。通过这些措施，力争使"锦城"员工无后顾之忧地投入工作，为锦大崛起立功！

第四，在绩效和薪酬政策方面，我在这里明确宣布：我们去年实行的"M+3"考核办法和动态调整工资的政策，维持三年不变。当然，说不变的是总的框架，具体实施也可能做些调整，叫"大稳定、小调整"吧。目的是鼓励全体员工为锦大的崛起建功立业，多作贡献，同时，争取不远的将来，我校的薪资水平在同行业达到有竞争力、有吸引力的水平。

（四）提高学生满意度，使学生喜欢母校、留恋母校、忠于母校

芝加哥大学本科生院院长约翰·博耶写了一本芝加哥大学发展史的书，叫《反思与超越》。他在中文版序言里提到，美国顶级研究型大学的地位和声誉来自许多方面，如教职人员卓越的学术工作、学校课程的教学效果、校友的美好回忆和高度忠诚、校园氛围、学位对毕业生职业发展的感知价值等。

同志们，你们看他讲的大约有五个方面，其中有三条都与学生的满意度有关。这就是我要把提高满意度作为今年工作的重点之一的原因。

我校的校友对学校总体上是满意的，无论在每年的校友大会上，

还是校友办举办的十年校友回母校的活动，我都感到"锦城"校友对学校教育的感激和留恋之情，这也是我校在社会上口碑好的一个重要原因。

明厨亮灶为师生提供安全美味的菜肴（后勤处　供图）

当然，通过调研，我们也发现，学生在有些方面还不是十分满意。中国高等教育学生信息网（学信网）调查了在校生对学校的满意度，有综合满意度、环境满意度、生活满意度三项指标，我校总体得分在全省高校中相对靠前，但是在生活满意度方面是丢了分的，这或许与学校外面修路修了好几年、交通不便有关。但路很快就会修好了，交通上的劣势会变成优势。我们重要的是做好自己的事，所以具体到宿舍、食堂、运动场等生活设施和服务方面，到底是哪些细节丢了分，请学工处和后勤处再调查一下。

一方面，我们必须虚心听取各方面意见，努力改进工作；另一方面，我们也要对学生进行正面教育，要正确对待生活和环境条件。兄弟院校的案例说明，满意度既是客观决定的，也是主观决定的；既是工作做出来的，也是教育出来的。

（五）提升学校的社会认可度，办无愧于人民、无愧于时代的一流应用型大学

社会对一所大学的认可度是由学校硬实力和软实力决定的。最主要是"显性成果的累积效应""典型人才的示范效应"和"学校品牌的溢价效应"。所以我们全校师生要共同努力创造一流的教学科研成果，创造一流的人才培养成果，创造一流的内部凝聚力和外部影响力，以取得教育主管部门、社会公众和广大家长的高度认可，为办百年高校打下坚实的基础。

同志们，我今天讲的就是2020年的工作总方针、总任务和具体要抓的五项工作（叫作"三抓两提高"），希望大家共同为完成今年的光荣任务而努力奋斗！

"未来型大学"的探索与实践

——基于疫情防控期间开展大规模网课的思考

（2020年4月21日）

21世纪以来，随着互联网和人工智能等信息技术的发展，国内外的专家学者纷纷预测未来大学的发展。美国有一位教育家凯文·凯里写了一本书，叫《大学的终结》，预言传统大学将消亡，代之以新型的"泛在大学"。它引起了广泛的讨论，中外的教育工作者纷纷探讨"未来型大学"什么样、怎样建设"未来型大学"等问题。

一、"未来型大学"的"锦城经验"

我校2012年提出学习可汗学院搞慕课，那时候计算机学院和文传学院都是先行先试者，计算机学院还总结了网上教学的一个结合（线上与线下相结合）、两个再造（教学视频的再造和教学方式的再造）、三个自主（学生学习时间、地点、内容的相对自主）；2014年，我们又提出推广"翻转课堂"，并逐步实现了对全部课程、全体师生的全覆盖；2016年，学校在制定第二个十年发展规划时提出"建设'未来型大学'"的命题。但"未来"是否会来呢？何时会来呢？却不得而知。多数同志认为会逐步到来。

今年的新冠疫情，打乱了我们原有的生活秩序和教学秩序。14亿人居家防疫，学校停摆了，3000多万大学生如何在各自的家里度过疫情防控期，而又不耽误学业？疫情给我们出了一个大考题。中国教育部和世界各国教育部门不约而同地想到了一个办法：停课不停学，网上开课！这给了"未来型大学"一个创造和实践的机会。3月26日，联合国教科文组织宣布，全球165个国家和地

邹广严校长手稿

区，超过15亿学生受到停课影响，他们组织了一个教育联盟，支持各国推广应用远程教学方案。

在我国，教育部高教司吴岩司长公布的数据是：疫情防控期间，截至4月3日，开展在线教学的高校达1454所，开课94.2万门，95.2万名教师参加，11.8亿人次开展了在线学习。规模之大，范围之广，程度之深，前所未有。

我校到目前为止，已有601位教师，为20156名学生开设了877门课程，同时还向社会开放了45门精品视频课程。由于基础好（已经网上教学七八年了），抓得早（1月下旬即刚过春节就开始准备），所以我们按原计划开学，2月24日准时开始本学期在线课程，学生反响热烈，效果很好。它创造了高出勤率和高满意度。

根据教务处的统计和调研，全校学生到课出勤率在99%以上；88%的学生对我校教师的在线教学表示"非常满意"，10%的学生表示"比较满意"，学生总体满意度高达98%。计算机学院一位姓郭的同学给我写信说："居家学习上课效率高。随着多年来不断拓展深化在线教学，锦城学院拥有了自己独有的慕课和'翻转课堂'教学模式。"建筑学院的一位姓佟的学生反馈，在线课程"完全感觉不到距离，反而更具有趣味性，这样的课堂太棒了"。还有的同学说："课堂的质量很好……上课更加用心，课前做了更多充分准备，课后通过录屏复习，在家也没有落下学习，锦城线上学习的模式很棒！"

这次大规模的网上教学活动，给我们过去几年已开始的建设"未来型大学"的探索和实践提供了一个难得的机会。通过实践，我们克服了"两大障碍"，达到了"五大目标"。

二、大规模网课须克服"两大障碍"

大家知道，要实行大规模网上教学活动，首先要克服一个障碍，即平台问题。这次网课，不单是使用原来的"爱课程""学堂在线"这些慕课平台，还要应用很多直播平台。通过反复试验，老师们熟练地使用了钉钉、腾讯会议、腾讯课堂、QQ群直播、ZOOM会议等直播平台，加上我校自有的"锦城在线"，满足了网课直播、视频播放、翻转、交流、课堂管理、考勤等各项要求，这就克服了第一个平台障碍的问题。

其次要克服的一个障碍是师生的适应性。现在全国普通高等学校共有2956所，这次开设网课的有1454所，只占一半，说明要全部高校、全体师生迅速适应网上教学，并不是那么容易和简单的事。我校自2012年起施行慕课和"翻转课堂"，使用新技术已经成为教师的必备本领，而且全覆盖，这就极大地锻炼了老师们应用新技术的水平和学生的适应性。所以，这次疫情防控期间大规模的网课显示出老师们娴熟的技术和驾轻就熟的操作，学生们学习情绪高涨。这充分证明我校坚持慕课和"翻转课堂"对所有教师全覆盖是完全正确的。

省教育厅李光华副书记带队视察时，也高度评价我校在线教学基础好、组织好、进展好、效果好，希望我们在互联网和信息化推进教学改革的浪潮中出成果、出经验，起到示范作用。

我校能够在这次大规模网上教学中"突围"出来，成为弄潮儿，关键是我们起步早、基础牢，是近八年来对在线和翻转教学的主动探索、精耕细作、厚积薄发的结果。很多老师站在技术改革的前列，用新技术武装教育教学，才有了今天师生对此都不陌生、适应度高、教学效果好的局面。今后，网上教学能力将成为教师必备的核心能力之一。

三、"未来型大学"实践达成"五大目标"

在克服"两大障碍"的基础上，我们更深刻地体会了传统大学转型的意义和路径，在"未来型大学"探索与实践的道路上，我们较好地达到了"五大目标"。

第一，在教学形态上，实现了有形学校和无形学校的结合，打破了传统大学的时空限制。

无论是中国古代传统的官学和私塾学校，如中国的岳麓书院等，还是1088年诞生的世界第一所大学——意大利博洛尼亚大学，以至于现在全球数万所的实体高校，有形学校一直是大学存在的主要形式。

这次大规模网课，把有形学校和无形学校相结合，打破了传统大学时间和空间的界限。我们通过互联网数据传输（网络）+计算机终端（电脑）+在线教学平台（软件），这样"三位一体"的模式，就创造了一个广泛链接、无边界、开放多元的"学习共同体"空间。无论你身处武汉还是成都，相隔千里，教师不停教，学生不停学，学校不停管。所以说，在教学形态上，我们实现了变革。

第二，在教学方式上，实现了线上与线下相结合，打破了传统大学单一的课堂教学模式。

传统的教学是什么样的？主要是课堂上老师讲、学生听，然后老师布置作业，学生做作业，老师评价作业，而后再讲课，再布置作业，学生再听课，再做作业……这种模式大家都很熟悉了。

现在，我们运用慕课、微课、"翻转课堂"以及各种直播技术平台，通过新的知识载体和教学方式，向学生提供教学资源，可谓是百花齐放、各显神通——有直播的，有翻转的，有慕课视频的，等等——实现了教学手段的多元化、技术应用的智能化。实践证明，学生是能够接受的。而且我相信，我们的老师们应该也尝到了提早部署和深入实践的甜头。如果没有之前数年的翻转教学要求，现在搞"突然袭击"，教学难度自然会大很多，教学效果也无法保证。可以推断，未来，线上线下相结合的混合式教学一定会成为大学教学方式的主流。

第三，在学生学习上，实现了更加自主、自觉、积极、有效地学习，打破了传统课堂学习时间的限制。

疫情防控期间，学生主动学习的原因大致有两个方面：一是客观的，也就是长期不到校，出于对知识的渴望，可能更加想学校、想学习了；另一个就是主观动力，这个得益于老师们的努力和高超的网课教学技术，能够极大地吸引和调动学生学习的积极性和热情。

美国两位学者阿兰·柯林斯和理查德·哈尔弗森在《技术时代重新思考教育》中提出了"即时学习"的概念，就是：无论何时你想学习什么内容时，你都可以在线找到所学的东西，并完成学习任务。

如果说，过去的教室教学让学生必须在规定时间内完成课程学习的话；现在的在线教学，老师可以把学习资料、PPT、录好的视频都上传平台，直播教学的视频还可以回放，学生真正实现了不受时间限制、自选时间的"即时学习"，一定程度上调动了学生学习的主动性、积极性，学生还可以通过线上预习和回放复习，达到更好的学习效果，提高学习的有效性。

第四，在沟通和交流方式上，实现了师生更加良性、频繁和个性化的互动，打破了过去只能线下面对面的教学互动形式。

新冠疫情防控期间，夜已深了，计算机学院李昕昕老师仍在线上与学生交流，为学生答疑解惑（计算机学院　供图）

教学从古至今一开始就伴随着对话，可以说，没有对话，就没有教学。无论是中国的孔夫子言传身教、师徒对话，还是西方的柏拉图、苏格拉底式的对话，传统的教育教学首先基于对话、交流、互动，如此才有智慧的碰撞。

数千年来，人们只能通过面对面来实现教学互动，所以在教育方法学中，专门有一个研究范畴是"教室对话结构"或者说"教学互动交流"。西方一些教育学家就通过教室不同就座空间、教师提问方式等多个维度去研究师生面对面的教学互动技巧和效果。

而互联网和新媒体技术的出现，打破了只有面对面教学互动的形式。过去几年我们是通过录制视频，制作微课、慕课来实施在线教学，这次我们利用各类直播平台，使师生的在线互动变得更加频繁和个性化了，这解决了我们最担心的一件事，即教学过程中对话交流不够，通过这次大规模网络直播教学，提供了师生对话的机会，也打破了很多家长的顾虑。

最近，我校各学院陆续开展毕业论文的"云答辩"，我看效果也非常好。学生对自己撰写的论文进行阐述，教师提问和学生对答，这些环节都没有受到影响，而且可以根据不同需要，采用语音互动、视频互动、文字与 PPT 互动的复合方式。这就是在线教学的优势所在。

第五，教师作用没有减弱反而增强，实现了教师角色的转换，使其作用得到了更充分的发挥，打破了未来学校教师可有可无的推论和担心。

大规模网课更加证明了我们原来的一些设想：学校不会被取消，教师作用更大了。教师提出了学习的标准、要求，提供了教学资源和资料，进行了网上讲解和指导，实施了课后辅导和答疑。从网上教学来看，教师要付出的劳动实际上是更多了，而不是更少了。教师不仅要编制教学指导软件或多媒体教育软件，还要培养学生掌握信息处理工具的方法，在线指导和提高学生分析问题、解决问题的能力。由于线上打破时间限制的交流，还实现了我们提倡的"学生在哪里，老师就在哪里"这个口号真正落地，可见教师作用不仅没有被削弱，反而增强了。

同时基于信息技术的进步，大数据赋能教学成为可能。计算机学院赵春团队利用在线数据对学生学习过程和成效进行了360度画像，这就增加了教师利用线上教学对学生学习成效分析、个性化诊断培养的可能，也进一步增强了教师教学反思和分析的作用。

历史证明，"未来型大学"不否定大学，不否定教师，不否定考试，不否定实践实验，不否定科研创造，但是由于实现的方式变了，传统大学的转型不可避免。因此，我们线上线下相结合的探索和实践取得了很好的效果，新技术革命和人工智能在教育中必然会发挥更大的作用。我们还有许多题目要探索，包括：在线考试的问题，恐怕要开卷、闭卷相结合，开放性题目和标准化题目相结合，更严谨的考试还要线下进行；实验问题由于VR、AR实验尚无法普及，动手实验和实地考察仍需线下完成；还有创新发明做科研的问题，也需要线下开展，等等。

同志们，这次疫情是碰到了危机，但也是机会。我们要变危为机，倒逼上山，就需要有创造、有创新。我多次说过一个道理，搞传统那一套我们比不过老学校，新玩意可不一定。新玩意是年轻人的天下，谁思想解放，谁跟新技术跟得紧，谁就走在前列。美国一位科幻作家威廉·吉布森曾说过："未来已经在这里了，只是尚未平均分配。"可以说，"数字化、互联化的达尔文时代"已经到来。在此，我们可以得出一个预测性的结论，即疫情结束之后，虚实并存，线上线下相结合的混合式教学方式（或者叫作"翻转课堂"），将成为现代大学教学的新形（生）态，它也将促进我国未来大学建设新局面的形成。这是极其光荣和伟大的事业，我希望每个学院都认真总结一下，利用这个机会做得更好。我们必须前瞻新的发展趋势，在建设"未来型大学"的道路上大胆地实践和探索，力争再一次走在前列！

关于进一步落实“长板原理”的几个问题

（2020年4月）

我在2013年提出教育和人才培养的“长板原理”之后，全校师生做了很多研究和实践，取得了很好的效果。根据大家实际工作中遇到的问题，需要作一些补充说明。

一、“长板原理”的基本内涵

“长板原理”是针对“短板原理”（亦称“木桶效应”）而言的。“短板原理”由美国管理学家劳伦斯·彼得提出，意思是盛水的木桶是由许多块木板箍成的，在直径一定的情况下，盛水量也是由这些木板共同决定。若其中一块木板较短，则盛水量就会被这块短板所限制，或者说木桶的盛水量取决于它最短的那块板。一个企业、一个组织要发现自己的短板并设法补齐它。

彼得提出的“短板原理”是对企业管理而言的，而我们提出的“长板原理”是对教育和人才培养而言的。它的要点是：一个人、一所学校，在他（它）的基本面良好的情况下（即木桶的木板是合格的，人的德智体美劳发育是良好的，一所学校的基本条件是具备的），他（它）的成功，或者“盛水量”，并不取决于组成“木桶”的最短的那块板，而往往是取决于最长的那块板。对于那块短板，只要无碍大局，一般情况下不需要去补齐，而是需要扬长避短。我们要下的功夫不是补短板，而是去增长板，让长板更长、亮点更亮。

这可以从很多成功人士的案例中得到证明。例如：著名学者钱锺书考清华时数学是短板，但文学是长板，数学这块短板不影响他成为伟大的文学研究家；数学家陈景润喜欢埋头做学问，不擅长人际交往，但是他把数学研究到极致，就成了著名的数学家，等等。他们充分发挥了自己的长板，最终获得了成功。

二、"长板原理"的理论基础

（一）中国传统的经验

中国自古以来，通过对孩子的长期观察，经常说某某天资聪明、处事灵敏，例如司马光小时候破缸救人、曹冲五六岁称象等故事，都反映了孩子的聪慧和天赋。南朝时期的笔记小说《世说新语》中就记载了不少具有天赋的孩童的故事。这些孩子要么表现为耳聪目明，有惊人的记忆力，可以过目不忘；要么有过人的判断力、洞察力；要么技艺与胆识过人；要么富有同情心和爱心，对很多困境都能巧妙应对。

我的家乡还流传这样一个习俗，一个孩子生下来过百天的时候（当地叫作"过百岁"，其他很多地方也有过周岁时"抓周"的习俗），家长要对其进行一次测定，即在他面前放一本书、一杆秤或一个算盘，让这个孩子去抓那些东西，若抓书，则认为这个孩子将来喜欢读书，若抓秤或算盘，则认为他将来会做生意。这实际上是家长重视对孩子天赋的预测，以利于日后有针对性地培养孩子的兴趣和爱好。不过这种预测的方法是很原始的。

在中国传统的就业理论当中，例如"七十二行，行行出状元"，七十二行都有状元，那就不只是科举一个状元，这"状元"指的就是长板。民间还有一句叫作"一招鲜，吃遍天"，这一招是什么呢？就是长板。

所以，中国传统没有专门的"长板原理"，但有类似的经验总结。

（二）加德纳的"多元智能理论"

美国哈佛大学教授、心理学家霍华德·加德纳提出了一个"多元智能理论"，认为任何一个人都具有多元智能，大约8种，主要有语言智能、音乐智能、逻辑数学智能、空间智能、身体运动智能、内省智能、人际关系智能、自然智能。但每个人个体智能的强项和弱项是各不相同的，或者说，有的这种智能多些、强些、长些，有的那种智能少些、弱些、短些。这就是说，人具有多元智能，但长短、多少、强弱各不相同。但"多元智能理论"总体是偏向智力范围的，属于认知领域的能力多些，这就为我们的"长板原理"打下了一个心理学的基础。

"长板原理"要干什么？就是在人的各种基本智能的基础上，重点把那些强项的智能、特殊的智能，发展得更强、更长、更多。

（三）智商、情商和行商的理论

20世纪初，法国实验心理学家阿尔弗莱德·比内设计了一种测试人的智力水平的方法，叫"智力测验"，测出的结果被称为"智商"，即 IQ。

智商测定的内容主要包括人的注意力、观察力、记忆力、想象力和思维力五个基本要素。它用智商高低来评价人的智力水平。测试的结果被达尔文的表弟高尔顿称之为正态分布，即全部人中有一半人是正常的，属于中等水平；另一半人是异常的，属于较高或较低水平，这当中，大约 10% 智商高水平（优秀），约 10% 智商低水平，其余30% 在中等边缘。

可以看出，智商所反映的潜能主要还是认知领域的。中国的高考和美国的 SAT 考试基本是这个方法的演化和变种，它对智力的判定是一元化的。

但人的能力或潜力当中不单是智力，智力只是一部分，还有其他部分，例如情商，简称 EQ。情商的理论由美国两位心理学家约翰·梅耶和彼得·萨洛维于 1990 年首先提出。情商是情绪商数，主要指人在情绪意志、耐受挫折方面的潜质和适应社会的能力。哈佛教授丹尼尔·戈尔曼与萨洛维等认为，情商由自我意识、控制情绪、自我激励、认知他人情绪和处理相互关系这五种特征组成。戈尔曼认为，情商是决定人生成功与否的关键。

情商水平也是可以测验的，尽管当前尚没有一套成熟的测试方案。心理学家通常根据个人的表现进行判断，他们认为情商高的人具有以下特点：社交能力强，外向而愉快，不易陷入恐惧或伤感，能控制自己的情绪，容易合作，对事业投入，富于同情心并有较强的亲和力，等等。而情商低的人，往往自我意识差，没有自信，没有确定目标，也不打算付诸实践；说话做事从不考虑别人的感受，以自我为中心，不能控制自己的情绪，经常发脾气；人际关系差，不易合作；总是爱抱怨，找借口，推卸责任，承受能力差，受不了一点点挫折，等等。

显然，情商高低也反映了一个人的潜质和智能，也是一种长板和短板。

我们在智商、情商之外，还提出了一个"行商"的理论。即人的智力和情绪智力之外，还有一个行动智力，或者称之为行动力商数。按照美国当代著名的心理学家、教育家，芝加哥大学的教育学教授布鲁姆的"教育目标分类法"，动作技能为第三个目标领域，它主要是培养动作和技能的，包括知觉、反应、基础动作和操作等方面的技能。我们把这些目标归纳起来，就是行动，就是想做事、能做事的欲望和能力。人除了具备智商、情商之外还要具备行商，就是要能把感觉到了的东西抽象出来，把图纸上的东西变成实物，把想象的东西、计划的东西通过行动变为现实，这就是行动能力。通俗地讲，不仅要会想，还要会做，会想是智商、情商，会做是行商。

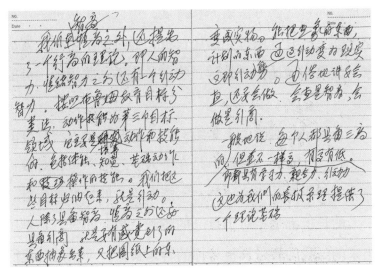

邹广严校长手稿

一般地说，每个人都具备三商，即都具有学习力、亲和力、行动力，但并不一样高，有高有低。这也为我们的"长板原理"提供了一个理论基础。

三、"长板原理"在教育和人才培养领域的应用

首先，人的长板是存在并且可知的。人人都具有多种潜能，人人都有爱好和兴趣，人人都有优势的一招或强项。但是，其中有一种是主要的，这就是长板。人们可以通过观察、大数据分析和测量对长板的长度做出判定，例如一个学生是擅长音乐、体育、数学，还是语言表达、组织协调。

其次，长板是可变的，它具有可塑性、伸缩性。如果长期受到抑制，得不到发展，它就会停滞甚至萎缩，例如高考以高分考入北大的张某，可以说智商是其长板，但他长期沉醉于玩游戏，最终学业荒废而一事无成。通过适当方法培养和发展，可以使长板进一步拉长，例如钢琴家郎朗，他有音乐智能这块长板，通过勤学苦练，就成了著名的钢琴家，如果强逼他补齐数学、物理、化学这些短板，可能他就一事无成了。

第三，长板是相对的，不是绝对的。它是一个人所具有的多种素质、本领、特点、特长、智能，是在个人"三商"中相对较长的那一种。人与人之间横向是不可比的，不能用绝对的标准来衡量。也就是说，每个人的长板都是相对于自己的各种"板"而言，不是用绝对的标准量出来的。我的音乐长板与你的音乐长板，都只是对我们个人而言，并不是一样长的。

四、怎样把"长板原理"落到实处

我校贯彻"长板原理"以来，广大师生做了大量的工作，让学生的长板更长、亮点更亮，已蔚然成风，总的效果是好的。但在具体的工作中有几个问题值得研究。

（一）长板如何分类

为了在教育上培养长板，我们有必要把特长分为两类，即"学业性和职业性特长"和"非学业性和职业性特长"。

"学业性和职业性特长"是与所学专业相关的，未来可以发展成为自己的职业相关的特长。例如我校的电子学院的学生余晟睿在校期间有肯动脑、肯动手的特长，他在教师的引导下，自己钻研制作3D成像打印机，毕业后创业，与富士康合作，开展相关业务。

当然，个别人的业余爱好，也有可能发展成为职业特长。例如著名歌唱家朱逢博，她本身是学工科的；我校工商学院学生张皓宸在校业余爱好写作，现成了中国知名的"90后"作家。

"非学业性和职业性特长"一般就是我们俗称的业余爱好。有些业余爱好不太可能成为长板。例如，很多同学认为自己具备音乐特长或体育特长，但我校并无音乐或体育专业可转，他们也不愿转到其他音乐或体育院校去，这些学生也不认为自己将来会成为歌唱家、音乐家或运动员。那么，除个别人之外，这只能算是业余爱好，并不能作为长板去拉长。

所以，在我们知道长板大致分类后，我们就要对学生进行长板测定，以确定他们有哪类长板。

（二）长板如何测定

首先，我校前一轮对学生长板确定的项目和方法需要改进，存在的主要问题如下：

1.问卷设计主要依据了加德纳的"多元智能理论"，这些智能项目总体上偏向认知领域，即智商范围。

2.目前的测试问卷以三个特征（学得快，有渴望，享受和满足）为基础，这主要由学生本人回答，大体上是凭主观感觉，至于客观上是否如此，他（她）的爱好是否真的可以被认定为特长，缺乏相应的客观依据。

3.基于此测评出的结果体现为：一是主要集中为智能项目；二是学生的特长显得多而且平，一个人有几个长板，而且都是得分差不多的项目，每一块都不长。长板太多，也就没有长板了。

发现问题，解决问题，改进方法，我们可以采取如下几个方法进行测定：

1.根据"长板原理"及其基础理论，从认知、情感和动作三个领域，或智商、情商、行商三个方面，设计并提出若干与学业、职业有关的，看得见、摸得着的长板项目，并确定其认定标准。

2.长板项目和标准确定之后，就是方法问题。我们可以通过多种方式，确定学生长板。

一是"问卷自报法"，主要凭学生自我感觉。

二是"出考试题法"，通过答题、做方案等测试其某一方面的能力，如逻辑运算、书面语言表达等，也可以限时拆装一个设备或物体，观察其动作能力等。

三是"实践观察法"，例如，有的学生通过社团活动实践，表现出很强的组织领导力；有的通过竞赛、专利，表现出一定的创新能力；有的学生与同学、老师等各方面关系都好，有亲和力、合作精神，属情商较高；还有的同学喜欢辩论，逻辑思维和口头表达能力较强，等等。

四是"数据分析法"，辅导员和任课教师都要注意搜集学生业内业外、校内校外行为的有关数据，建立学生的长板数据库，通过筛查和分析推测学生的倾向和长板。

（三）长板如何培养

我校的大学精神是"三追两谋"——学校谋特色，学生谋特长。特色、特长就是长板，关键是"谋"。"谋"就是发现和确定，"谋"就是培养和发展。这个"谋"，既在个人又在学校。

1.对学生的"非学业性和职业性长板"，即所谓的业余爱好，学校表示尊重和支持，创造条件使其有发挥的余地。例如，帮音乐爱好者开个音乐会，帮体育爱好者搞个体育比赛，等等。

2.对学生的"学业性和职业性长板"与学生所学的专业不一致的，学校要尊重和支持学生自主、自由选择。可以辅修第二专业，跨学科学习；可以转专业、转院系，不要求从一而终。鲁迅、郭沫若转了职业，钱伟长转了专业，他们都很有成就。

3.对学生的"学业性和职业性长板"与所学专业及未来职业方向大体一致的或相辅相成的，应将该长板作为因材施教的根据，纳入个性化培养计划，创造一些条件重点给予支持，包括制订不同的教学计划，建立不同的课程体系（通过选课），使用不同的教学方法，等等。

4.贯彻"长板原理"，可能会牵涉学校的办学自主权和办学制度。例如，改革学制、学分，颁布新的毕业标准和评价体系，等等。这会有个过程，不会一蹴而就。

总的来说，贯彻"长板原理"是在德智体美劳和通识教育的基础上，依托潜能，扬长避短。对长板不突出的学生不必揠苗助长；对长板突出的学生不必求全责备；对所有的学生力求扬其所长。"锦城"的学生必将以强项立足于职场之上！

忆"锦城"创业历史，创锦大新的辉煌

——在锦城学院建校十五周年庆典上的讲话[1]

（2020年5月9日）

各位股东，各位来宾，各友好合作单位，各位老师，各位同学，各位校友，同志们，朋友们：

今天是锦城学院成立十五周年的校庆日。在举国举世防疫抗疫的大背景下，我们用一种特殊的方式举行"更好的'锦城'，更好的未来，迈向新的辉煌"云校庆活动，来庆祝和纪念这个伟大的日子。

2005年5月9日，中华人民共和国教育部批准成立四川大学锦城学院，至今已经整整十五年。

这十五年是"锦城"师生风雨兼程、砥砺前行的十五年；

这十五年是"锦城"师生披荆斩棘、攻坚克难的十五年；

这十五年是"锦城"师生追求卓越、不断爬坡上坎的十五年；

这十五年是"锦城"师生励精图治、创造辉煌的十五年。

---

[1] 2020年5月9日，我校喜迎建校十五周年。因疫情防控原因，十五周年校庆活动采取线上线下相结合的方式举行。5月9日上午，庆祝建校十五周年大会隆重举行，投资方代表毛节琦先生、钟勇先生等，学校领导、中层干部、师生、校友代表共100余人齐聚和平大楼主楼601主会场，海内外师生、校友通过"云校庆"方式参与到校庆活动中，并向母校表达美好祝福。本文是邹广严校长在庆祝大会上的讲话。

邹广严校长在锦城学院十五周年庆典上讲话（宣传处　供图）

这十五年，我们脚踏实地，守正创新，一步一个脚印地做了五件大事。

第一件事，我们在川西平原大地上建立了一所现代化大学。

"锦城"的建筑由少到多，从一栋教学楼、一组宿舍、一个食堂，发展成高楼林立，连甍接栋，由教室、实验室、图书馆、宿舍、体育场馆和师生食堂组成的规模庞大、种类齐全、设施完备的新型大学。

"锦城"的招生规模由小到大，2005 年实际招生 2145 人，当年我们计划招生 2800 人，这 2145 人都是非常坚定报考锦城学院的学生，他们是"锦城"的忠诚分子啊！这批学生现在各个岗位上都是出类拔萃的。刚才学校十五年的纪念视频中，大家看到王副校长在五周年校庆大会上说，"锦城"已经达到了"万人大学"的规模。五年达到 1 万人，再过五年，我们达到 2 万人；到 2019 年，我们的招生计划已达 8500 人，在校生达到了 3 万人的规模。

"锦城"所辖院（系）由建校时的5个发展到现在的13个，开办专业从19个发展到本科、专科共80个，成为新建院校中为数不多的多学科、综合性大学。

"锦城"的招生批次和办学层次由低到高，从2005年的三本批次招生，仅仅过了五年，即在2010年我们就在事实上进入了二本；又过了五年，2015年我们实现了审计学专业ACCA方向在一本招生，创造了省内同类学校的"唯一"。其实我们还有一批专业办得很好，可以争取一本招生，但是当时胆子小了点儿，没有报上去，错过了机遇，以后胆子还是要大一点儿。

我们在办好本科、专科的基础上，还先后与四川大学、西南财经大学、泰国商会大学等联办硕士班，为我校将来申请硕士点打下良好的基础。

第二件事，我们建设了一所大学所必备的三支队伍，即教师队伍、管理队伍、服务队伍。

办大学，第一要有钱，第二要有人。人就是队伍。

我们采取外引内培和"干中学""边干边学"的方法培养了一支老中青结合、专兼职结合、双师双能结合的高质量、高水平的教师队伍。他们的学历有硕士、博士，他们的职称有讲师、副教授、教授，他们的岗位有本科生导师、硕士生导师、博士生导师。他们大多数是名牌大学毕业，或有留学背景，担负了我校教学、科研和社会服务的法定职能和人才培养的光荣任务。他们以"四师"（师德、师风、师才、师能）为核心，全身心投入"锦城"教育事业，为我校"三个增值"（学校、教师、学生增值）作出了不可磨灭的贡献。

我们同时建立了一支懂教育、会管理、忠诚敬业的管理队伍，和一支全天候为师生服务、把服务和育人相结合的服务队伍。他们有一股"清晨上路，永不懈怠，瞄准目标，不达不休"的干劲，他们在"锦城"教育理念的落实和发扬、规章制度的建立和执行、工作计划的制订和考评上发挥卓越的创造力和强大的执行力；他们在保障师生学习和工作条件，以及学生生活、活动锻炼和环境打造等方面全心全意服务，为学校的正常运转和日益兴旺同样作出了不可磨灭的贡献。

第三件事，我们按照应用型大学的人才培养标准和路线，培养了5万余名毕业生（包括今年即将毕业的学生），为全国和四川经济社会发展作出了贡献。

他们当中，有党政干部、公司高管、银行行长、工程师、会计

师、教授、作家、新闻及文化艺术工作者等等，已逐渐成长为各行各业的中流砥柱；他们当中，还有为数众多的创业者和企业家，在创造就业岗位、服务地方经济和社会发展方面贡献一己之力。他们深受社会和用人单位的认可和欢迎，他们的形象代表了"锦城"，他们为"锦城"学子的发展树立了榜样。

校庆典礼现场。右一为毛节琦先生，左一为钟勇先生（邓忠君　摄影）

第四件事，我们建立了一所大学完整的规章制度和治理架构。

包括从学校章程到教学、科研、人事、财务、学工、后勤、

安全、外事等各项规章制度500余种。

包括从校董会到党政联席会，到校、院、系三级纵向和横向的机构设置、职能分布、岗位责任及检查、评估、奖惩等一整套治理体系。

这些制度和架构，是我们办学十五年的管理成果和改革探索的成果，是一笔宝贵财富。凭着这套办法和方案，可以在任何地方创办一所现代化的大学！

同志们，以上讲的是看得见、摸得着的四件大事、实事。

第五件事，我们还积累了丰富的实践经验和办学心得。它同样具有很高的应用价值和很强的社会影响力，它是我们办学十五年形成的软实力、巧实力，它是锦大的治校之道和办学灵魂。

这就是"十二个坚持"。

1.我们坚持了"学校错位竞争，人才分类培养"的原则和"应用型、创业型大学"的定位，并且不攀比，不跟风，一以贯之，闯出了一条地方院校办应用型大学的路子。我们2005年办学时，别的高校都在争研究型、研究教学型、教学研究型等定位，我们一开始就坚定地办应用型大学，与研究型大学和职业型大学错位竞争，找准自己的位置，不争论，看准了走下去，这就是我们的办学策略和优势。

2.我们坚持了应用型人才的培养目标和标准。从"三会两双两强于"到"做人第一，能力至上"，使我校学生走上社会后"一会做人，二会做事"，广受用人单位欢迎和好评。刚才黄琦校友讲到"锦城"的毕业生在路桥集团的优异表现，充分说明了这一点——"会做人，能做事"就是好样的！

3.我们坚持了"三追两谋"的"锦城精神"。学校谋特色，学生谋特长，在"谋"字上下狠功夫，促成了我校的劳动教育、创业教育、中华优秀传统文化教育、双证培养、"两设一翻"及"未来型人才"培养等特色教育，都远远地走在同行的前头，实现了"人无我有，人有我优"的办学特色。刚才张志敏院长回忆了我校走在前面的过程，其实走在前面是孤独的，按照任正非的说法就是"进入了无人区"，别人没有这么做，但我们在这么做，所以我们能异军突起。

4.我们坚持了"三讲三心"明德教育、"一体两翼"知识教育、"三练三创"实践教育三大教育所构成的课程体系和"学习能力培养""岗位胜任培养""事业成功培养"三大培养的负责精神，保障了"锦城"学生的成长、成人、成才和成功。所以，我们不仅负责学生在校的培养，而且负责学生将来成就事业的培养，这就是"锦城"负责任的精神。

5.我们坚持了教学内容、教学方法、教学评价的三大改革，提出并推广了"教师八大教学法""学生十种学习法"，使我校的教学工作走上更科学、更前沿、更符合教学规律的康庄大道。

6.我们坚持了"教育不放任，管理不放羊，考试不放水"、"三不放水"、取消清考、从严治校的严格要求，保证了"锦城"的"勤上严苦"（勤奋、向上、严格、刻苦）的校风和教育的高质量。

7.我们坚持了"一中三全""五育并举"的育人路线。即以社会主义核心价值观为指导，以立德树人为中心，全面、全员、全过程地落实德智体美劳"五育并举"，培养社会主义新人。

8.我们坚持了个性化教育，创新了"长板原理"。努力发掘和培养每个学生的天赋和特长，鼓励学生自由选择，自主学习，扬长避短，人人成才，使"锦城"学子的长板更长、亮点更亮。教育和学校不能总盯着学生的缺点，我们"锦城"的教育首先要发现学生的亮点和长板，并培养它，发扬它，这就是"锦城教育"的核心和特色之一。

9.我们坚持了以"三自三助三权"为主要内容的学生管理模式。努力培养学生自主、自觉、自律和民主的意识，努力创造学生锻炼和实习的机会，使"锦城"学生真正成为这所大学的主人。

10.我们坚持以岗位调查为导向，倒推专业和专业方向设置的"逆向革命"。培养学生以通识教育为基础的"横向迁移能力"和以专业技术为核心的"纵向提升能力"，使之学以致用，精准对接并胜任工作岗位。大规模地进行岗位调查，也是我们"锦城"开了先河。2010年和2016年，我们已经开展了两轮调查，马上我们还要策划进行第三次调查，以使我们的人才培养更好地适应科学技术日新月异的发展。

11.我们坚持就业工作是锦大的生命线。针对就业市场的"三个不对称"，建立了学校、家长和社会"三位一体的支助体系"，制定了帮助毕业生就业的"六大措施"，搭建校地、校会、校企、校校"四大出口平台"，保障了"锦城"毕业生"好就业，就好业"，保障了锦大"出口畅、进口旺"的大好局面，实现了"就读锦城，锦绣前程"这一伟大目标！

12.我们坚持了拥抱以互联网、人工智能为代表的新科学技术革命，并努力以新技术赋能和改造我们的教育。我们从2012年倡导慕课，到2014年倡导"翻转课堂"，再到2016年倡导建设"未来型大学"。可以说，锦大一直紧跟世界新技术发展潮流，每一步都走在新技术革命的前列！

这"十二个坚持"得益于我们把教育质量放在首位的意识和改革创新、敢为人先的远见卓识。我们大胆试，大胆闯，敢于和别人不一样，追求"更好的不同"，不断地建构竞争优势和形成特色发展。

同志们，我们还可以列出许多可以称道的优势、特色和创造，例如：关于"跳出教育办教育"的办学思想，关于"三条生命线"的主张，关于"五个课堂"的设置和"锦城课堂大于天"的理念，关于"师生同频共振共鸣"的"教育合力理论"，关于"全身心投入是'锦城'教师的第一师德"和"四全三高"的高标准，关于尊师重教的"三种意识"和"三重境界"，关于"学校没有脱离人才培养的活动"的课外活动原则，等等。"锦城"建校十五年的丰富实践，积累了许多宝贵的经验和教训，这是我们全校师生员工创造性工作的结晶。它是一座金矿，欢迎校内外人士来发掘它，提升它，发扬光大它！

同志们，光阴荏苒，日月如梭，转眼十五年过去。当我们回首往事时，既有创造历史、谱写辉煌的豪情和微笑，又有伴随而至的汗水和泪水。我们既要庆祝已经取得的成就和业绩，又要回顾创业的困难坎坷和艰辛，因为它是我们"锦城"历史的一部分。我们过去的历史不全是"过五关斩六将"，也有"走麦城"的时候啊（当然这么说有点儿夸张）！

在人类历史的长河当中，十五年只是一瞬间。对于一所百年老校来说，十五年也是极短暂的一段。但对于一个白手起家、一穷二白的创业者来说，这是漫长而艰难的十五年。国内外很多名校都经历了辛酸的十五年。

美国的芝加哥大学于1857年1月创立，办了十多年之后，遇到了财政困难，苦苦支撑却撑不下去，结果在1886年倒闭了。现在的芝大是洛克菲勒于1890年重新创立的。

中国著名的复旦大学，其早期创办的过程也是一波三折、历尽艰辛。1902年，我国著名教育家马相伯老先生以62岁高龄创办我国第一所私立大学——震旦学院。办学之初十分艰难，校舍借用上海徐家汇老天文台余屋。他本想依托基督教会的师资办学，但遇到教会干扰和经费困难，不足三年办学就夭折了。1905年马相伯重起炉灶，建立复旦公学，到1917年改称复旦大学，其间三易其名，也整整经历十五年。

世界著名的哈佛大学，它的起步也是艰苦卓绝、不堪回首的。刚开始创建时，哈佛仅有一英亩土地和两三千磅资产，小到只有一位教师、四名学生和一间教室。它在办学十年之后才获得了英王查尔斯二世的皇家特许状，从而名副其实地成为私立大学。

我们呢？我们在办学初期同样遭遇困境。办大学要三样东西——钱、人和时间，我们都很紧缺。不是没有，但是紧缺，所以就遇到了三大危机。

首先是"财政"危机。

　　我们办学的开办费只有 7000 万元，全部用到地上了，即缴了土地费，也只够不到一半。这块地需要 1.6 亿元，我们当时不惜一切代价，先把钱砸进去买地，其余的事，包括盖房子、搞建设、招收员工发工资，都是一文没有啊！所以，今天我们为什么要给就座第一排创校的院长们鲜花？当时他们都是不讲待遇，不讲报酬，甘于奉献啊！学校在 2005 年 2 月 8 日（大年三十）搞了开工仪式，可是到了 3 月中旬尚未动工。我从北京开完全国人民代表大会回来问怎么回事，原来是没有钱！我只好把施工单位的负责人找来，以我的信用担保，保证不会欠他们的工程款。一栋教学楼，一组宿舍，还有一个食堂，就这样在 2005 年 3 月 20 日动工了。当第一批员工进校时，忠孝大楼只盖了半截，道路也未修好，最后抢修时遇到夏天多雨，是搭着塑料棚，搭一段，修一段。那时候，车子一过，尘土飞扬啊。

　　我们要美化学校，在小白楼旁挖了一个小湖，用鹅卵石砌了一下，放上水，叫"爱心湖"，学生叫它"莫名塘"。北大有个"未名湖"，我们有个"莫名塘"，也很好嘛。想当年是挖湖在前，起名在后；后来的"苹果湖"是起名在前，挖湖在后了。有了湖，我们还想建个公园。绿化包给外面公司要花太多钱，怎么办？有一次，长宁县县长来学校，我说你们的竹林多，给学校捐点竹苗吧。他们帮我们搞了一个"长宁竹园"。里面的道路呢？是绿化队的同志们捡那些建筑废弃的砖头、水泥块等砌成的，叫"创业小道"，现在还保留着，就是为了让大家知道创业之艰难。将来就像万里长城一样，创业小道也可以现场取一段放入校史馆嘛。2005 年我们抢着先招生，所以最早成立的五个系和学校职能机关的办公室是没有提前计划的，后来办公的两栋二层小白楼是准备万一忠孝楼盖不起来，为了招 500 个学生而建的。办公在哪里？不晓得。是准备"先治坡后治窝"，来不及就先搭个棚子吧。当时时间很紧，来不及想那么多。一切为了招生，招到生了，说明学校办起来了。

我们遇到的"财政"危机还表现在我们是民办学校，财政不拨款，银行不贷款。当然，当时的形势是银行对公办高校也不给贷款。因为那时候有一种声音是攻击大学扩招，说大学扩招搞建设，还不上债。所以，银行贷款收紧，这就造成了我们建校时极度困难。后来凭借着在座诸君和全体师生的努力，锦城学院越办越好，生源充足。大家看到"锦城"有生命力，发展很好，都给我们贷款。第一个给我们贷款的是交通银行，第二个给我们贷款的是成都银行，但利率上浮10%。有一次开会碰到成都银行的董事长，我对他说："我们不欠本，不欠息，信誉很好，凭什么利率要上浮？"他说回去研究研究，不久就把上浮给取消了。成都银行、交通银行，对我们的支持是很大的。但是有一个银行不好，我们不需要钱的时候，往我们账上打2000万元，吃利息，待我们要用钱了，它就要把钱收回去了，成了"只收不贷"，你说差劲不差劲？

我们遇到的第二个危机是人才危机。

办学初期，我们的师资队伍呈现"三多一少"，即老同志多，兼职的多，刚毕业的硕士生多，年富力强、高职称的少。我经常开玩笑说，我们是一群老头老太太带着一批娃娃在办学啊。现在这批年轻人在老同志的传帮带和自己的努力下都成长起来了，成了学校的骨干，他们正在给"锦城"作出巨大的贡献。但是也有个别人不怎么好，她刚毕业时就业困难，"锦城"收留了她。她在"锦城"把孩子生了，把博士读了，把高级职称评了，但是最后她要走，而且就为了一个公办校的事业编制，真不够意思呀！

第三个危机是时间危机。

时间怎么是危机？它不是源源不断吗？但对于我们办学，时间就成了危机。因为办学需要时间，但市场竞争不给你留充足的时间来发展，它是不分建校时间长短的；教育评估也不考虑办学时长，而是"一套标准、一条红线"。

从市场竞争来看，我们现在的竞争对手多数是办学几十年甚至上百年的公办学校。学生报考哪所大学，是只看办学水平不考虑办学时间的，不会因为你办学时间短，就降低标准。因此，在生源竞争激烈的教育市场中，我们办学时间短，还要坚持高标准，实现高质量，达到高水平，这就需要我们付出额外的努力、超常规的努力。你办十年，别人办一百年，你要达到别人的水平，凭什么呢？所以，别人喝咖啡的时间，我们在努力；别人睡觉的时间，我们也在努力！

从教育评估来看，比如，尽管若干所办了百年的部属大学都达不到生均100册纸质图书的标准，可是按照现行办学政策，却要求办了只有十几年的大学人均纸质图书必须达到100册。这是强人所难啊，时间也来不及。书是根据人才培养的需要逐步增加的，不能为了赶时间去买废书啊。要知道，哈佛大学是办了275年，藏书才达到100万册的。

当然，我们还碰到其他很多问题，最严重的是对民办学校的歧视和不平等。学校地位不平等，教师待遇不平等，学生奖助学金和贷款不平等，都是我们面临的现实问题。

经过我们的努力，学生的奖助学金和贷款解决了。在2007年第十届全国人民代表大会上，我们提出建议，呼吁公办、民办学校学生享有同等的国家奖助学金和助学贷款的权利，后来教育部把这个问题解决了。

关于公办、民办学校教师退休待遇不平等的问题，我相信以后随着国家的改革会解决。在国家没解决以前，现在我们内部作了决定，想了办法，建立骨干教职员工退休保障基金。今天，投资方也在这里，大家都是支持和认账的。保证大家退休以后的待遇不低于公办学校同类教职工的退休待遇，少的这部分学校来补齐！这也算解决了员工的后顾之忧，免得个别人为了一个编制问题要"改换门庭"啊。

至于民办校与公办校平等待遇的问题，包括税收、学生就业、考选调生等问题，我们还在不断努力争取平等权益。比如，有些央企本来只招收985、211高校的毕业生，后来我们与建设银行四川省分行创造了"985、211+'锦城'"的招聘模式，就挤进去了。再比如，报考公务员、选调生等问题都在积极解决，2017年，我校15名大学生考"村官"，有14名学生都获准录用。平等是争取来的，特别是机会平等，我们一定要努力争取。

我年轻的时候在央企（长城特殊钢厂当时归冶金部管辖）工作二十年，后来在政府工作二十年，真的不知道歧视是啥滋味，因为都在"体制内"。到了晚年办学时，才对这个问题深有体会。所以，我和"我们"现在是全力为争取学校、教师和学生的"三个平等"而奋斗！

同志们，朋友们，我们今天回首了往事，真是不胜唏嘘。创业不易，创业艰辛。锦城学院的建设与发展，汇聚了所有"锦城人"的心力与付出。大家在创业初期秉承艰苦卓绝、勤俭节约、花小钱办大事的"穷棒子精神"，在每一个困难时期发扬共克时艰、知难而进的

"克难精神"，在十五年建设"锦城"中展现出争分夺秒、只争朝夕的拼搏劲头和奉献的精神！

在这里，我特别要感谢我们这个创业团队的第一批创业者。我们同甘共苦，筚路蓝缕，大家不讲待遇，不讲报酬，省吃俭用，艰苦创业，充分体现了第一代开拓者的高风亮节！第一代中层干部大约有十几人，教职工大约有几十人，我们将给予他们表彰！

在这里，我要感谢先后加盟"锦城"的全体教职员工。由于大家的同心同德、不离不弃，以振兴"锦城"为己任，学校才有今天的"近者悦，远者来"！

在这里，我要感谢我们的投资方——16家中外企业，感谢申办方——四川大学，感谢与我们长期合作的单位——企业、事业、行业协会、国内外学校。没有你们的大力支持、帮助和合作，就没有我们今天的大楼、大师、大气魄！

在这里，我要感谢国内外的捐赠者。共有数百家企事业单位和个人先后给学校捐款、捐物、捐实验室，捐赠总额超过一亿元。他们慷慨解囊，在精神和物质方面大大地帮助了我们！

我在这里还要特别强调、感谢四个人（单位）。

一位是当时的教育部发展规划司司长韩进同志，他现在担任武汉大学党委书记。2005年4月22日，他率团来检查学校筹建情况。当时的忠孝大楼只盖起了一半，他在指挥部听取了汇报后，突然问了一个问题。他说："老邹，你账上还有多少钱啊？是否能把账本拿来看看？"同志们，这真是哪壶不开提哪壶呀，当时我们账上一分钱也没有！我只好打了个马虎眼，说："韩司长，您不相信我会变出钱来？"他听后哈哈大笑，说："算了吧，不看了，我回去给你批了吧，保证你们今年招生！6月份我再带人来评估。"到5月9日，教育部的批文就下来了，真是特事特办，他是看准了我们办学的决心和潜力啊。我们万分地感激他！我让办公室给他发了一份特别的感谢信。饮水思源，人家在我们最困难的时候帮助了我们，我们要感恩啊！

第二位是以毛节琦先生为代表的投资方。在2006年的锦城公司董事会上，毛先生接受了学校的请求，决定不拿走按办学协议投资方本该分配的钱，而是将之继续投入支持学校滚动发展。这个决定是在银行不给学校贷款的形势下做出的，可以说是雪中送炭。十五年来，投资方滚动投入的钱达到了8亿元之多，保证了学校的稳步、持续、健康发展，所以我们感谢他！

第三个是以中国移动、中国电信、上海交大图书馆和金地房地产公司等为代表的捐赠单位。他们给我们少则几百万，多则数千万的捐赠。特别是四川移动，他们捐赠了一个相当于地级市运营规模的通信实验室，从1G到4G，价值达到5000余万元，使我校通信实验室达到国内领先水平。上海交大图书馆利用图书换代电子化的机会，慷慨捐赠我校15万册图书。我们的第一代创业者、外国语学院前院长冯川教

中国有色金属工业协会

尊敬的广严老领导：

您好！

很高兴收到锦城学院的来信，更高兴的是看到15年来，在您的创建和领导下，锦城学院得到了蓬勃发展，为成都市的经济发展做出了重要贡献。作为成都市原市长，向您和学院的老师表示敬意和感谢！

目前我有四项工作，一是全国政协常委，二是中国航天科技集团外部董事召集人，三是中国航空工业集团外部董事召集人，四是中国有色金属工业协会党委书记，主要办公地点在协会。欢迎您来京到协会作客！

葛红林

2020年5月13日

2020年5月13日，原成都市市长葛红林同志给邹广严校长复信

授，离任时也给我们捐了很多书。所以，"锦城"能有今天，是很多友好企业、单位和个人帮助的结果，当我们取得伟大成就的时候，我们不能忘记别人曾经对我们的帮助！我们现在要感恩，将来永远都要感恩！

同志们，我们还要感谢省委、省政府，成都市委、市政府。我校成立以来，省、市领导多次来校视察，帮助我们解决了很多问题，充分体现了党和政府对学校的支持和关怀！我在这里要特地强调一个人，就是原成都市市长葛红林同志。我让办公室也给他发了一封特别的感谢信。想当年，葛红林市长率队到学校现场办公，帮助我们解决了教职工住宅用地和建设、公共交通等问题。我们永远感谢他！

同志们、朋友们、老师们、同学们，忆往昔峥嵘岁月，我们无比自豪；看未来前途似锦，我们信心百倍。我们已经确定了"办一所国内一流、国际知名的应用型大学"的目标，我们已经制定了第二个十年规划，我们绘制了建设"未来型大学"的宏伟蓝图，我们积累了丰富的办学经验和治校之道，我们打造了忠诚于"锦城"教育事业的三支队伍。我们现在不需要提新的口号，让我们沿着"锦城"第一代创业者开创的道路、所确定的目标和路线，奋勇前进！胜利永远属于"锦城"！光荣永远属于"锦城"！荣誉永远属于"锦城"！

"锦城"百年，百年"锦城"！

关于教师新的核心竞争力

——在2020年5月26日校务会上的讲话[1]

（2020年5月26日）

今年这场全球性的疫情打破了原有的秩序，创造了一个新的教育教学环境。在此背景下，我们回顾了过去十五年创业的历史，其中最重要的一点，就是我们要学会和敢于与别人不同，学会走到别人的前面。不同，就是有特色，包括教师队伍建设、教师能力的提高等。我们提倡的以师德、师风、师才、师能为基础的教师队伍的建设，也得与别人不同。"锦城教育"要继续走在全国同类高校的前列，根据现在新的形势的需要，我们现在对老师提出新的要求，即"锦城"教师要追求新的五大核心竞争力。

一、能够激发学生学习欲望、动机、兴趣和热情的能力

要让学生喜欢学你教的课。大家知道，学习没有动机，没有兴趣，没有欲望，是学不好的。老师的第一本领是激发学生的学习兴趣、学习爱好。这项本领听起来很简单，做起来很难。例如李海艳，

---

[1]编者根据校务会现场讲话录音整理，会后经邹广严校长本人修订完善。

把数学讲得让学生喜欢，激发了学生学习的热情和兴趣，使学生想学，愿意学，乐意跟着学，这是不容易的。当然，照本宣科我们不赞成，东拉西扯、离题万里我们也不赞成，上课通过说些不着边际的话来吸引学生，这样的做法是行不通的。至于如何激发学生学习的积极性，这是一门大学问，请老师们认真研究。

"锦城教育"点燃学生的兴趣和热情（中央电视台发现频道　摄影）

二、能够以广博的视野、立体的思维组织跨学科教学的能力

之所以用"组织"这个词，是因为有的时候是教师自己完成跨学科教学，有的时候需要一个团队或者邀请其他专家来完成，但要求教师的视野一定要是广博的。跨学科是一个潮流，新时代人才培养的主要方向便是跨学科培养，这是中外教育界的共识。所以，能够以广博的视野——灵敏地整合多学科思维空间的宽度和长度——来组织跨学科教学的能力，这是未来教师需要具备的一个新的核心竞争力。在这

方面我校文传学院、计算机学院做得不错。文传学院培养技术型文科人才，要求教师在传统文科以写作为核心的教学基础上，还要涉猎新媒体技术；计算机学院组织全体教师提交新技术学习计划，在过去计算机科学知识的基础上，通过培训或自学等方式，拓展人工智能、大数据等新技术领域的技能。

三、能够实现教学相长、教研相长、教赛相长、教技相长的能力

教学相长的提法出自《礼记·学记》，我们已沿用了几千年，是讲教与学是相对的，教师与学生要互相学习、互相促进，"三人行必有我师"嘛；教研相长就是指教学和研究互相促进，这是德国人发明的；教赛相长就是以赛促学，我校做得不错；教技相长就是教学和新科学技术、新授课技巧相互促进，这是个世界潮流。在新形势下，单强调教学相长是不够的，教学还必须与研究、竞赛、新技术相互促进，相互赋能。例如，智能制造、工商、财会等学院在以赛促学方面都积累了有益的经验，哪个比赛应用哪些知识，反过来，哪些知识用于指导哪类竞赛，从而促进教学，这就是教赛相长。教研相长，有的时候是与教师自己的研究"相长"，也有时候是与别人的研究"相长"，譬如，陈世卿院士在脑科学方面很有研究，这些研究对于其他教师教学来说也有一定的促进作用。教师若能具备"四个相长"的能力，对于当前以成果为导向的教育来说，是具有核心竞争力的。

四、能够设计和实施线上线下相结合的混合教学的能力

今年新冠疫情防控期间全国开展大规模网课，使我们看到一个趋势——能够设计和实施线上线下相结合的混合教学，这必将成为新时代、新时期、新形势下教师的核心竞争力。"未来型教师"，将面临全球化、开放式的教学形态，不再只是面对面授课，也不再只是给"锦城"学子授课。因此，心中要有"卫星意识"，要具有面向全球学子授课的思维理念。也就是说必须具备更高的学术理论与专业素养，掌握在线教学的技能和方法，否则无法胜任未来的教学。这次疫情防控应对，就是这个问题最好的体现。很多高校在应对这次线上教学时，现学现卖，仓促上马。我校之所以能走在前列，正是因为在这项工作上抓得早、抓得好，教师基础好，学生很适应。所以，这项核心竞争力很重要。

五、不仅能够传递知识，而且能够传递思维方式的能力

传递知识是所有老师都能做到的，但更高层次的，还要传递思维方式。有一个华裔科学家说，他从美国导师那里得到的最大收获是学习了大师的思维方式。思维方式是很重要的，不同的人思维方式是不同的。计划经济时期的思维方式是以生产为中心，市场经济的思维方式是以客户需求为中心；胡适的思维方式是"大胆假设，小心求证"，有的专家的思维方式是聚合思维，有的专家的思维方式是发散思维；有的课程要用形象思维，有的课程要用抽象逻辑思

维。所以，老师不但要教学生知识，还要教学生思维方式。关于这个问题，有很多书籍都有专门的论述，中国有个教育学者房超平，写了一本书叫《思维第一》，讲的就是思维导学。牛顿也不是因为一个苹果就发现了万有引力，他的数学是很好的，背后有一整套严密的逻辑思维来支撑。我们现在最需要培养学生的批判性思维和创造性思维。

这五种新的核心竞争能力，有的我们已经做得挺好，比如说混合教学的能力，我们绝大多数老师都做到了；实现"四个相长"的能力，我们绝大多数老师至少能做到两三个。但有的方面，我们还得努力，比如，激发学生学习兴趣、动机、热情、欲望的能力，这点我们有很多老师都没有做到，教科书上也没有标准答案，有的说要激发兴趣就要从知识的用途入手，有的说要从提高教学的挑战度来入手，等等，说法很多，大家要多加研究，加强这项工作。

诲人不倦。图为智能制造学院教师蒋冬清在办公室辅导学生。锦城学院每一位老师都有自己的办公室，并会在每周安排固定时间为学生答疑、指导（中央电视台发现频道　摄影）

教育的本质不是选拔，而是培养。我们的本事不是去选拔高质量的学生，而是把一般的学生培养成优秀的、高质量的人才。要做到这一点，我们的教师没有核心竞争力是不行的。所以，在新的形势下，我们要在常规的竞争力的基础上，追求这五种新的核心竞争力，使我们的教师在新形势下掌握新的主动，比其他学校的教师更卓越。

总之，没有一流的教师就没有一流的学生，没有一流的师生就没有一流的学校。请各单位认真研究这五个方面的问题，进一步交流、探讨、推广、延伸、创造，争取再上一层楼。

大学生以学习为中心的问题

——论强度学习、深度学习、科学学习

（2020年5月）

学校以学生为中心，学生以学习为中心，这已是教育界的共识。学生高质量的学习是教育高质量发展的关键，这也是教育界的共识。影响大学生学习质量的因素很多，最重要的是三个问题。

一、强度学习

所谓强度学习，实质就是个投入问题。教育质量高低的核心要素就是提升学习者的投入度。一要投入时间，二要投入精力。时间不够，精力不足，就是轻度。早在20世纪80年代，美国高质量高等教育研究小组就研究提出，美国高校要提高质量，第一个条件即学生投身学习。大量研究报告证明，学生在学习过程中投入的时间、做出的努力越多，对他们自己的学习安排得越紧，他们的成长就越快，收获就越大。

这里要强调的，首先是时间。对于学校和学生来说，最宝贵的教育资源是学生的时间。学生在大学的时间平均为四年，全日历每年时间为365天，按教学日历来算，每年在校时间约为40周，每周5天，

约200天，其余为假期（包括周末）。学生在这200天里如何安排学习时间，是一个很大的问题；在假期的165天里如何安排，也是一个问题。这200天为日历教学时间。每天24小时大致可分为三块：

1.生活时间（睡眠、吃饭、娱乐、锻炼等活动）；

2.上课学习时间（这个时间由学校安排，具体到每一天，由课表确定）；

3.课外学习时间（课外学习时间可以分为两类，一类是课程性学习，包括预习、复习、作业、延伸拓展等等；另一类是非课程性学习，包括考研、考证、科研、比赛、参加讲座或会议、自由阅读等等。详细分类见下图）。

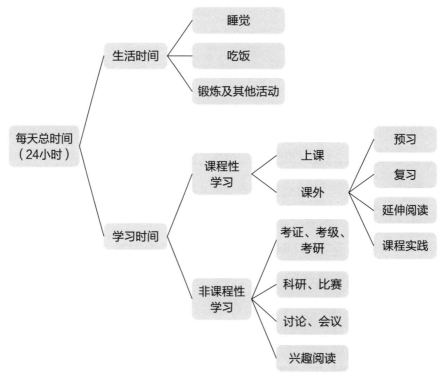

对学生时间的分配和对课外学习的定义

为了讨论方便，我们把只含第一类的课外学习称为狭义的，把包含一、二类的课外学习称为广义的。

现在，我们来看看国内外的大学生学习投入的情况。先来看看日本，日本文部省国立教育研究所2016年公布，通过对国立、公立、私立2万名大学生的调查，大一、大二每周上课的时间约为20课时，大三为16课时，广义的课外学习时间约为每周13小时，另外有兼职的时间约为每周9.3小时。若把兼职的一部分时间视同与课业学习有关，那总的课外学习时间约为每周20小时，课内、课外学习的总时间为每周40小时左右。

我们再看看美国。根据NSSE[1]对全美531所大学和学院近30万大学生的调查，不同专业的大一、大二、大三的学生课余学习时间为每周13—17个小时（狭义：包括预习、复习、作业），参与课程相关活动时间为每周5—7小时。平均起来，广义的课外学习时间为每周20—22个小时。另外，美国大学生课外还要做兼职、志愿者，进行社交活动，等等。

另外，据资料介绍，像美国哈佛、英国剑桥这类顶尖大学，它们上课时间相对较少，每学期一般开3—4门课，但要求每周有1个小时讨论，所以学生的课后阅读时间较长，一般是上课时间的3—5倍。

我们国内的顶尖大学——清华大学的情况怎么样呢？据2012—2013年度调查，清华本科生分年级学分和课外学习时间见下表：

---

[1] 即全国学生参与情况调查（National Survey of Student Engagement，简称NSSE）。

年级	大一	大二	大三	大四及更高
本学年学分	42.75	39.85	37.5	28.16
周均课外学习时间（小时）	18.28	18.44	18.51	18.38

从上表可以看出，清华学生从大一到大四，课外学习时间均在每周 18 个小时以上。另外，据清华学生的自我报告，有 30.7% 的学生每周课外学习时间超过 30 个小时，这已经是很努力了。

但我国的一般性地方院校就不那么乐观了。据中国南方一所师范大学的调查，课外坚持学习和阅读的学生只有 30%，另外 14% 的学生参加一些社团活动和学生工作。而西部地区的一所学校，仅有 16% 的同学会在课余时间学习。有一所地方高职院校，有 13.79% 的学生课外学习，13.2% 的学生参加课外阅读，两项加起来为 26.99%，其余学生网上聊天玩游戏，参加一些社团活动，等等。

我校近年来大力建设勤奋、向上、严格、刻苦的校风，倡导让师生忙起来，学生的学习状态和投入有了较大的改进。据学工处和团委调查，2019 年全校学生行课期间平均每天学习时间为 8.11 小时，周末每天坚持学习时间为 6.06 小时，则每周的学习时间约为 40—50 小时，这是非常可贵的。

根据以上国内外高校和"锦城"实践的调查和分析，我们对学生投入学习的时间，包括课内和课外的时间应该有一个明确的要求，就是每周学习总时间以 40 小时左右为宜，其中课外学习时间以 20 小时左右为宜，过多和过少都不利于学习成绩和学习质量的提高。

另外，我们在观察学生对学习的投入时，不但要考虑投入时间的多少，而且还要考虑这些时间的利用效率。这就是学生投入学习的第二个要素——精力，即聚精会神的努力。无论课内学习或课外学习，都需要精力集中和专注。如果时间投入了，但精力分散，东想西想，东张西望，一会玩手机，一会讲小话，这样的学习效果是大打折扣的。判断精力投入的学术指标是专注度。我们假设学习时间为M，能集中精力的时间为N，它们的商即专注度W。

公式为：

$$W = \frac{N}{M} \times 100\%$$

实践证明，专注度越高，说明学生越专心，学习的效率就越好。所以投入时间和投入精力是相辅相成、二者缺一不可的。

当然，要保证学生对学习的投入，学校和教师同样负有责任。学校要安排好教学计划，保证学生有选择地上好该上的课，同时要创造和提供学生课外学习活动的必要条件。教师要搞好"两课设计"，保证教学质量，课程内容要有一定的挑战度。布置作业应有适量的延伸和拓展，按照美国著名教育家麦肯齐教授的要求，教师在其教学大纲要明确学生课内课外学习时间的比例，一般以1：1为好。

二、深度学习

"深度学习"[1]这个概念是瑞典学者费伦斯·马顿和罗杰·萨尔齐于1976年提出的，主要含义是学习者主动地学习，在理解的基础上，

---

[1]我们这里述及的深度学习是教育学范畴学习理论领域的概念，也可以通俗地说成是深入的、深层次的、高质量的学习。与信息科学范畴，作为机器学习（ML，Machine Learning）领域的深度学习（DL，Deep Learning）含义不同。

批判性地学习新知识，并将它整合到原有的知识结构当中去，能将所学的知识迁移到新的情景中，灵活地解决新问题并致力于创造新知识。这种学习对应的是布鲁姆教育目标分类中认知领域目标的应用、分析、综合、评价四个层次，属高阶思维。

全神贯注，深度学习（中央电视台发现频道　摄影）

与深度学习相对应的是浅层学习。浅层学习的主要特征是机械记忆为主，满足于对知识的一般了解和简单理解。往往是知其然而不知其所以然，貌似知道得很多，但几乎都是浅尝辄止，一知半解，老百姓说是"雨过地皮湿"，没有下深下透。中国长期的应试教育，造成背诵和记忆成为学习知识的主要手段。

我们现在存在的问题是不但投入不足，而且层次偏低，基本处于浅层学习的水平。如果记忆是浅层学习的特征，我们有的学生也只做到了短期记忆，出了校门把什么都忘了。有一位学生刚毕业，参加就业复试，考的都是本专业的基本知识，结果他只考了二十多分。毛主席在《实践论》里说："只有理解了的东西才更深刻地感觉它。"你在学校学的知识一知半解，像乡间老百姓说的"猪八戒吃人参果，食而不知其味"，那怎么能形成长期牢固的记忆呢？没有记忆如何应用？

浅层学习在布鲁姆教育目标分类法中，属于低阶思维，它包括记忆、一般理解等等。在我看来，能做到在理解基础上的记忆，已经很不错了。因为要理解就要知其然，而且知其所以然，就要知道该知识的环境、背景和它的作用边界，而不是蜻蜓点水，囫囵吞枣。

应用，是低阶思维向高阶思维的过渡。会用所学的知识解决问题，说明学生学懂了，如果能活学活用、举一反三，那就是把知识学活了。因此，我认为学得懂、记得住、用得上是深度学习的第一步，也是首先要解决的问题。

我们应当向高阶思维——分析、评价和创造三个层面迈进。只有培养高阶思维能力，才能解决学生逻辑分析能力差、批判性和创造性思维缺乏的问题。

深度学习更加注重批判性高阶思维，重视主动的知识建构、有效的知识迁移和真实问题的解决。它强调的关键词是理解、应用、整合和创造。

学习是一个过程，深度学习与浅层学习有许多不同。

第一，信息的获取和处理方式不同。深度学习者通过对新旧知识进行迁移和深度思考来获得知识，他们不是简单的回忆和一般的了解，而是积极参与和批判性思考来处理信息。

第二，相对应的思维层级不同。深度学习是以高阶思维为主要认知活动的高投入性学习。学习者往往关注更广泛的背景信息及材料之间的内在联系，达到对学习内容的深度理解。

第三，能力标准不同。深度学习作为一种指向问题解决的学习能力，是一种学生通过提取原有经验的解决不同新情景问题的能力。

第四，学习内涵不同。深度学习不同于机械记忆和对知识的简单理解，而是对学习本质进行探寻。深度学习的内涵，主要包括知识迁移能力、创造能力以及新情景中解决问题的能力。

要做到学生深度学习，要从教和学两个方面下功夫。

从学校的角度，重点要做好两件事。一是要创造环境和氛围。作为隐性课程的校园文化会潜移默化地对学生的深度学习产生重要影响。例如，宽松且和谐的学习氛围有助于学生形成批判性思维和师生之间的互动交流，严格有利于学生的态度认真和精力投入。二是教师要首先改变。要想学生深度学习，首先必须教师有效教学。教师按照教学目标，坚持"两课设计"，坚持培养学生的高阶思维，坚持学业高挑战度，坚持与学生对话、交流和反馈，能够激发学生探究式学习的兴趣和热情，这都会把学生带到深度学习的情景之中。

而从学生的角度，也需要做好三件事。

首先要有内在动机，有学习的欲望和要求。孔夫子说："知之者不如好之者，好之者不如乐之者。"要有"好之者""乐之者"的心态，是深度学习的前提。

其次，要有学习方法。《礼记·中庸》提倡"博学之，审问之，慎思之，明辨之，笃行之"，这五个方面就是深度学习的好方法。

再次，注重创新和应用。利用学到的知识开拓延伸，可以由表及里，举一反三。利用知识去解决一个问题或做好一个项目，或参加一项比赛，或参加一场专题辩论，所得到的印象比读一本书都深刻。

三、科学学习

千百年来我们的教育都在研究如何教、如何培养，对于如何学习研究得少。中国传统教育强调刻苦和严格这两条，多是态度层面，也有涉及学习方法的，多是博闻强记一类。

近代以来，对学习的研究逐步深入。把学习与心理学联系起来，是近几百年的事。把学习与脑科学联系起来，则是近百年的事。把学习作为一门科学，建立学习科学是20世纪90年代的事，仅有几十年。

研究学习科学，达到科学学习，是摆在教师和学生面前的一个新问题。这个问题的核心是使我们的学习行为符合脑神经——认知科学的规律，以提高学习的效率（有效性）和质量（获得感）。例如我们要把短时记忆变为长时记忆，这是深度学习不可缺少的。从脑科学的观点，那就要通过对自己（指学习者对自己）或他人（指教育者对学习者）重复信息的过程来形成记忆，反复练习有助于强化记忆。著名的10000小时定律就是这个道理。又如学生只是采取被动地听课等方式接受信息，其理解是浅层的，而由学生提出问题，通过讨论对话得到的效果是深层的，叫作"生成效应"。再如，有时让事情变得有点困难反而能激发更好地学习，就是说适当增加课程的难度或挑战度，使他们在理解的过程中增加对信息的加工，从而加深了理解和记忆。正如民间所说，不费力气的学习，如同沙滩上绘画，风一吹就没了。

还有一个认知负荷理论，认为在一定的时间内，个体的认知资源是有限的。也就是说人体对大脑的血糖和氧气供应是有限的，如果某个区域消耗了更多的血糖和氧，其他区域只能处于相对不活跃状态。

这使得我们在某一时刻只能处理数量有限的项目，一旦我们接收到的信息超过了大脑所能承受的范围，大脑就会陷入认知过载。认知过载将造成效率下降，甚至带来负面效果。这就科学解释了为什么一节课的时间不能过长，两节课之间要有一个间歇；为什么学生每天要安排一定时间的课外活动，而不能全天饱和地安排学习。懂得这样一个原理，对于我们科学地安排教学和学习时间是大有好处的。

总的来说，我们要实行以学习为中心，就要做到强度学习、深度学习、科学学习。要从理论上搞通，在实践上落实，形成一个以学习为基础的高质量发展大学教育的大好局面。

在危机中成长，在挑战中前行

——在2020届毕业生毕业典礼上的讲话

（2020年6月30日）

同学们，老师们，家长们：

大家上午好！

在举国举世防疫抗疫的大背景下，今天，我们相聚在"云端"，举行我校2020届毕业生毕业典礼，共同庆祝2020届本专科毕业生圆满完成学业，踏上人生新征程！相比往年，今年的毕业典礼形式特别而又弥足珍贵，有更多毕业年级的同学、老师、家长们参与其中。在此，我谨代表学校向各位毕业生致以最热烈的祝贺和最诚挚的祝福！向长期以来支持学校发展的各股东单位、四川大学、各合作办学友好单位、奖（助）学金设立单位和个人以及为同学们的成长付出辛勤劳动的老师们、家长们表示最衷心的感谢！

2020年是极不平凡的一年，一场突如其来的新冠疫情，给大到国际社会、小到家庭个人带来了深刻影响。我们既要把这场史无前例的防疫抗疫斗争作为战场，同时又要把它作为课堂。在战场上，许多"锦城"校友坚守岗位，冲锋在前；许多在校学生也加入志愿者队伍，为当地的防疫抗疫作出了贡献，这些都充分体现了"锦城"学子以天下为己任的家国情怀！同时，我们也在这场与疫情艰苦斗争的课堂上，通过亲身体会，举一反三，领悟到了许多经验教训，这对于同学们的成长来说，可谓"胜读十年书"。其中最重要的，是大家都认识到了危机和挑战的存在，我们必须学会应对和处理人生中的各类危机和挑战——这也是今天我想跟大家分享的主题，希望同学们学会在危机中成长，在挑战中前行！

奉献在祖国各地抗疫战斗中的"锦城"志愿者（校团委　供图）

一、树立危机意识——做到见微知著，未雨绸缪

应对和处理危机，首先要树立危机意识。危机意识最核心的内容是对危机的预警和准备。华为的创始人任正非先生是这方面的典范。2000 年底，当华为顺风顺水时，他却写下《华为的冬天》，大谈危机和失败，说自己"天天思考的都是失败，对成功视而不见，也没有什么荣誉感、自豪感，而是危机感"，强调华为在春天与夏天要想着冬

天的问题；他以"惶者生存"作为管理企业的座右铭，所谓"惶"，就是担忧、恐惧的意思，这是强烈危机意识的体现。他认为只有常怀危机感的企业才能生存、发展、壮大。做人也是同样的道理，同学们今天走出校门，也要树立危机意识，要认识到一时成功不等于没有问题，岁月静好不等于没有风险，春风得意不等于没有隐患。风险在安宁之中积累，隐患在成功背后发展，危机在鲜花和掌声下酝酿。只有做到见微知著、未雨绸缪，才能有备无患、行稳致远。

所谓见微知著，就是看到表象，能洞察到本质；看到局部，能联想到整体；看到苗头，能预感到趋势。比如一个睿智的人看到一叶掉落，就知道秋天已经来临了——这就是从现象到本质；一位将军在野外带兵打仗时，深夜里听到雁阵飞鸣，敏锐地推测出这是敌人行军所致，从而避免了遭遇突袭的危险——这就是从局部联想到了整体；人们在总结气象经验时，归纳出"月晕而风，础润而雨"的结论——这就是看到了事物之间的联系，从一些苗头或先兆的现象预测到了事物的进一步发展。可见，见微知著其实就是一种联想力、推断力、洞察力，当然也是生存力和竞争力。20世纪60年代，日本人仅凭借《中国画报》上一张公开的铁人王进喜在油井上的照片，综合其他线索，竟然推测出了大庆油田的位置、规模、加工能力，并得出我国必然会对外购买炼油设备的结论，于是提早有针对性地做了准备，最终在我国招投标时一举中标。可见，能做到见微知著，就能把握先机，掌握主动！

所谓未雨绸缪，就是要积极主动，早做准备。先哲曾告诫我们说："宜未雨而绸缪，勿临渴而掘井。"强调凡事要争取主动，早做准备，而不要等到事到临头才手忙脚乱地被动应付，因为"路逢险处难回避,事到头来不自由"。应对危机,要在见微知著的基础上,进一步做到未雨绸缪,做足准备。你们的母校——锦城学院就是因为做到了这一点,才能在这次疫情大考面前交出亮眼的答卷!我校在2012年就学习可汗学院的经验,逐步推进线上教学,做到了对全体师生的全覆盖。这次疫情防控之下,传统的线下教学几乎停摆,但由于我们在线教学(包括"翻转课堂")抓得早、抓得好,教师技术水平高,同学们非常适应,我校不但如期于2月24日全部开课,做到了"十个不停",而且还主动履行社会责任,率先向全社会免费开放45门在线优质课程。大家也经历了云课程、云考试、云答辩、云招聘等环节。这就是未雨绸缪、有备无患的好处!充足的准备往往可以使危机得以避免或减轻,帮助我们立于不败之地,或者把损失降低到最低程度!

同学们毕业以后,无非是就业、创业或继续深造三条途径。如果你是创业者,你要预测到市场竞争的危机、资金链断裂的危机、内部管理的危机等等,并为之做好充足准备;如果你是就业者,你要预测到不能胜任部分工作或不被单位理解、不被领导赏识的危机,并主动采取补救行动;如果你继续深造,你就应该预防不能如期毕业的学业危机。虽然处理各类危机的具体方法不尽相同,但只要有正确的前瞻预测、充足的提前准备,我们就能化盲目为清醒,化被动为主动,从而占得先机,赢得胜利!

二、面对危机——做到沉着应对,控制和化解危机

预见和准备并非应对危机的全部,因为有些危机是"卒然临之""无故加之"的,是很难预见、很难提前做好充足准备的,这次

新冠疫情就有这个特点。当此类危机来临时，我们首先应该做到临危不惧、处变不惊，然后通过分析局势、采取行动来控住危机，最后进一步创造条件，化危为机——这就是我们处理危机的"三步曲"。

第一步：临危不惧，处变不惊

苏轼曾说："天下有大勇者，卒然临之而不惊，无故加之而不怒。"真正勇敢的人在面对突如其来的危机时，是能够做到镇定自若的。苏轼的父亲苏洵也说："泰山崩于前而色不变，麋鹿兴于左而目不瞬，然后可以制利害，可以待敌。"修炼到临危不惧、处变不惊的境界，就能更好地权衡利弊、应对挑战。所以，我们面对危机，首先要做好精神准备，搞好心态建设，克服恐慌、焦躁、悲观、绝望等负面情绪，作为个人要稳住内心，作为团队要稳住军心，做到阵脚不乱，从容应对。今年年初，面对严峻的疫情防控形势，中共四川省委、四川省人民政府临危不乱，在第一时间建立联防联控工作机制，及时启动突发公共卫生事件I级响应，采取了许多坚决有力的措施遏制疫情蔓延，让一方百姓免于危难。网友纷纷对我省的防疫工作给予热烈赞扬，认为很有章法、堪称表率。

第二步：采取行动，控制危机

在稳定了情绪和心态的基础上，要冷静地分析问题，找准对策，然后采取行动，控制危机。大家一定要明白，严重的危机面前，首先追求的不是最佳效果，而是把危机控制住，避免更坏的结局。这就需要我们善于在错综复杂的问题中抓住关键，在瞬息万变的局势中找准时机，然后因势利导，因机立胜，砍下关键的"三板斧"。1998年亚洲金融危机给中国经济带来了严峻挑战，我国政府冷静分析形势后，果断采取积极的财政政策和稳健的货币政策，通过降低利率、发行国债、兴办基建、以工代赈等措施扩大内需、刺激消费、促进生产、增加就业，平稳度过了危机，促进了中国经济持续稳定发展。这就是思路决定出路，行动开辟前路，危机止于智慧果敢的应对！

第三步：创造条件，化危为机

作为矛盾的两个方面，危与机同生并存，在一定条件下甚至可以相互转化，所以人们常说"危机危机，危中有机"。2003 年的非典疫情让许多企业陷入困境，但也促进了淘宝、京东等电商平台的崛起，催生出网购等新业态；今年的新冠疫情，大家出门扫"健康码"，居家办公开视频会议，隔离酒店跑着配送机器人，厂区飞着消杀无人机，互联网、机器人、人工智能等行业不但没有衰退，反而在加速发展——这些都是危中有机的体现。所以，在控制好危机之后，我们还应尽最大可能制造转机、培育新机，从而化危为机。

制造转机——"行到水穷处，坐看云起时"，事物发展常常有一种奇妙的"逆转"现象。危机发展到一定阶段，可能会突然闪现出一个机会，这个机会不仅能够帮助我们转危为安，甚至还能长远地改变事物发展的趋势和格局——我们称这种机会为"转机"。比如大家熟悉的京东，2003 年时主要做传统的 IT 产品线下零售生意，在"非典"时遭受重创，一度濒临倒闭。这时候有一个员工提出既然线下生意惨淡，不如通过互联网做交易。这个提议成为危机中的转机，不仅帮助京东渡过难关，而且还促进了企业日后的转型和发展。转机就如同黑暗中的微光，我们既需要有发现微光的智慧，也要有跟随微光前进的勇气！

培育新机——应对危机还要广开思路，在危机中育新机，于变局中开新局。俗话说"不要一条路走到黑"，这条路走不通，就换一条路走一走；老办法行不通了，就想想新办法。寻找新的机遇，开辟新的领域，制造新的增长点，也是化危为机的办法。比如我们"锦城"校友——工商学院2007级的陈明俊、冯晓丹夫妇创办的旅游服务企业嘉诚世纪公司在这次疫情中防控遭遇了寒冬，但他们转变思路，与白酒大企业合作，成功中标了茅台和泸州老窖公司的旅游服务业务。这种育新机、开新局的智慧，也值得同学们学习借鉴。

三、危机之后——做到总结经验，汲取教训

习近平总书记强调："工作中的经验是财富，工作中的教训也是财富，关键在于是否善于总结。"所以，危机结束并不意味着处理危机的结束，我们一定要善于从危机中总结经验、汲取教训，并在此基础上发扬优点，克服缺点。这样才能把经历变为成长，把磨难化为财富，用从危机中获得的经验和智慧照亮前路！

疫情防控之下一场特殊的毕业典礼——2020届毕业生毕业典礼现场（宣传处供图）

总结经验——就是归纳成功之道；就是把零散的、表面的感性认识上升到系统的、深入的理性认识上来；就是从阅历中提取智慧，把经验转化为可资借鉴的方法和路径。

汲取教训——就是还原问题，直面问题，反思问题；就是"吃一堑，长一智"，把今日之"失"变为明日之"鉴"；就是"不贰过"，不在短时间内两次掉进同一条河流。

同学们，你们就要离开"锦城"，去广阔的天地翱翔了。我衷心祝愿你们能够一帆风顺。但航行途中又岂无风雨？前进路上又岂无挑战？请记住，越是危机，越不可气馁；越是严峻挑战，越要勇谋并重！希望你们在大风大浪中，经风雨，见世面；壮筋骨，长才干；披荆棘，迎挑战；追光前行，赢得未来！

谢谢大家。

大学应重视非认知能力的培育

（2020年7月）

我校的人才培养标准是"做人第一，能力至上"。

按照布鲁姆的教育目标分类法，人的能力可以分为两种：一种叫认知能力，是指人脑加工储存和提取信息的能力，即人们所说的智力，具体指学习、研究、理解、概括、分析、评价等方面的能力，大致等于通常说的"智商"；另一种是非认知能力，情感和动作方面均属非认知能力，包括组织领导、合作沟通、协作能力、情绪管理、负责精神、发展动机、好奇心、包容性和创造性等，大致等于通常说的"情商""行商"。

一直以来，学校被认为是传授和培养认知能力的地方，现在流行的对学校的评价体系也几乎都依赖于认知能力。

但是近些年国内外的专家研究表明，非认知能力在个体发展、职场竞争及其人力资本回报等方面有非常重要的作用。从研究文献来看，自2015年至今，国外关于非认知能力方面的研究数量显著上升。美国学者乔治·库甚至认为非认知能力是大学生面向21世纪的核心胜任力。

"抖音"的创始人张一鸣，结合自己的经历和十年面试两千人的体会，发现在职场发展好的人大多具备五个特质：

第一，有好奇心，能主动学习新事物、新知识和新技能；

第二，对不确定性保持乐观；

第三，不甘于平庸；

第四，不骄傲，能延迟满足感；

第五，对重要的事情有判断力。

在讲到他自己为何刚就业两年就成了一个团队的主管时，他总结了两条：一是"我工作时，不分哪些是我该做的，哪些不是我该做的"；二是"做事不设边界"。

以上这些，几乎都与非认知能力有关。

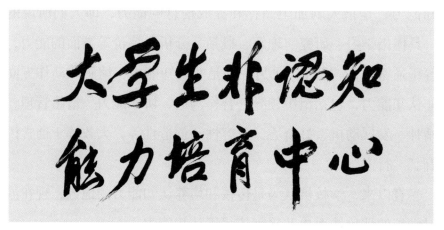

邹广严校长为新成立的大学生非认知能力培育中心题字（宣传处 供图）

所以，学术界和社会越来越认识到学校必须教给学生课本以外的能力，而首要的是对工作和生活的态度、信念和价值观。这要求我们的教育模式要作适当调整，学校要将培养学生的非认知能力与培养认知能力两者并重，甚至要进一步加强非认知能力的培养。

众所周知，学校培养学生的认知能力主要是通过显性课程来进行的，包括上课、考试、科研等。而培养非认知能力就不同了，它主要是通过隐性课程来进行的。这些隐性课程各校不同，而且差别很大，没有统一的规定，一般包括环境、校风、社团活动、教师和管理干部的言传身教。在我校实行的"五个课堂"中，第二、三、四课堂[1]多是为培育非认知能力而设的。

认知能力和非认知能力是我们在教育目标分类上的逻辑划分，二者虽然是两种不同类型的能力，但却不是截然分开的，它们既有差别，又相互统一，是紧密联系、相辅相成的。

为了保证非认知能力培养，我校要在原有"五个课堂"的基础上，进一步在教育的"育"字上下功夫，强化"三大培育"，即养成（习惯）培育、熏陶培育、体悟（体验）培育。

一、养成培育

就是让学生通过养成良好习惯，以达到提高非认知能力之目的。大教育家叶圣陶说过："教育是什么，往简单方面说，只需一句话，就是养成良好的习惯。"孔夫子说："性相近也，习相远也。"说明习惯重要且要经过教育来养成。19世纪的心理学家威廉·詹姆斯曾说过："我们的生活……只不过是一些习惯而已。"

我们的学生不是初生的婴儿，许多学生在进入大学前就已经养成了很多习惯。这些习惯中有些是好的习惯，也有许多不好的习惯。例如：起居无常，生活散漫；不珍惜时间，沉迷网络；学习不认真，思

---

[1] 第二课堂指实验室教学课堂，第三课堂指生产基地教学课堂，第四课堂指课外活动课堂。

考不用脑，常人云亦云；做事无计划，工作无目标，常有始无终，没有坚持精神；不爱劳动，不喜节俭，常图表面风光，等等。

查尔斯·都希格在《习惯的力量》一书中，提出了习惯回路（habit loop）的概念。他认为，习惯是神经系统的自然反应，每个习惯存在一个回路。习惯的回路由三部分组成——提示（cue）、惯常行为（routine）、奖赏（reward）。生活中的很多行为都可以成为某个习惯回路的提示（cue）：比如拿起手机，就会想着玩抖音；认真学习的学生到图书馆，就会想着好好学习。这里面也包含了很多习以为常的行为（routine），以及完成一个习惯回路之后所获得的奖赏（reward）。这些奖赏可能是感官上的快乐，也可能是情绪上的放松或心理上的满足感。

所以我们会看到，养成一个习惯之后，就形成了一个回路。这个回路类似于条件反射，只要相关的提示（cue）存在，要改掉，几乎不可能。可以说，习惯不能被消除，只能被替换。

因此，我们要致力于养成良好习惯。

我校创建以来，非常重视学生良好习惯的养成。我在大会、小会上多次强调，培养学生的良好习惯是学校教育的重点任务之一。我们提出了成功的教育从养成学生的良好习惯开始，学生学习生活十条诫训、尊师重道十条规范、八要八不要、上课带"三大件"（书、笔、笔记本）等，都是"习惯养成培养"的具体措施。

养成教育，首先要明确养成什么习惯，其次是如何养成习惯。根据现代大学生的人格形成之需要，当前急需养成或强化下列十大习惯：

1.作息有常。按时作息，科学安排时间，有规律地生活，使生活的节奏符合自然规律和人本身的生理规律。

2.行为有则。做人做事有规则意识，有良心，有底线，有常识，有法纪观念，遵守社会公德和人际公约，乐群入群，受团体欢迎。

3.重诺守信。信守诺言，履行合同；说到做到，绝不骗人；一诺千金，契约精神；诚实守信，群体信任。

4.友爱平等。尊重领导，友爱同事；平等待人，礼貌宽容；友好相处，和谐共生。

5.独立思考。不教条，不照搬，不人云亦云。凡事弄清真相，实事求是，得出结论。学会批判性思维，多问几个"为什么""是什么"。

6.勤学好问。主动勤奋学习，不耻下问。常与同学（同事）交流，保持好奇心。

7.坚持始终。做事有头有尾，有始有终。遇到困难和挫折不气馁，不半途而废，发扬坚持到底的精神。

8.做事认真。做任何事都要严格要求，一丝不苟，发扬工匠精神，力求精益求精。

9.勤劳节俭。热爱劳动，勤俭节约，做到艰苦朴素，力戒奢侈之风。

10.讲究卫生。勤洗手，勤洗澡，勤换衣服。保持整洁，养成良好卫生习惯。

以上十条习惯的养成，对培养学生的自我管理、社交和公共关系处理能力，以及端正个人学习态度和学风，将大有裨益。

养成习惯是教育工作的一部分，其方法有很多，最重要的有三条。首先要有明确的目标。其次是长期的潜移默化和反复训练，有人研究，养成一个习惯需要21天，稳定一个习惯要85天。再次是采取必要的强化或惩罚措施，例如对学生保持良好习惯要予以表扬，甚至奖励；对不好的习惯要批评，甚至处分。恰当的强化和惩罚都有利于良好习惯的养成，学校的教育就是帮助学生养成良好的生活、学习和工作习惯，从而克服不良的习惯。

二、熏陶培育

19世纪德国著名的教育家、心理学家和哲学家赫尔巴特把教育手段分为三种，即管理、教学和训育。他认为训育是一种持续的诱导工作，它通过交际、榜样、启发，使学生直接得到积极方面的促进。训育就是要直接与间接地陶冶儿童的性格，在儿童身上培养一种有利于教学的心理状态。训育的措施可以是抑制、惩罚、赞许和奖励。赫尔巴特所说的训育，除了"训"的成分以外，类似于我们所说的熏陶培育。

所谓熏陶，主要指风气、环境和示范、默化等几个方面对学生成长的影响。

首先是风气。从大的方面来说，就是公序良俗，一个国家、一个地方的民风民俗对公民的素质有很大的影响。我们常说某地民风淳朴，人们心地善良，这就好像荀子在《劝学》篇中说"蓬生麻中，不扶而直"，是很有道理的。

在教育上，一个学校的学风、教风、校风、办学氛围，对学生的成长同样有很大的影响。同学之间的交流讨论和有限的竞争会带动学生自觉地跟风学习，从众心理使学风、校风成为一种培育力。例如西南联大在抗日战争的艰苦岁月，坚持"刚毅坚卓"的校训，形成了严谨、自由、科学实干的校风，从而创造了中国教育史上的一个奇迹。

联大八年就读学子8000余人，有800人投笔从戎，走上抗战前线。联大师生中产生了170多位两院院士、8位"两弹一星功勋奖章"获得者、2位诺贝尔奖获得者、5位国家最高科技奖获得者。

又例如，美国斯坦福大学之所以培育出个硅谷，就是因为该校自由探索和大胆创新的校风。当了十六年斯坦福大学校长的约翰·汉尼斯说："斯坦福大学的职责在于创造支持性的氛围，鼓励产生新想法。""一贯以来都允许学生和教师们去追寻商业理想或成为企业家的梦想。斯坦福就像一个校园创业的圣地一样。"

其次是环境。中国人历来重视环境对人的影响，最著名的案例是孟母择邻的故事。被尊称为"亚圣"的孟子，少时其母为了给他选择一个有利于学习的环境，曾经多次搬家，史书上称"孟母三迁"。荀子在《劝学》篇也讲过"君子居必择乡，游必就士"，也是讲近朱者赤、近墨者黑的道理。

我们讲的育人环境，不仅包括校园的物质环境（校园建筑、文化设施、图书资料等），也包括校园的人际环境（师生关系、同学关系等），还包括校园的文化环境（即精神层面各项活动，节日仪式、雕塑、文化标志等），这些环境无疑对学生的成长都起着熏陶的作用。

再次是示范和默化。示范即教师（包括职员）的言传身教。学校的站位，处事的态度，规章制度的公平正义，教职员工的一言一行，包括他们的学习精神、民主意识、服务态度、工作作风，都对学生发生影响，起着潜移默化的作用，这是无形的教科书。正如唐代的大教育家韩愈所说："耳濡目染，不学以能"，熏陶对培育学生的人际关系、责任意识和创新精神大有益处。

因此，不但教师是教育工作者，学校的所有管理、服务部门都是教育部门，所有的工作人员都是教育工作者，都担负育人之责。

大学生的成长进步不仅仅是教育出来的，也是环境氛围熏陶出来的。在校园文化的熏陶下，我校学生普遍养成了健全的人格和良好的修养，展现出了具有鲜明的民族精神、时代精神和"锦城"精神的良好风貌。未来，我们还要加强以校训、"锦城"精神为核心的校风和校园文化建设，进一步形成勤奋、向上、严格、刻苦的学风和校风，形成平等、尊重、信任、合作、和谐包容的人文环境。

三、体悟培育

所谓体悟——"体"，意为设身处地，亲身经历；"悟"，意为悟出道理，获取心得。体悟具有过程性、亲历性和不可传授性，是充满个性和创造性的过程。在中国历史上，很早就有关于体悟的案例，例如《庄子·天道》里讲了一个故事，一个匠人向齐桓公谈论砍削车轮的体会，说动作慢了不行，快了也不行，要不慢不快，得之于手而应之于心，这里面有一种口不能言、不能传授的技巧存在，这就是体悟。

此外，德国格式塔派心理学家 W.苟勒提出了一种学习理论，认为学习不是盲目的尝试，而是对情境认知后的顿悟。他曾经做过一个实验，将香蕉悬挂于黑猩猩笼子的顶板，使它够不着。但笼中有一个箱子，当黑猩猩识别出箱子与香蕉的关系后，就将箱子移近香蕉，爬上箱子，摘下香蕉，这即是顿悟。顿悟是自发地对某种情境中各刺激间的关系的豁然领会。从心理学角度讲，体悟是"理智的直觉"，是建立在个体"内部知觉"基础上的一种特殊活动，它总是与个体的自我意识紧密相连的。所以，一个人在成长过程中，需要亲身经历、亲自验证，才能获得科学知识，养成道德品质，掌握技能。

教育者依据育人目标和人的心理、生理特征以及个体经历创设相关的情景，例如劳动、创业等实践活动，让被教育者在实际生活中体验、感悟，通过反思体验和体验内化形成个人的道德意识和思想品质，在反复的体验中积淀成自己的思想道德行为，在各种体验中主宰自我、修正自己，在与人交往中，在日常行为中去体验、去感悟。

因此，体悟教育不仅要用自己的头脑去想，还要用眼睛看，用手操作，更要用心灵去感悟。

总的来说，体悟教育包括四个阶段：

1.亲历阶段，即个体亲身经历某一件事或某一个情境的阶段；

2.成形阶段，即个体对上述亲历过程进行抽象、概括，形成概念或观念的阶段；

3.检验阶段，即个体在新情境中检验所形成的概念或观念的阶段；

4.反思阶段，即反思已经形成的概念或观念，产生新经验、新认识，并不断产生循环的阶段。

学生在生产基地课堂实践、体悟（中央电视台发现频道　摄影）

正如毛主席在《实践论》里所讲，你要知道梨子的滋味，你就要亲口尝一尝梨子。你要培育组织力，你就要当个学生干部或组织一个社团试试；你要提高领导力，你就要领导一个项目或一个活动体会一下；你要提高思辨能力，就多参加一些辩论会大赛；你要培养热爱劳动的品质，就亲身参加一些体力劳动。我们通常说"社会是个大课堂""解放军是所大学校"，就是这个意思。所以，通过实践和体悟，就会更好地培育一些非认知能力。因此，我们要鼓励学生多参加生产基地教学、课外活动课堂，以及我们的劳动、"三创"特色教育，将专业实习实训、职业技能训练深入融合到各个环节，在动手实践的过程中去亲自验证，去用心体悟。

深入学习教育目标分类学理论，全面深化我校人才培养改革

——在2020年改革发展研讨会暨第15期暑期干部学习班上的讲话

（2020年8月21日）

　　培养人才是学校的中心任务，教学是中心环节。我们现在面临的最关键的问题仍然是怎么办学，怎么教学，怎么培养人才。美国当代著名的心理学家、教育家本杰明·布鲁姆创立的教育目标分类学理论就是解决这些问题的，而且该理论被认为是20世纪教育领域影响最大的理论之一。这也是我们今年暑期干部学习班要求大家学习该理论的原因。在大家学习、研讨、交流的基础上，今天的总结会，我重点讲六个方面的内容。

一、布鲁姆教育目标分类学的由来、重要意义以及本次会议的目标

（一）布鲁姆教育目标分类学的由来和重要意义

教育目标分类体系的设想最早来源于1948年在波士顿召开的一

次美国心理学会大会上，围绕对学生学习考评测验标准的研究讨论。后来，布鲁姆和他的团队认真地把讨论的结果进行总结和细化，进一步探究考试测验与教育目标之间的关系，形成了一个评价框架——1956年布鲁姆出版了《教育目标分类学：第一分册（认知领域）》；1965年由克拉斯沃出版了《教育目标分类学：第二分册（情感领域）》；动作技能领域的目标出现了好几种分类法，我们印发给大家学习的《教育目标分类学：第三分册（动作技能领域）》是辛普森1972年的分类。

布鲁姆教育目标分类学从诞生以来历经了三代研究的演化。第一代就是布鲁姆的《教育目标分类学》，第二代是安德森团队在2001年出版的《学习、教学和评估的分类学》，第三代是马扎诺在2007年出版的《新教育目标分类学（第二版）》。总体来看，这三代都是按照目标分类总体框架形成的，它们是一脉相承的，但亦有修正和创新。大家可以进一步研究。

布鲁姆教育目标分类学解决了三大领域、六个层次的问题，是有史以来第一个系统地把教育目标进行科学分类、把认知目标进行分层的理论。特别要提醒大家注意的是，这个分类是教育目标，其范畴是大于教学目标的。布鲁姆教育目标是按照科学规律来分类的，所以它在全球教育界被广泛采用，已经被翻译成20多种文字，主要发达国家都参照这个体系来解决课程开发、教学设计和考试测评的问题。换言之，它回答了"要把学生带到哪里""怎样把学生带到那里""如何证明把学生带到了那里"的三个问题。

在该理论发表60年以后的一次有200多位专家出席的大会上，会议主持人问："在座诸位有没有未读过布鲁姆教育目标分类学的啊？

没有的请举手。"结果一个举手的都没有，各国的专家都看过布鲁姆的理论，说明它在西方国家影响很大。

在中华人民共和国成立的前三十多年内，我们主要是学习苏联的凯洛夫教育学。当然，实际上我们一些老的教育家比如陶行知、叶圣陶提出的学说和理论与布鲁姆的理论大致是吻合的，但我们的学说更偏重经验，而非严格意义上的科学分类。

现在大部分发达国家的很多考试大致都是按照布鲁姆的理论框架来执行的，课程开发和教学方法也基本上是按照布鲁姆的理论框架来执行的。

（二）本次会议的重要意义和目标

1.明确布鲁姆教育目标分类学的指导意义

邹广严校长自题座右铭

我历来倡导"见贤思齐"。人类最伟大的品质就是"见贤思齐"，向别人学习是一件光荣的事情。我们要明白布鲁姆教育目标分类学的重要指导意义，它是教育科学，是一个有着世界级广泛影响的重要理论。它的特点是分类全面、层次分明，也第一次按照思维难易程度对认知领域进行了分层，有很多有意义的创见。在某种程度上，可以说，教育目标分类学是以思维为主导，不是以知识为主导。知识是相对稳定的系统，教同样的知识可以用不同的思维。

2.做好"两个话语体系"的沟通，提高执行"锦城"理念的自觉性、主动性

"两个话语体系"指的是"锦城教育话语体系"和"布鲁姆教育目标分类学话语体系"。我们的体系是小范围的体系，而布鲁姆的体系是世界范围的体系，所以做好两个体系的沟通尤为重要。这些天，大家学习理论，联系实际，作了有意义的沟通，感到耳目一新。"锦城"多年以来的教育实践与布鲁姆教育目标分类学高度契合，印证了"锦城教育"的正确性、全面性、先进性。比如"三大教育"就是对应"三大领域"："一体两翼"知识教育主要对应认知领域，"三讲三心"明德教育本质上就是情感教育，"三练三创"实践教育可以联系动作技能教育。当然，这只是一种粗线条的对应，实际上我们的"三大教育"都包含有认知、情感、动作领域的内容，例如实践教育在智商、情商和行商提升方面都发挥着作用。

我们要通过学习布鲁姆教育目标分类学理论，使广大干部提高觉悟，站得高些，看得远些，促进我校按照世界通行的教育理念，把过去"锦城"教育实践的直觉上升到理论的自觉。例如，我们的"三大教学改革"，那些举措在今天看来，与布鲁姆教育目标分类学理论有相适应之处。再如，我们重视知识传播，但我讲"知识就是知识，运用知识才是力量"，强调运用，但是不否定知识。布鲁姆理论六个层次的基础还是知识，不能抛开知识谈能力、谈运用。没知识，哪来的运用呢？但是，知识到运用，再到高阶思维，是有一个发展层次和科

学规律的。所以，我们要提高学习理论的主动性和自觉性。毛主席在《实践论》中说："感觉到了的东西，我们不能立刻理解它，只有理解了的东西才更深刻地感觉它。"对我们而言，理解到这个理论，就能更深刻地感觉它。

3.学习布鲁姆教育目标分类学，改进我们的教育，提高"锦城教育"竞争力

我们的教学大纲、考试方案、教学方法等不能停留在低层次上。我们讲要深度学习，但是没有深度教学和考核，哪来的深度学习？我们要进一步以布鲁姆教育目标分类学理论为指导，继续深化人才培养改革，全面提高锦城学院的教学水平和人才培养质量。

无论学术界对布鲁姆理论有多少不同意见，但公认的是，它是一个教育科学，是一个重要的经典，是一个有指导意义的理论，这已经被世界各国的教育历史所证明。

二、以教育目标三大领域理论改进我校的人才培养工作

（一）促进学生的全面发展是我们一贯的人才培养目标

我国过去在人才培养方面的提法是学生全面发展。"全面"一开始指德、智、体，后来发展为德智体美劳五育并举。我校过去提出了培养学生的"三品"（高尚的品德、高贵的品质、高雅的品位）、"三力"（学习力、思考判断力、行动力）、"三商"（智商、情商、行商）等，都体现了我校教育对促进学生全面发展的追求，而且这与布鲁姆的教育目标三大领域理论总体一致。如下图所示：

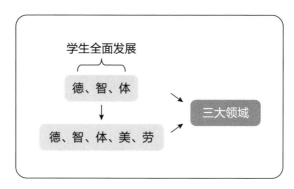

我们要认真研究教育目标三大领域理论，进一步改进我校的人才培养工作。

（二）教育目标三大领域既有联系，又有区别

布鲁姆教育目标三大领域指的是认知领域、情感领域、动作技能领域。这三大领域既有联系，又有区别。

在《教育目标分类学：第二分册（情感领域）》中，就有这样的表述："我们试图把情感领域同认知领域分离开来加以分析，这一事实并不意味着这两个领域之间存在着一种根本的分离。实际上，这两个领域之间不存在任何分离……詹姆士这位现代心理学的先驱，不仅承认情感行为与认知行为的基本统一性，而且着手进行了剖析，以表明情感行为与认知行为是如何联结在一起的。当代心理学家罗基克也认识到这种统一性。"可见，三大领域是不可分割的、有机联系的。

学生在这几个领域的能力也是有机联系、相互促进的，但它们的发展程度并不均等，情商高不等于智商高，智商高也不等于情商高。所以，我们既要坚持全面发展，又要鼓励特长发展。温晶晶不是总结了成功校友的类型吗？有"学霸型"校友，如四川农业大学教授段吟颖；"长板型"校友，如知名青年演员陈钰琪；"事业型"校友，如国

企董事长马超，等等。他们都是全面发展和长板发展相结合走向成功的典型。

其实布鲁姆教育目标的三大领域，进一步可以归纳为两个领域——认知领域和非认知领域。

布鲁姆教育目标三大领域简表

认知领域	非认知领域	
认知领域	情感领域	动作技能领域
知识	接受（注意）	反射动作
领会	反应	基本/基础动作
运用	价值的评价	知觉能力
分析	组织	体能
综合	由价值或价值复合体形成的性格化	技巧动作
评价		有意沟通

认知领域的能力，大致等于通常说的"智商"；非认知领域的能力，大致等于通常说的"情商""行商"。

认知能力和非认知能力是我们在教育目标分类上的逻辑划分，二者虽然是两种不同类型的能力，但却不是截然分开的，它们既有差别，又相互统一，是紧密联系、相辅相成的。

（三）进一步重点解决非认知能力培育的问题

现在，几乎所有的教育家、政府官员、家长都把学校当作培养认知能力的主要场所，所以学校的教学计划主要是根据认知能力来设计，考试也大多只涉及认知能力的测验，情感和动作技能方面的指标很少，甚至没有。而忠诚度、敬业精神、吃苦耐劳等属于非认知能力，这些是用人单位非常看重的。非认知能力在个体发展、职场竞争及其人力资本回报等方面都有非常重要的作用。

因此，我们要坚持认知能力和非认知能力并重，要进一步重点解决非认知能力培育的问题。这是我们这次会议特别要明确解决的重要问题之一。

教育这个事情，不但要在"教"和"学"上下功夫，还要在"育"字上下功夫。把情感教育、动作技能教育（也就是非认知能力的培育）纳入教育教学目标，这是我校的特色，也是教育的一种进步。

认知能力与非认知能力都很重要，二者不可偏废。在教学中，我们对认知能力培养提得很多，相对而言比较成熟。当然，非认知能力其实我们也提得很早，做得很多，"第三、第四课堂""三讲三心""三练三创"，除了智商外的情商、行商等等，都是为了培养学生的非认知能力，但以前是没有与国际话语体系贯通的。现在我们有了理论的自觉和加持，就要提升到国际理论的高度，将理论与实际工作结合起来，进一步用理论来指导工作。

为保证非认知能力培养，我校要在原有"五个课堂"的基础上，强化"三大培育"，即养成（习惯）培育、熏陶培育、体悟（体验）培育。这些我在《大学应重视非认知能力的培育》一文中讲得非常具体了。

比如，布鲁姆认为，"教育就是养成习惯""习惯是情感指标内化的结果"，我们过去也讲过，"教育要从养成习惯开始"。文传学院的"千字营"，外语学院强调学生"会说"，就是通过教育，帮助学生养成一种学习习惯。而养成一个习惯之后，就形成了一个"回路"。所以，我这次又根据现代大学生人格形成的需要，提出要强化学生的十大习惯：作息有常、行为有则、重诺守信、友爱平等、独立思考、勤学好问、坚持始终、做事认真、勤劳节俭、讲究卫生。

另外，熏陶教育我们也提了多年。所谓熏陶，主要指风气、环境和示范、默化等几个方面对学生成长的影响。"孟母三迁"就非常典型地说明了环境对人的影响。你们看，现在父母为了孩子读书，很多也要买学区房嘛。当然，教育环境有硬环境，也有软环境。后勤处、保卫处就可以多考虑一下硬环境怎么优化，各教育系统要更多地考虑软环境对学生培育的影响。软环境包括文化环境，也就是精神层面的活动，也包括规章制度的执行，这些都会对学生产生潜移默化的影响。所以，这次我要特别强调，不仅教师是教育工作者，学校的所有管理、服务部门都是教育部门，所有的工作人员都是教育工作者，都担负育人之责，一言一行都会对教育产生影响。

至于体悟培育，关键是让学生不仅要用自己的头脑去想，还要用眼睛看，用手操作，更要用心灵去感悟。所以，我这次提出来，体悟培育有四个阶段——亲历阶段、成形阶段、检验阶段、反思阶段。各学院，还有学工、团委系统，都要认真考虑，如何通过实践和体悟，更好地培育学生的非认知能力。

关于非认知能力的培育，我们已经提出三种培育的主要方式。现在来看，非认知能力如何测评和考核也是我们完善该教育体系的重要环节之一，需要大家进一步研究。

举一个全球经济合作与发展组织（简称经合组织，OECD）的测评案例。该组织自2013年开始策划专注于对学生社会情感能力（大致相当于我们讲的非认知能力）的测评，2017年正式启动SSES项目，在全球10座城市和1个国家开启对10—15岁学生社会情感能力的首轮调查。

1.该研究开发了一套测评体系，以学生的社会情感能力为测量基点，将社会情感能力划分为六大维度，涉及19项二级能力，如下表：

经合组织SSES项目测评指标体系

六个维度（一级指标）	19项二级能力
任务表现	成就动机、自律、尽责、毅力
情绪调节	抗压能力、情绪控制、乐观
与人交往	社交能力、活力、果敢
协作能力	同理心、合作、信任
开放思维	好奇心、创造性、包容性
复合技能	自我效能、批判性思维、元认知

2.该研究的测量方法是，在确认上述测量基点后，对每一个二级能力设置测试题目，之后对学生、家长、教师、校长展开问卷调查，基于"三角互证原理"进行考察。测量路径多元，包括自我报告、知情者报告、生活事件、行为观察四种路径。

3.该研究发现，面对快速、多变、复杂的现代社会，个体单纯的认知能力提升不足以支撑其发展，而社会情感能力成为其发展的关键。通过测评调查，将引导全球教育未来发展与人才培养重点的转向，发现和分析各国教育政策的有效之处和盲点缺失，以改进教育，促进个体发展和社会进步。

这个案例对我们有什么启发？我们如何对学生的非认知能力进行测评和考核？怎样才能更好地测定学生非认知能力的水平？如何开展

培育，并测定培育效果？这些环节大家可以再研究、细化和落地。计算机学院对"第四课堂"进行答辩，是一种尝试。

三、用认知领域六层次理论深化我校的"三大教学改革"

刚才是讲人才培养范畴，现在讲教学范畴。这次会议还有一个重要的方面就是，用布鲁姆认知领域六层次理论来深化我校的"三大教学改革"。

（一）我校的"三大教学改革"要对照布鲁姆教育目标认知领域的六个层次来进行深化

我校的"三大教学改革"是2010年提出的。"三大教改"分别是教学内容改革、教学方法改革、教学评价改革。过去十年，我们不断丰富和完善这"三大教改"。现在看来，这"三大教改"与布鲁姆教育目标分类中的认知领域是相互对应、高度契合的。

布鲁姆教育目标的认知领域在教学上主要涉及三个方面，就是课程安排、教学设计、考核测评。可以说，它们分别对应了我校"三大教改"的教学内容改革、教学方法改革、教学评价改革。

从课程安排来看，也就是我们所说的教学内容改革，其关键点就是，要根据教育目标，很好地设置整个课程内容的布局和安排。课程的安排不能全部用来讲授基本知识，要从知识、领会的低阶层面上升到运用、分析、综合、评价的高阶层面。

从教学设计来看，关键是要做好顶层设计。原来我们所做的"两课设计"，侧重于教学内容和方法的设计，现在我们要从思维的角度，提高整个教学设计的层次性。

施一公在谈到出国对他的影响时，就这么说道："我的学术启蒙地应该是约翰·霍普金斯大学。清华教给我一些技术知识，但在研究上我真的是一窍不通，没有研究理念，也不懂研究方法……对约翰·霍普金斯大学……在这里，我不仅学到了知识，还学到了科学研究的方法。"你们看，这就是在课程安排和教学设计中提高了教育目标的层次性，从基本知识记忆和理解的层次，上升到分析、思考、进一步深入研究的层次。

再从考核测评来看，我们更要研究，把学生的水平提升到什么层次上来。是继续强调基本知识呢？还是强调在知识的基础上，达到更高的思维层次？

譬如，刚才说到的经合组织（OECD）每三年还举行一次认知领域范畴的规范测试，叫作PISA。主要针对合作国家的15岁学生进行阅读、数学、科学素养这三项标准化测试，部分国家还增加了财经素养和全球素养测试。参与国根据测试结果，评价甚至修订本国教育政策。这个例子启发我们该怎样开发我们的考试和测评，促使学生认知水平上升到高阶思维层次。去年，我们提出了在通识课程中增加批判性思维教学，在工科教学中增加建模和算法课程。我们是怎样考核的？学生在高阶思维能力方面有没有提高？请有关单位思考总结并不断完善。

（二）把布鲁姆认知六层次创造性地按教学目标三层次来划分

布鲁姆把认知领域划分了六个层次的目标，我想，我们可以尝试做点儿改进，大体分成三个层次，便于开展我们的教学。

第一个层次，初级目标，就是布鲁姆所说的"知识、领会"，也就是要"知其然"且"知其所以然"。老师要教知识，并让学生理解每一个知识点。

第二个层次，中级目标，就是布鲁姆所说的"运用"，包括书面的应用和实践的应用。比如艺术设计专业的学生，学了设计理论，画出设计草图是书面应用，做了一个产品出来，这是进一步的实践应用。

第三个层次，高级目标，就是布鲁姆所说的"分析、综合、评价"，用安德森的说法是"创造"。也就是要使学生能够分析、评价问题，并努力创新，用更好的、新的方法解决问题。上午王亚利不是用熊彼特"创新理论"的五种情况作了说明吗？采用一种新的产品、新的生产方法，开辟一个新的市场，实现一种新的组织等，这些都是创新。

举例说，会计学专业的教学目标分三个层次来设定——初级目标就是了解知识，会看报表，会做会计核算；中级目标就是分析报表，并得出结论、诊断问题；高级目标就是能向决策层提出问题解决方案。这样的会计，用人单位满意不？

所以，大家尝试一下，把我们的教学目标按这三个层次来安排，是否更好？这就等同于把布鲁姆的教学目标理论创造性地运用到我校的教学改革中来。总之，初级目标是解决"有知识"的环节，中级目标是解决"会应用"的环节，高级目标是解决"能创新"的环节。最关键的是，以思维的层次发展为主线，适度、恰当地安排我们的课程、教学和考评。教学不能只有初级目标，也要有中级、高级目标，呈现循序渐进的过程。

教学这个事情，我们一定要高度重视。大家看全美最顶尖的十所研究型大学之一——威斯康星大学是怎样做的。《令人骄傲的传统与充满挑战的未来——威斯康星大学 150 年》中就这样讲："一所著名的本科大学是这样的大学：每个人，包括教师、工作人员和学生都明白，教学是大学工作中绝对的核心。教学不仅不会削弱研究，而且是'真正'的研究工作的重要组成部分。大学应该竭力地保证，教学人员永远不忽视研究与教学之间的密切联系。"这段话说明，在威斯康星大学，教学是核心。

书中还讲道："如果他们没有意识到教师的一项重要任务是说服学生喜欢老师教的课，那么他们所在的课堂就不会经常充满了生机。"这段话说明，教学应当充满生机。

（三）要注意提高考核测评的层次

在课程安排和教学设计层次提高的基础上，我们还要特别注意提高考试的层次，千万不要只出一些低层次的考试题目。

关于考试题目和要求对应教学目标的比例，我初步的倾向是知识 30%、应用 40%、创新 30%；或者知识 40%、应用 40%、创新 20%。总而言之，这三个层次的考核内容都要有，不要总停留在初级阶段。当然涉及创新层次的考核，难度较大，希望大家思考设计。

此外，我校过去提出的考核评价的"三个并重"，必须坚持，而且还要进一步改善和调整。

考核评价的"三个并重"是什么？

第一，形成性评价与终结性评价并重。①平时成绩、期末考核双过关——平时学习成绩和期末考试卷面成绩都须达到考核分值的 50%

以上；②严格过程考核，做好五环节的管理——考勤、课外作业、阶段测验、课程论文/设计、课堂表现。

第二，标准考核和开放考核并重。期末考试题坚持选择题和综合分析应用题相结合，至少有1个开放性分析题目，至少有1个课外阅读资料延伸题目，以培养学生高阶思考的能力。

第三，考试评价与多元评价并重。即项目、竞赛、作品、专利、创新创业等成果可以在学校规定的范围内通过认证转化为相关课程的成绩或学分。

特别要注意的是，考试题绝不能都搞成标准答案。计算机可以评分的标准答案，是靠背诵、凭记忆就能办到的，无助于提高学生的应用能力和创新思维。比如，有些老师可能不愿意出开放性题目，因为开放的试题不好评分，但实际上现在对照布鲁姆理论来看，开放性试题对应考察的是学生评价、分析、创新等高层次思维。如果现在还只是考"鸦片战争在哪一年""四大名著的作者是谁""牛顿定理怎么表述的"，是不适应学生思维发展和提升的。

因此，我们的考核评价要按照"三个并重"持续深化改革，也请大家深入思考研究和执行。

四、用教师"五个新的核心竞争力"强化教学中心

刚才我提到了威斯康星大学的观点，教学是一所大学的核心，这是世界著名大学的共识。我们学习的布鲁姆教育目标分类法是为教学服务的。今年疫情防控期间，我写了一篇文章，提出了在新形势下，我校教师要有新的五大核心竞争力。这包括：①能激发学生学习欲

望、动机、兴趣和热情的能力；②能够以广博的视野、立体的思维组织跨学科教学的能力；③能够实现教学相长、教研相长、教赛相长、教技相长的能力；④能够设计和实施线上线下相结合的混合教学的能力；⑤能够传递知识，而且能够传递思维方式的能力。这五种能力是为教学服务的，我们要用教师五个新的核心竞争力来强化教学中心，不断提高我校人才培养的质量和竞争力。

（一）能够激发学生学习欲望、动机、兴趣和热情的能力

这是一个常常被大家讨论，但目前仍未完全说清楚的话题。我们以前做了很多研究，今天再补充一些材料与大家讨论。

给大家推荐三本书——《教学的智慧》《麦肯齐大学教学精要》《学习的本质》。这三本书都讲到了一个问题，那就是怎样调动学生的学习积极性问题。大家都知道一个基本原理：口渴了，想喝水；饥饿了，想吃饭；有需要，想学习。我们来看看书中是怎么说的。

第一个是美国优秀教师格蕾丝，她的观点是要制造学习上的需求和饥饿感，让学生如饥似渴。那么，怎样才能做到呢？

1.目标清晰、恰当。过低的目标不值得一学，过高的目标又容易引起畏难情绪，正所谓"过犹不及"，所以要清晰、恰当。

2.让学习内容与将来职业有关。就是讲学有所用，比如学生将来要当医生，就一定要学好人体解剖的课程；要当银行家，就必须学好金融、财会类的课程。学生意识到所学知识与未来职业有关，他就容易感兴趣，因为这对他将来的职业有帮助。

3.把知识变得有趣、有用。要让学生明白所学知识能够解决现实生活中的问题。比如我们建筑学院有一位老师讲课，由成都市二环路

高架桥旋转合拢引出所学内容，学生一听就来劲儿了，说这些知识这么有用啊，学习兴趣一下子就上来了。

第二个是麦肯齐大学教学艺术的"动机理论"，也提了三点：

1.引发好奇心，提出挑战；

2.明确课程价值（举例说明此课的重要性）；

3.学生有望获得成功。

第三个是国际著名生物学家和科学认识论研究专家安德烈·焦尔当教授的观点，他认为：

1.目标带来动力；

2.动力来自需求；

3.失败会失去兴趣和动力。

第三点很值得注意，要培养学生的学习兴趣，首先要让他争取成功，避免失败。这个道理和兵家讲的"初战必胜"是一样的，第一场仗要是打赢了，信心就起来了，相反，第一仗就打败了，恐怕后面听见枪响就害怕。所以，我不主张第一节课就讲太复杂深奥的东西，这样会让学生望而生畏。教学要循序渐进，培养学生的信心、兴趣和动力。

这次会上，我校的干部和教师也发表了自己的体会和观点，例如艺术学院的文胜伟说，要一见钟情、日久生情；赵晓晖说，要有精彩的内容加丰富的形式；工商学院的罗堰说，要多维度地激发学生的学习，以赛促学、以课促学、以研促学、以创促学、以助促学，教师要会设计、会开场、会提问。这些提法都很好，希望大家能进一步总结、提炼。总之，"学生学习的主动性从哪里来"这个问题，很多人都讲过，但都不系统，目前还没有一个完整的、权威的方案可供遵循，我希望大家能够有所创造，填补这个空白。

这里要强调，在我校，不能激发学生学习欲望、动机、兴趣和热情的教师是缺乏竞争力的教师；只会照本宣科、只会念PPT的教师，应该从教师队伍里退出去！因为这样的老师无法帮助学生有效学习。

（二）能够以广博的视野、立体的思维组织跨学科教学的能力

我们一定要认识到，教育发展有三大趋势，即个性化、复合化、智能化。这三大趋势，大家一定要引起充分的重视。我很高兴这次研讨会上很多同志都谈到了复合化、跨学科的问题。复合化是大趋势，跨学科是新的历史机遇。根据刚结束不久的全国研究生教育会议上的消息，我国决定新增交叉学科作为新的学科门类，交叉学科将成为我国第14个学科门类。所谓交叉学科，其实就是跨学科、复合化，这与我们的观点不谋而合。现在我重点讲一下跨学科的问题。

1.跨学科的必要性

一言以蔽之，社会需要跨学科人才。为什么文传学院的就业率能够达到100%？就是因为他们坚持走跨学科的技术文科路线，培养的学生既有传统文科生能说会写的优点，又有新媒体运营等能力，这种人才正是社会所迫切需要的。又如电子商务类人才是互联网时代所需要的，电子商务这个专业本身就是跨学科的，既要学技术，又要学商业。总之，是社会需求催生出跨学科的需要，很多现实问题必须用跨学科、复合化的方法才能解决。

2.跨学科的可能性

我校是多学科、综合性大学，本身具有五个以上学科，而且我校有灵活的办学体制机制和改革创新传统，这些都有利于跨学科。

3.跨学科的方法

我这里提三条路径，供大家研究。

（1）知识点复合。即打破现有教科书的体例，把有用的跨学科的知识点整合在一起。三年前我就这样讲过，比如电子商务，第一专题讲经济学知识，第二专题讲管理学知识，第三专题讲信息技术类知识，第四专题讲营销与广告设计知识，第五专题讲商务交易相关的法律法规……以社会需要和解决现实问题为导向，让相关的各学科的知识点形成一个复合化的状态。这样做的优点是知识精干，缺点是系统性不足。

（2）课程复合。比如文传学院有两大类课程，一类是传统文科课程，一类是技术课程。智能制造学院原来主要搞机械，偏向于硬件方面，现在向智能制造提升，就还要加上一部分软件类的课程。这些都属于课程复合。

（3）专业复合。通过"主修专业+辅修专业"来实现，比如学生主修金融专业，辅修法律专业，或者主修汉语言专业，辅修英语专业等。

（三）能够实现教学相长、教研相长、教赛相长、教技相长的能力

"教学相长"这个思想是孔夫子首创，见诸文字是《礼记》中的《学记》篇。到了唐朝，韩愈又对这个思想进行了发展。所以这件事，中国教师做了几千年。我校教师在这方面也做得比较好。其他几个"相长"，是我们新提出来的，大家都在做，也有很多成功的案例，特别是"教赛相长"，这几年做得不错。教研、教技，特别是教学和新技术如何相互赋能，大家还可以进一步研究和落实，今天就不展开

讲了。希望大家从理论到实践，从实践到理论，进一步深化实践、总结提高。

（四）能够设计和实施线上线下相结合的混合教学的能力

教育部高教司吴岩司长在今年 5 月份的一次会议上表示："我们再也不可能、也不应该退回到疫情发生之前的教与学状态，因为融合了'互联网 +''智能 +'技术的在线教学已经成为中国高等教育和世界高等教育的重要发展方向。"我们也做出了一个判断，那就是：线上线下相结合的混合式教学方式（或者叫作"翻转课堂"），将成为现代大学教学的新形态。所以，能够设计和实施线上线下相结合的混合教学的能力是教师今后的一种核心竞争力。教育部提出打造"金课"的"双万计划"中，在线开放课程 4000 门、线下一流课程 4000 门，而线下线上混合式一流课程 6000 门——是最多的，是机遇所在。我校很早就强调和推动搞好线上线下相结合的混合教学，今后还要进一步抓好、抓实，力争出更多的显性成果。

（五）不仅能够传递知识，而且能够传递思维方式的能力

中国教育从小学到高中都是以传授知识为主，到了大学，应该实现一个转变，即不仅要能够传递知识，而且能够传递思维方式，这也是我们学习布鲁姆理论最直接的一个成果。布鲁姆教育目标分类学中认知领域的六个目标层次就是以思维为主线的，我们一定要重视培养学生的思维能力，尤其是高阶思维能力。

教育界现在有一些提法，例如思维为王、思维第一、思维导向、思维立人等，体现了大家对思维问题的重视。至于这些提法妥不

妥当，还可以讨论。这里讲一个案例，被誉为"硅谷钢铁侠"的埃隆·马斯克，众所周知，他在科技创业领域取得了很大成功，很多成就都是颠覆和引领性质的。他在思维方式上也有自己的独到之处，曾透露自己习惯用一种叫"第一性原理"的方法来思考。这种思维方式和人们常用的比较思维不同，它不去比较什么，而是尽可能地将事情简化到最根本的实质，找出其中最基本的东西。比如他造特斯拉汽车，不是照着奔驰、宝马的样子来做，而是首先思考汽车是一个什么东西，无非就是一个能够把人或者货物从A点运输到B点的东西，没有人规定车辆一定要用马来拉，或者一定要用燃油作为动力，所以造电动车也可以嘛。还有，汽车是否一定要由驾驶员来驾驶呢？自动驾驶也行嘛。他的思维方式帮助他跳出了条条框框，冒出了很多颠覆性的想法。可见思维能力对一个人的发展是至关重要的。因此，"锦城教育"不仅应该传递知识，还应该培养学生的思维方式、思维习惯，提高他们的思维能力。

我校一贯强调要培养学生良好的思维习惯，包括独立思考、反思性思考、批判性思考、创新性思考等。目前，最重要的是培养学生的批判性思维和创造性思维。

一是批判性思维。这种思维带有反思、审视的特点，主要用途是辨别是非。耶鲁大学前校长理查德·莱文在该校2010年毕业典礼上说道："你们来到这里接受教育，为的是培养你们的批判性思考能力，是为了能够从那些表面的、有误导性的和迷惑人的东西中区分出合乎情理的东西……去进行深入的思考，辨别矛盾和悖理之处，以你自己的方式去推理出智慧的结论。"我们中国也强调遇到事情要问一个"是什么""为什么"，"是什么"就是追求事实、追求真相，"为什么"就是了解原因、辨别真伪。学生没有这种思维，到了社会上就会人云亦云、瞎起哄。"文化大革命"中瞎起哄的人不少，还有人把老师给打死了。如果有点批判性思维，也不至于那么极端。现在走极端的人也不少啊，比如，有人鼓吹"出国留学就是不爱国"，对吗？有人说"两弹一星是我们关起门造出来的"，对吗？有人呼吁"大学生不应该学外语"，对吗？要想我们的学生不被"带节奏"，不人云亦云、瞎起哄，关键是要培养他们的批判性思维。这既是理论课、实践课，也是政治课。

二是创新性思维。近代中国几乎无缘世界重要的发现、发明和创造，这里面有历史的原因，有制度的原因，有文化的原因，也有保守的、守旧的思维原因。中国有些传统观念是重过去、重记忆，而轻未来、轻创新的。谁若能把经典倒背如流，大家就觉得他学问大、了不起；谁要是提出有悖于传统或权威的观点，大家就认为他离经叛道；谁如果发明了一个什么新东西，可能会被指责为"奇技淫巧"。总之都不能登大雅之堂，这些与创造性思维大异其趣。创造性思维具有进取性、探索性、发散性等特点，是多答案、多方案的。这个方法不行，换一个行不行？这个产品不行，换一种行不行？不培养创新思维，只会一条路走到黑，那是不行的啊。20 世纪 50 年代，"解放牌"汽车是国产之光，但它一生产就是 30 年，到 80 年代，滞销的"老解放"排成长龙，最终被迫停产了。当时的管理层为什么没有认真思考不生产"解放牌"行不行呢？当然，这与计划经济体制有关，但也与我们的思维有关。"老解放"的"三十年一贯制"其实反映了我们思维方式中因循守旧的一面，这是不利于创新创造的。市场经济条件下，创新已经成为一种核心竞争力，我们一定要培养学生的创新性思维。

同志们，我们培养学生良好的思维品质，就是要实现布鲁姆教育目标分类学中认知领域的高阶思维目标，就是要以科学家、理论家、发明家等的思维来教学生，就是把"专家型思维"教师的竞争力转变为学生的竞争力、"锦城教育"的竞争力。

思维导图有助于培养思维习惯和思维能力，画思维导图要成为每位"锦城"教师必备的本领。"锦城"教师首先自己要会画思维导图，然后要教学生画思维导图。请人事处办培训班，组织教师参与轮训。

同志们，以上五个能力是"锦城"教师必备的，教师的这五大竞争力也要转化为我校人才培养的竞争力，同时要纳入学校对教师的评价和考核。

五、贯彻"以学习为中心"和"长板原理"，进一步促进学生的学习和成长

（一）贯彻"以学习为中心"，促进学生强度学习、深度学习、科学学习

学校以学生为中心，学生以学习为中心，这是教育界的共识。学生的学习中，主要涉及三个问题：第一个是学习的强度问题，第二个是学习的深度问题，第三个是科学学习的问题。这三个问题，我在近期撰写的《大学生以学习为中心的问题》一文中详细讲解了。今天，我就其中的重点再强调一下。

1.强度学习：进一步强化学习时间和精力的投入

一是时间的投入。

学习的强度主要是投入，投入最主要的是时间，学校的资源中最宝贵的就是时间。学生每年在校的学习日（以教学周每周 5 天计算）只有 190 多天，大部分时间都放假了（包括周末、国家法定假、寒暑假等）。如果再去掉学习日每天 8 小时睡眠时间和 2 小时的就餐、内务等时间，学生真正在校学习和活动的时间满打满算不过 2660 小时。所以，我们要求强度学习，就是要保证学生学习有一定的强度。

根据国内外的调查显示，美国大学的特点是课内学习时间少、课外学习时间多；日本则课内、课外基本持平；中国的清华大学每周上课 20 个小时左右，学生课外自习 20 个小时左右。但是地方院校、职业院校，情况就差很多了，除了上课，课外学习时间非常少。我校经过这些年一系列行之有效的管理，特别是开展"管理严起来，师生忙起来，长板长起来"活动之后，加上"翻转课堂"普及、课外大型活动向周末延伸等措施，现在学生课外学习及从事与学业有关的活动有了极大的好转，已达到名校的水平。过去，我讲过一句话，我们的本事不是去选拔优秀学生，而是把一般学生培养成优秀人才。但是这个难度其实很大，学生的基础水平有差异，我们更要加倍努力才行。

所以，我主张学习强度要在课表上和老师的教学大纲、教学日志上作规定。每门课要明确规定课外学习时间，当然这个时间要靠教学设计（包括课外的作业及延伸阅读设计）来保证。据说，哈佛大学就有这方面明确的规定，教师鼓励和要求学生制订课外学习时间管理表，有学习日志等；美国《麦肯齐大学教学精要》有一个附件，里面也规定了学生课外要用多少时间来学习、阅读、做作业，包括同伴学习等。

根据我们学工系统调查的结果，我校学生的课外学习时间一周超过20个小时。不管这个数据的准确性如何，学生忙起来以后，他们的学习活动有很大的好转和增加。未来，我们要通过各种方式来保证学生充足的学习时间。

二是精力的投入。

投入的问题，一个是要投入时间，另一个就是要投入精力。精力是什么？就是聚精会神地努力。我发明了一个"专注度"的概念，也就是学生能集中精力的时间与学习总时间的比。老师们对此都有经验，一节40分钟的课学生能专注30分钟，专注度就是75%，已经是不错的，如果一整节课学生能够全部专注，这是教师讲课有本领。我们既要讲时间的投入，又要讲精力的投入。

三是两个平衡的问题。

第一个平衡是"学制年份的平衡"。现在我们实行的学制是本科四年、专科三年，但实际行课时间是本科三年、专科两年，其余一年为做论文和实习就业的时间。这样的安排会使行课时间过于集中，不利于所学知识的消化和吸收，也不利于课内外学习时间1：1安排的实现，实际上在一定时间内出现了认知负载过重的局面。

第二个平衡是"年度行课平衡"。除了本科三年、专科两年的"学制年份不平衡"之外，我们每学年的年度行课也存在不平衡的问题。现在我们一学年的教学周是40周，但实际上，对每个学生来说，行课周在32—36周不等。也就是说，每个学期大部分学生行课到16或17周，小部分学生行课到18周，剩下的2—4周是复习和考试周。从教学运行现状来看，3—16周课程最为集中，学生平均每天上课5—6节，部分学生还有从早到晚一整天上8节课的状况出现。这对于强调课内课外相结合的学习是不利的。

所以为了均衡排课，合理负载，有足够的时间让学生从事阅读、研究、竞赛或其他有助于认知和非认知能力培育的活动，我建议教学计划做一些调整。可否把全学制行课从6个学期调整为7个学期，拿1个学期实习就业，每个学期行课时间延长到17—18周，每周安排上课20课时左右。具体实施请教务系统商量。据说四川大学是用小学期的办法解决的，这也可以研究。

2.深度学习：从低阶思维向高阶思维迈进

深度学习，这次大家都搞明白了。浅度学习是低阶思维的学习，深度学习是高阶思维的学习。要学生能够理解、领会，还要应用得好，最好还能够分析和创造。深度学习更加注重高阶的批判性思维、创造性思维和系统性思维，包括主动的知识建构、有效的知识迁移、真实问题的解决等。

我经常讲一个例子，过去土建系一名学生在单位入职考试中只考了二十多分。为什么呢？因为他的学习获得率很低，出校门就把一些专业知识忘记了。只有高阶学习，才记忆深刻。关于深度学习，我在《大学生以学习为中心的问题》中讲得比较多，大家可以参考。

为了实现深度学习，提高学生的高阶认知能力，今天我要重点推荐两种方法——问题导向、项目驱动。大家都知道，所有学习的结果，都是指向问题的发现和解决，发现问题和解决问题就是创新。王维成讲了德国的教授给咱们的学生上课，如果学生15分钟提不出问题，就会暂停授课，反思一下哪里出了问题。学生要能带着问题进课堂，课中要能提出问题。教学要基于问题导向，最终指向解决问题。其实"问题导向法"和"项目驱动法"都是我们"教师八大教学法"早就提出来的。项目驱动以项目为中心进行分析、讲解，可以通过项目的实操，提高学生的应用、创新、团队协作等能力。所以，我们要组织学生围绕着问题和项目来学习。任何一门课最好都要求学生在老师的指导下，做一个项目，有一个作品。

关于项目驱动教学法，我们过去讲了原则，现在从操作层面可通过以下八项步骤来完善：

第一，首先进行课程的项目化开发，把课程开发成一个或几个核心项目。

第二，设计解决方案，即做出项目方案，师生共同开展头脑风暴，提出总项目设计的思路。

第三，列出子项目，并发动学生提出子项目的解决方案和相应知识点。

第四，教师重点讲解解决子项目应具备的知识和技能，为解决总项目打下基础。要注意知识的多学科性和技术技能的前沿性，这在某种程度上也解决了知识点复合的问题。

第五，教师应当跨学科教研和备课，这就在落地的层面适度解决了我们所提出的——教师应当具备能够以广博的视野、立体的思维组织跨学科教学的能力。

第六，在子项目讲解、讨论之后，放手让学生动手做出总项目，可以以小组为单位进行。

第七，项目做完后，教师系统讲解和归纳相关知识点，并帮助学生进一步加深思考。

第八，项目教学的评价，包括过程评价和结果评价、评价方法和评价主体，包括项目开发、解题思路、子项目设置、知识点和技能点等。

通过项目驱动教学法，我们可以重点解决以下几方面的问题：

一是深度学习、高阶认知能力提升的问题；

二是如何延伸和保证学生课外学习时间和精力投入的问题；

三是学生跨学科学习、知识点复合教学的问题；

四是教师跨学科教学能力提升的问题；

五是通过学生在项目操作中的合作学习，促进学生沟通表达、协作组织、创新创造等非认知能力的提升。

希望大家下来进一步研究和落实。当然，这里讲的是一个思路，不是操作规程。我们更希望老师们根据不同课程的教学特点，有创新地去落实项目驱动教学。

3.科学学习：提高学生学习的获得率

科学学习就是要符合脑认知的规律，所以我提倡大家学习脑科学。学习光使蛮劲不行，光有投入不行，还要讲科学，使学习能符合脑认知的规律。这次发言的几个同志都引用了美国学者、著名的学习专家爱德加·戴尔提出的"学习吸收率金字塔"理论。这个理论用金字塔数据的形式显示了采用不同的学习方式，学习的结果是大不一样的，也就是学习者在两周以后还能记住内容（平均学习保持率）的多少是相差很大的。这就更加印证了我们要科学学习的理论是正确的。

老师讲、学生学，两个礼拜后，记忆就只剩下 5%。为什么"翻转课堂"的学习效果要好？就是有讨论，小组上来讲一讲，效果最好。讲一遍，他要做准备，要动脑筋。想要增强学生学习的吸收率，我们要多研究一点 50% 以上吸收率的学习方法，就应该多采用小组讨论、实作演练、应用或者转教别人等方法，这就是我们通常讲的，看十遍不如念一遍，念十遍不如最后做一遍，做是很重要的。

爱德加·戴尔的"学习金字塔"理论

因此，科学学习，一是要讲学生怎么做，二是要讲先生怎么做，三是要讲学校怎么做。学生要掌握科学的学习方法；先生要科学地设计教学，提升学生的学习效率；学校要科学排课，提升学生学习的获得率。

（二）进一步落实"长板原理"，使长板更长、亮点更亮

我们贯彻"长板原理"以来，大家做了很多工作，效果也很好。现在的问题是，学生自己报告的长板太多，常常会有五六个，而我们测定其长板的方法又单一。比如，土木、建筑学院的不少学生报告自己的长板是音乐，财会学院的学生报告自己的长板是空间智能——这和他们的专业又正好相反，或者说不相适应。所以，我与学工系统商量，将长板分为"学业性和职业性长板"和"非学业性和职业性长板"。例如张皓宸学的是工商管理，结果他会写作，而且成为"90后"作家排行榜第一名，这就是"非学业性长板"。在学校里，我们不可能把工商学院的学生都培养成作家，但我们要支持像张皓宸这样某一项"非学业性长板"特别突出的学生去发展他的长板。

在贯彻"长板原理"这件事上，近期要做出重要调整和完善的有三条，这也在《关于进一步落实"长板原理"的几个问题》中有详细阐述。简言之：

一是列出的学生个体的长板不能太多，有些学生有五六个长板，亮点反而不突出了；

二是要把长板分为两类，"学业性和职业性长板"和"非学业性和职业性长板"；

三是要采取有效的办法来测定"学业性和职业性长板"和"非学业性和职业性长板"，不能完全由学生自己报告。如果那样，我们学校学生长板最多的是音乐啦，几乎所有专业的学生的长板都有音乐，我们也不能把大家都培养成音乐家。

四是要采取相关的措施支持和培养学生的长板，使我校毕业生在全面发展的基础上都有一技之长。

今天我还要讲的很重要的一句话是：每个学生都有优点和缺点，学校和教师有责任帮助学生克服缺点，弥补短板。但你不能总是盯着学生的缺点和短板，你首先要看到学生的优点和长板，帮他发扬优点，做到扬长避短，让学生的长板更长、亮点更亮，在学生扬长的过程中克服缺点和不足。

"锦城教育"首先看到学生的优点，然后建立"长板库"，再加以培养。这是我们的创新。当然，能加以培养的长板需要有个确认的过程。学工系统、辅导员们要发现和确认学生的长板，有的学生是潜在长板，那我们就要发现他潜在的长板。

因此，我们一方面要讲普遍性，另一方面要讲特殊性。以学习为中心体现的是普遍性，"长板原理"体现的是特殊性。

六、学习布鲁姆教育目标分类学理论，结合工作实际，进一步提高、光大"锦城教育"

前面就这次学习和开会的重要目标、意义，认知和非认知能力的培养，教师怎么教，学生如何学等多个维度，探讨了在我们的教育教学中如何应用布鲁姆教育目标分类学理论。最后，结合学校发展和工作实际，还有几个问题，需要给大家讲讲。

（一）开展两个"逆向革命"

我们过去搞了一个"逆向革命"——专业设置的"逆向革命"，即从专业到就业岗位，逆向为从就业岗位到专业（乃至跨专业）。现在我们再开展一个"逆向革命"——就是教学方式从"由教到学"到"由学到教"的"逆向革命"。

（二）发扬"工作即科研"的精神

我们要继续发扬工作即科研的精神，也就是把日常工作当科研项目来做，把科研工作当日常工作来做的精神。陶行

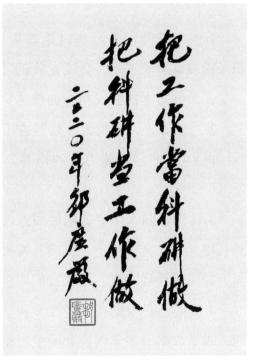

邹广严校长题词

知说"生活即教育"，我们说"工作即科研"。所以，你得研究，你得把自己的工作当科研来做。要知其然，还要知其所以然；要有理论支撑，还要能落地实践；要把工作系统化、条理化，还要上升到理论、经验的高度。这是我们所有教职员工应当具备的素质。

（三）要做好"三大转化"

作为学校来说，我们要做好"三大转化"，即把社会需求转化为"锦城教育"，把家长和学生的愿望转化为"锦城教育"，把党和国家的要求转化为"锦城教育"。因为应用型大学是不可以关门来办的，是为社会服务，为家长、学生服务，为党和国家治国理政服务的。

（四）会后继续做好以下几项工作

1.组织老师们学习和讨论教育目标分类学的3本书、第78和79期《锦城活叶文选》、会议发放的《大学应重视非认知能力的培育》一文，做好对本次会议精神的传达贯彻。

2.总体看来，我校人才培养方案的调整和完善，要在横向上做好"认知能力+非认知能力"的培养，在纵向上做好"高阶教学+深度学习"。

3.特别强调，一定要把加强人才培养中非认知能力的培育工作提到日程上来，充分肯定、提高、发展我们的经验和实践。关于非认知能力如何测评和考核，也是我们要进一步思考和解决的问题。

4.我们还必须把高层次教学和学生高阶能力的培养，纳入教学计划、教学大纲、教学内容和师生考核。

5.为了实现高阶教学，我们还要把教师的五个核心竞争力的问题纳入日程。每个问题都可以开展专题研究，校报、学报开辟专栏发表教师的研究，供大家交流、展示。其实，这五项能力，我们如果都做好了，就能走在前面。

所以，今天会议结束时还是那句话：我们要把这些事想到、做到、做好，并且坚持下去，为进一步光大"锦城教育"而努力奋斗！

培养三大素养，提升三大能力，运用三大对策，迈向成才成功

——在2020级新生开学典礼上的讲话

（2020年9月28日）

各位来宾，各位家长，老师们，同学们：

大家上午好！

今天，我们在这里隆重举行我校2020级新生开学典礼。首先，我谨代表学校党政工团、全校师生员工，向2020级本专科同学表示衷心的祝贺和热烈的欢迎！向培养你们的亲人、老师以及为迎接你们付出辛勤劳动的"锦城"师生、志愿者们表示诚挚的问候！也借此机会，向长期以来关心支持学校建设发展的四川大学、学校投资方、用人单位和友好合作办学单位、奖助学金设立单位和个人以及各界朋友们表示诚挚的感谢！

同学们，你们来到"锦城"的原因和理由各不一样，但有一点是相同的，那就是你们最终选择了"锦城"。这是一个正确的选择，也是一个将改变你们一生的决定！

"锦城"是一所对学生、家长、社会高度负责，培养学生会做人、能做事的学校；是一所以"止于至善"为追求，校风正、学风好、管理严的学校；是一所办学时间不很长，但却成果丰硕、人才辈

出、有口皆碑的学校。我校建校历史只有十五年，培养的第一届校友走向社会也只有十多年，但我们自豪地看到，当年的"锦城"学子已成长为今天各行各业的优秀人才。他们当中有党政军干部、大学教授，有银行行长、企业高管，有带动一方致富的创业者，有经营管理企业的董事长、总经理，有从事AI、物联网、5G、3D打印等前沿科技研发与应用的科技工作者，有负责国家重大高难度项目的项目经理、总工程师，以及像张皓宸、陈钰琪那样的知名文化艺术工作者。我们有一位校友叫马政，他以专科进入"锦城"，但"锦城"教育鼓舞他——"起点不决定终点"。通过学校教育的培养和自己的刻苦努力，马政同学在大学一年级就通过了"专衔本"全部13门课程，毕业时以突出的综合素质被世界500强企业之一的四川长虹集团录用。后来，他又继续深造，目前正在韩国攻读管理学博士。通过这个从专科读到博士的案例，我想告诉同学，不管你的起点是本科还是专科，都应该对未来充满信心！我们过去说"就读锦城，锦绣前程"，我们现在还可以说"就读锦城，无限可能"！

大家看到主席台前方这四句话，就是我今天讲话的重点。锦城学院将培养你们的"三大素养"，提升你们的"三大能力"，教会你们"三大对策"，让你们获得改变的力量，迈向成才与成功！

一、"锦城教育"培养你们的"三大素养"

同学们，人的发展就好比建筑大厦，基础越牢靠，大厦才能越稳固；基础不牢，很有可能会"地动山摇"。素养就是我们人生大厦的基础，它是对知识、能力、态度的综合和超越，是可迁移的、多功能的，对每个人的终身发展起着基础性的作用。所以，不管同学们所学习的是文学、艺术、经管还是工程，首先就是要养成全面的、良好的素养。"锦城教育"将培养你们最为核心的三大素养，即人文素养、科学素养和职业素养。

锦城学院是一所充满人文精神的大学。图为2020级迎新现场，志愿者帮助新生搬运行李（何昊雯 摄影）

（一）人文素养

人文素养简单来说是指一个人的人文积淀和人文精神。所谓人文积淀，就是学习和了解一些与人类自身密切相关的知识，比如说哲学、历史、政治、经济、文学、艺术等等，从而对人类社会和人本身有一定的认识和了解。人文精神以善良、宽容、同情心、爱人、尊重人为起点，以人的价值、人的感受、人的尊严为尺度，以唤醒人们的道德良知和精神价值为追求。人文素养让人成为人，而不是机器或者工具。所以，这应该是大学生的必修课、先修课！

我校自2005年建校起就注重提高同学们的人文素养。同学们首先要理解并践行我校"止于至善"的校训和"三讲三心"明德教育的宗旨，自觉做到讲诚信、讲礼仪、讲感恩，对国家民族尽忠心，对父母长辈尽孝心，对同学同事尽爱心。其次我们要通过广泛阅读古今中外的百家经典，从中汲取营养，提高道德情操，养成浩然正气。最后要身体力行，从小事做起，例如做到穿着得体、举止文雅、尊重自己、尊重他人，养成文明的生活习惯，等等。同学们，在今年抗击新冠疫情的战斗中，我校数百名师生志愿者默默地奉献在各地的抗疫前线，诠释了"锦城"学子的家国情怀，他们勇敢"逆行"的大爱体现了锦城人的人文素养的光辉！

（二）科学素养

19世纪英国著名的哲学家、教育改革家赫伯特·斯宾塞针对英国学校的古典主义倾向，提出了一个问题："什么知识最有价值？"他的回答是："科学知识最有价值。"他强调科学是一切知识的基础，从而推动了科学进入大学的课程改革。21世纪全球教育的共识之一，就是要培养学生的科学素养。国际上普遍将科学素养概括为三个组成部分，即了解科学知识，了解科学的研究过程和方法，了解科学技术对社会和个人所产生的影响，也包括与科学相关的元认知能力、思维习惯、科学语言等，它们是学习复杂技能的基础。

科学素养决定公民的思维方式和行为方式，是实现美好生活的前提，特别在新技术飞速发展的当下。今年新冠疫情期间，谣言、伪科学、阴谋论等满天飞，充分说明科学素养是多么稀缺，又是多么重要。所以，我们要在"锦城"形成一种风气，那就是要爱科学，学科学，研究科学，传播科学。我们要普及科学知识，特别是自然科学、公共卫生、数字技术、人工智能等方面的知识，我校已经把编程、建模、算法纳入了通识课。

同学们要提高科学素养，还要阅读一些科技史和科普类读物，从中了解科学常识，知道科学知识如何产生和如何影响人类社会。要掌握一些科学研究的方法，例如观察法、调查法、测量法、统计法、分析法、归纳法、推演法、实验法、猜想验证法等等，这些方法将成为你们解决问题的利器。更要养成实事求是、尊重规律、理性严谨、探索创新的科学品格。我深信，插上科学的翅膀，你们能够飞得更高、更远！

（三）职业素养

人总是要就业的，即便将来读了硕士、博士，最终还是要走向工作岗位。一个人将来能否顺利就业，能否在职场立稳脚跟，以至于能够走多高多远，这要依靠他的职业素养。

职业素养主要包括职业道德、职业伦理、职业知识、职业技能等内容。我校是一所应用型大学，我们将社会对人才的需求转化为"锦城教育"。通过我校的"岗位胜任培养"，同学们将获得纵向可提升的专业能力和横向可迁移的适应能力，这将帮助大家更快更好地赢得机会、适应岗位。同时，我校还推行"事业成功培养"，通过"三练三创""五个课堂"等，培养大家的阳光心态、正面思维、忠诚敬业、诚实守信、认真负责、吃苦耐劳等品质，以及团队合作、沟通交流、组织领导等能力，使你们的才能更加符合社会和时代的需要，为你们未来职场成功打下坚实的基础！

二、"锦城教育"提升你们的"三大能力"

"锦城"的人才培养标准是"做人第一，能力至上"。我们的教育方式是通专结合，培养的是素养与能力兼备的"T型人才"。所以，我们不但讲素养，还要讲能力。"锦城教育"将着力提升同学们的三大能力，即认知能力、社会情感能力和行动能力。

（一）认知能力

认知能力是指人脑加工、储存和提取信息的能力。人们认识客观世界，获得各种知识，主要依赖于认知能力。无论在哪个时代，认知能力对人的生存和发展都起着极为重要的作用。大学学习的一个重要的任务就是要继续发展和提升认知能力。但我今天要强调的是，认知能力是有层次的。根据安德森修订的布鲁姆认知目标分类法体系，人类的认知活动按照思维发展的过程，从低到高可分为六个层次，它们依次是：记忆（Remember）、理解（Understand）、应用（Apply）、分析（Analyze）、评价（Evaluate）和创造（Create）。我校在这个理论的基础上进行再创造，将认知简化为三个层次：初级层次是记忆和理解，就是对知识做到"知其然"并"知其所以然"；中级层次是"学以致用"；高级层次是培养系统性思维、批判性思维、创造性思维。

1921年，爱因斯坦获得诺贝尔物理学奖后到美国访问，有记者问他声音的速度是多少，爱因斯坦回答说："这个问题你可以在任何一本物理书中查到答案，因此不需要再回答……大学教育的价值不在于记住很多事实，而是训练大脑会思考。"所谓"训练大脑会思考"，就是学会思维。我校教育不仅教给学生知识，而且教给你们思维，特别是中、高阶思维，帮助同学们从一个"能够记住和理解知识、会考试"的人变为一个"善运用""会判断""能创造"的人。

你们要学会运用知识。传统理论认为"知识就是力量"，我校认为"知识就是知识，运用知识才是力量"。在"锦城"，搞好一个项目比考出一个高分更重要，解决一个现实难题比拼凑一篇论文更重要，参加一项比赛比空谈理论更重要，做好一项实验比死记硬背更重要。我们将采用问题导向、项目驱动、以赛促学等教学方式，重点培养同学们应用知识解决问题的能力。所以，希望同学们能够积极投身到各类项目、竞赛和实验、实习、实践活动中去，体验运用知识解决问题的过程，在做中学、学中做，学做结合，淬炼能力。

你们要培养批判性思维。批判性思维本质上是一种深刻洞察、仔细辨别的能力。美国学者琼·温克指出："批判不仅意味着'批评'，还意味着能透过表面看到深处——思考、批评或分析。"中华民族素来有"审问""慎思""明辨"的传统，强调对问题要审慎地探问、缜密地思考、明晰地辨别，这种思维方式比较慢，但却不容易出错，可以帮助我们从那些表面的、有误导性的和迷惑人的东西中区分出合理或不合理的成分，分辨矛盾和悖理之处。这样，我们就能分清是非、看清对错，对万事万物有自己的判断和主张，避免人云亦云，成为一个精神上独立的人！

你们要积极地创新创造。可以肯定的是，创新和创造需要一种内在的驱动力，那就是强烈的好奇心、浓厚的兴趣、批判质疑的精神、跳出框框的勇气以及不断探索的激情。这些，正是"锦城教育"要保护和激发的品质。"锦城"是一所鼓励创新、宽容失败的学校，这里允许大家"异想天开""大胆质疑""开放探究"，这里是创新创造者的乐园。大家知道，量子力学是20世纪人类在物理学领域最重要的成就之一，但是奠定量子力学基础的，是一群年龄在30岁左右的青年人。可见创新创造是年轻人的优势！同学们正处在思维最活跃的黄金阶段，应该勇敢地挑战自己，向创新创造进发，也许是制造出一个物件，也许是申请到一项专利，也许是发表了一篇论文，也许是提出见所未见、闻所未闻的新方案……我期待看到你们的创新成果！

为了提高认知能力，"锦城"的学生还要与学校的教育共振共鸣，加大学习时间和精力的投入。我们倡导同学们要强度学习、深度学习、科学学习，把认知水平提升到更高的层次。在"锦城"，智慧的浓度和创新的密度，一定会让你们变得更加卓越！

（二）社会情感能力

"锦城教育"促进大家的全面发展，培养的是健全和谐的人。人除了有理智系统以外，还有情感系统；除了要认识和改造世界以外，还需要学会与自己相处，与他人交往。美国心理学家丹尼尔·戈尔曼指出：大多数人的成功，20%取决于智商，80%由其他因素决定，其中最重要的就是情商。他把情商概括为五个方面的能力，包括自我认知、自我调控、自我驱动、理解他人和社会交往技巧。这里面既涉及情感，也涉及社会交往，我们将其统称为——社会情感能力。

面对快速、多变、复杂的现代社会，个体单纯的认知能力提升不足以支撑其发展，越来越多的学者和组织开始认识到社会情感能力对个体发展的重要性。我们曾经对"锦城"的合作企业开展过一项调查：

"你们认为锦城学院学生最优秀的品质是哪几个？"结果表明，有礼貌、吃苦耐劳、情商高、沟通协作能力强这几点提及率是最高的、最为突出的。这从侧面反映出了"锦城"学生的社会情感能力，是有目共睹、备受认可的。

"锦城教育"的与众不同之处在于，传统学校往往只注重于认知能力的培养，而我校则倡导认知能力和非认知能力并重。学校将通过"养成培育、熏陶培育、体悟培育"三大途径，通过显性和隐性的课程，通过丰富多彩、有声有色的社团活动，通过环境、校风的濡染以及全体教师的言传身教，提高大家的社会情感能力，力争把你们培养成一个懂得反思和自省的人，一个善于认识和掌控自己情绪的人，一个拥有成就动机、驱动自己不断前进的人，一个正直善良、富有同理心的人，一个活力果敢、拥有良好沟通合作能力的人，一个具备好奇心、包容性等开放品格的人。这样的你们，不仅能悦纳自己，也能够造福他人，一定能收获事业的成功和人生的幸福！

（三）行动能力

"锦城教育"还将培养和提高你们的行动能力。

所谓行动能力，就是想做事的欲望、能做事的本领和能成事的水平。孔子盛赞"力行"这种品质，说"力行近乎仁"。洛克菲勒忠告他的儿子说："如果你不采取行动，世界上最实用、最美丽、最可行的哲学也无法行得通。"所以，大家在学习中要把理论付诸实践，把思考转化为行动。比如，你学艺术设计，不仅要会画图，还要把你设计的作品做出来；你学网络新媒体，不仅要懂得理论，还要会写稿子，而且还能发表；你学机器人工程，最好能够制作出一个样机……

我校今年刚毕业的文然校友，在校期间自主设计、制作出循迹小车、无碳小车等作品，在制图300多张、分析调试几百次、反复优化的基础上，获得了3项省级奖、4项国家专利，还在核心期刊上发表了2篇高质量的论文。所以，同学们一定要明白，一个好的计划或设想，人们想到了未必会去做，做了也未必能够做好。只有拥有强大行动力的人，才能获得最后的成功！

"锦城教育"提高学生的行动能力，帮助学生想到、做到、做好。
图为艺术学院学生作品展览现场（艺术学院　供图）

大家知道，第一次工业革命的伟大旗手，现代蒸汽机的完善者、关键技术的突破者，名字叫詹姆斯·瓦特。他不仅是一位科学家、发明家，而且是一个工程师和工匠。他在数学、物理、哲学、艺术方面都有很高的造诣，亲自设计、制造，把蒸汽机推到了工业革命的第一线，使人类进入"蒸汽时代"。

所以，我相信，通过三大能力的培养，同学们的智商、情商、行商都能得到全面的发展，一定会成长为思想有深度、情感有温度、行动有力度的未来我们国家的栋梁！

三、"锦城教育"教给你们"三大对策"

各位同学，你们已经开始了人生的新阶段，在现在的学习和将来的工作中，你们会遇到许多新情况、新问题。怎么办？学校教给你们"三大对策"，给你们三把通往成功之门的钥匙。

（一）面对竞争，要扬长避短

你们遇到的第一个问题是面对激烈的竞争，如何脱颖而出？或者正如老百姓所说的"你靠什么吃饭""拿什么家伙'战斗'"？我们老百姓通常说的"有十八般武艺，样样精通"，这是很难办到的。我们必须承认，每个人的禀赋和优势是不同的。一个人在基本面合格的前提下，其成功不取决于他的短板，而取决于他有没有长板。"面面俱到""全方位优秀"是不容易做到的，但集中火力，练就"一招鲜"的本领是可以实现的，就像通常老百姓说的"一招鲜，吃遍天"嘛。同学们要有扬长避短的智慧，找到和发展自己的"长板"，形成自己的"亮点"。成功的道路从来不止一条，正如爱因斯坦所说，如果用会不会爬树的能力来评判一条鱼，它终其一生都会以为自己是愚蠢的。所以，关键是要找准自己的人生赛道。"锦城"是一所尊重个性、鼓励特长发展的学校。我们希望大家在这里能够找到天赋，发现热爱，激发潜能，发展长板，用长板点亮未来！

（二）抵御诱惑，要自律自制

人生的过程中，往往会遇到自身不断增长的欲望和外界挡不住的诱惑，这是一个严峻的考验。在欲望和诱惑面前，如何管住自己，是人生成败的一个大问题。古希腊大哲学家苏格拉底认为自制是一切德性的基础，我们中国的先哲老子也说"自胜者强"。大学阶段是一个人心智成熟的时期，成熟的标志就是学会自制和自律。一个大学生不会自律和自制，就说明你不成熟。所以，我们的对策就是自制、自律、自我管理。希望同学们管好自己的言语，不说过头话、伤害别人的话；管好自己的情绪，不做心血来潮之事，动不动就发脾气；管好自己的行为，不放任不放纵，不要到处吃喝玩乐，不要成天想着往犀浦跑，要做到有礼、有节、有度；要管好自己的时间，不贪玩，不贪要，不成天打游戏、睡懒觉、空虚度日；管好面临的利益诱惑，不贪婪，有底线。一个人最大的敌人往往不是别人，而是你自己。大学，管好自己才会赢！

（三）面临困境，要坚持到底

你们遇到的第三个问题可能是学习、工作一段时间后，因为累了而疲倦，因为久了而懈怠，因为困难而退缩，因为挫折而丧气……马拉松赛跑已经跑了40公里了，坚持不下去了，怎么办？放弃吗？不！如果肯定自己的方向没有错，那就一定要坚持到底，跑到终点！一个人有三分钟的热情并不难，难的是持之以恒；在顺境中前进并不难，难的是逆水行舟。诺贝尔生理学或医学奖获得者屠呦呦带领团队攻坚克难，经过190次的失败之后才成功提取出青蒿素。可见，所谓失败和挫折，不过是为成功试错而已，希望同学们保持奋斗到底的姿态，风雨之后，必见彩虹！

　　同学们，我们每个人都有自己的昨天、今天和明天。不论你的昨天是成功或是失败，也不论你的昨天是辉煌或是平淡，你都不能停留在昨天——既不能对昨天的成绩沾沾自喜，也不能对过去的失误耿耿于怀。我们必须翻过昨天这一页！高考已经结束，大学已经开启，决定你前途和命运的，不是昨天，而是今天和明天！让我们一起把握住在"锦城"的每一个"今天"，用努力奋斗开创出更加辉煌的明天！我相信在几年之后，当你们学有所成离开"锦城"时，带走的不仅是知识、分数和文凭，更重要的是带走了思维、方法和本领！

　　我预祝你们在"锦城"学习成功，将来到社会上事业成功！

　　谢谢大家！

美国名校教师授课的一段故事和启发

（2020年11月）

2020年5月，疫情防控期间，我校邀请美国常春藤名校——宾夕法尼亚大学的罗德里戈·门多萨博士通过全球课堂实验室网上讲授"微观经济学"课程。

门多萨博士讲课非常认真，在授课过程中经常问学生有什么问题，但在课堂上，学生们仍然一片沉默。

这个美国教师很疑惑，他在美国讲授这门课时学生们提出很多问题，为什么中国学生没有问题？

于是他认真地进行反思，是不是我讲课的方式方法不对？是不是我讲的内容学生没有听懂？是不是我对中国学生的情况了解不够，缺乏针对性？

他及时地把反思的情况和他的意见与中国的助教进行了沟通，以期改进中国学生上课不提或提不出问题的状况。

由此，我们受到五点启发：

一、问题导向是一种普遍的、有效的教学方法。教师带着问题教，学生带着问题学，师生带着问题进课堂，是一个基本要求。

二、克服上课"先生讲、学生听"这种灌输式的教学方式，仍是一项艰巨的任务。要做到教师启发式教学，学生探究式学习，达到师生互动、相互切磋的境地，学生能提出问题是一个重要的环节。

三、学生提不出问题，究其原因，一是课前没有预习，对学习内容一无所知，没有带着问题进课堂；二是上课专注度低，对教师讲授的内容朦朦胧胧，似懂非懂，当然也就提不出问题；三是可能因为外语水平不高，不善表达，干脆保持沉默。

四、国外名校教师对中国学生上课不提问或者提不出问题多有异议。我们国内课堂必须引起足够的重视，要从培养学生的质疑精神开始，要解放思想，不迷信权威和书本结论，要敢于质疑，文明地表达不同见解。

五、我校文传学院教师谢晓东，建立了一个课程问题库，每堂课列出若干问题，上课前将这些问题发给学生。一方面，学生可以带着问题进行预习；另一方面，教师可以在课堂上针对这些问题，对学生进行抽问或者师生共同研讨。这有利于教师带着问题教，也有利于学生带着问题学，把问题导向教学法落到了实处。

八十述怀

——在被礼聘为"锦城大学终身校长"仪式上的即席讲话

（2020年12月18日）

感谢投资方和学校董事会授予我"锦城大学终身校长"称号。再过几天，我就八十虚岁了，此时此刻，我的内心充满了感恩——感恩父母，感恩上苍，感恩党和政府，感恩在我不同人生阶段给予我帮助支持、与我志同道合共同奋斗的朋友们、同志们。

我要感谢父母的养育和上苍的护佑。先父母不但给我了生命，而且含辛茹苦将我和几个弟弟妹妹抚养成人，他们虽然早已过世，但音容笑貌却常常浮现在我眼前，是我永远的怀念！我还要感谢上天护佑，我经历过20世纪50年代的各种运动、60年代的饥荒，还有六

邹广严校长被礼聘为"锦城大学终身校长"（宣传处 供图）

七十年代的"文革"，目睹了身边一些人在这个过程中遭受饥饿和打击。我尽管经历磨难，磕磕绊绊，但还是顺利走了过来。人是要敬畏天命的，我的同学、朋友、同事，比如国资委主任李荣融、国家能源局局长张国宝等，都在去年过世了。我现在还很健康，还能为党和人民的教育事业做点事情，除了要感恩父母给了我一个好身体以外，还要感谢上苍的护佑。

我要感谢党领导的伟大的改革开放事业。现在，我们中国人的收入水平、生活水平、医疗条件、人均寿命都大幅度提高了，这是党和政府带领人民创造出来的美好生活。我这辈子最高兴的一件事就是能够经历改革开放这一伟大事业，成为改革开放的见证者、亲历者、建设者。大家都知道，在创办"锦城"之前，我主要从事经济管理领域的工作。高研所将我在经济管理领域的文章，整理编辑了《邹广严经济管理文集》（八卷本）。这八卷，是我经历改革开放前40年的记录和见证。改革开放是在很艰难的情况下起步的，还记得1980年，我在长钢工作，率领几位同志到成都无缝钢管厂、重庆特殊钢厂去考察怎么给企业扩权。当时有一句话——"把盖厕所的权力还给企业"，为什么呢？因为在长期僵化的计划经济体制下，企业没有自主权。所以改革是从企业扩权和搞活开始的。后来我到政府工作，从计委、生产委、经委再到省政府，能够为四川人民做一点事情，基本解决了困扰四川省经济社会发展和人民生活改善的行路难、用电难、用气难、吃水难、装电话难、收听收看广播电视难的"六大难题"，这与改革开放的时势是分不开的。当时有一个特点是放手让大家干，大胆试，大胆闯，邓小平同志说"有不妥当的地方，改过来就是了"。所以，改革开放极大地激发了我国经济建设的活力，极大地解放和发展了生产力！能够亲眼见证、亲身经历改革开放伟大事业，我感到非常荣幸。

我要感谢在我不同人生阶段与我志同道合共同奋斗的朋友和同事们。我在长钢接班当党委书记的时候，长钢还很艰难，原材料库存只够用一个星期，马上面临停产。我在五年的任期内，团结长钢职工共同奋斗，创造了长钢历史上空前的辉煌。到了计委、生产委、经委，负责抓全省的工业和交通工作。当时四川的工业、交通基础还很薄弱，特别是从1989年7月开始，四川工业在负增长或低速增长中徘徊达十几个月之久。1991年，我出任生产委员会主任，属于临危受命，团结全省经济战线打赢了一场"扭负为正""扭滑促升"的攻坚战。同时，在省委、省政府领导下，全省经济战线的干部、职工齐心协力，举办了四川省首届服装节、四川省首届食品节，做了很多努力，使四川经济快速发展起来了。

在这里，我要特别感谢锦城学院的同志们，尤其是创业初期的同志们。原因有三：

2005年9月12日，锦城学院首次全体教职工会议召开。图为邹广严校长与"第一批创业者"会议后聚餐（校史馆　供图）

第一，感谢你们在困难时期加盟了学校。2005年刚创建学校的时候，条件是艰苦的。当时有领导给我介绍了一位同志，我打算安排他作办公室副主任，结果他开车来学校逛了一圈，只见尘土飞扬，忠孝大楼都还在建设中，于是他主动说算了，不来了。而在座各位都是在困难时期加盟的，这一点上，我要感谢大家！

第二，感谢你们与学校同甘共苦。创校初期，我们长期低工资、低收入——这真是没有办法的事情，因为一要维持学校运转，二要投资基础设施建设，三要向川大交钱。就在这种情况下，大家同心同德、省吃俭用、勤俭办学，硬是把学校给办起来了。这一点，我也要感谢大家！

第三，感谢你们对"锦城"教育事业作出的贡献。建校以来，我校推行了很多教育教学改革，在当时都不是社会潮流，但大家都支持配合。2005年搞劳动教育的时候，我们是全国高校独一家；在2006年，把创业教育纳入所有学生的必修课，也是全国少有；我们的传统文化教育、岗位调查报告、专业设置逆向革命、三大教学改革、"未来型教育"、"四大框架"等教育教学改革，都是敢为人先的。我们只是按照教育的良心、教育的规律，以及培养学生一会做人二会做事的要求来做的，不是说上面怎么布置我怎么干，上面不布置我们就不干。我这个人有时别出心裁，提出一些创新的方法和理论，大家在执行过程中没有打折扣，这也是我要感谢大家的地方！我们"锦城"的优点之一就是人心齐，大家都愿意跟着走。我想起曾经有人问邓小平同志："您长征的时候怎么过来的？"邓小平同志淡定地回答道："跟着走。"意思是不管遇到什么艰难险阻，也一定要跟下去，坚持到底就是胜利。我们"锦城"也有一批始终跟着学校走的干部师生，现在都已经小有成就了。有这个信念就不简单啊！

我今天讲了很多感恩、感谢的话，感恩父母，感恩上苍，感恩党和政府的好政策，感恩在每一个人生阶段与我志同道合、甘苦与共的战友们、同事们、朋友们，还有学生们。

最后，我也希望大家多保重，等你们过八十、九十、百岁生日的时候，我也来为大家庆贺！

2021年
四大框架攀顶峰

这一年，迎变局，开新局，圆满实现转设，进入创新发展、高质量发展新阶段；

这一年，开创性地提出了高阶教学、深度学习、非认知能力培育、教职工情感劳动"四大框架"，推动"锦城教育"爬坡上坎、攀登顶峰；

这一年，从"为奖而赛"到"为教而赛、为学而赛"，教学、教研、教赛、教技"四个相长"，为"锦城教育"注入强大动能。

新阶段，再奋进，
努力谱写"锦城教育"高质量发展新篇章

——2021年新年寄语

（2021年1月1日）

2021年的钟声即将敲响，在这辞旧迎新之际，我谨代表锦城学院董事会、党委、行政部门，向辛勤耕耘的教职员工，向勤奋学习的"锦城"学子，向心系母校的广大校友，向所有关心、支持锦城学院教育事业的各级领导、各界朋友致以最诚挚的问候和最美好的祝福！

2020年是极不平凡的一年，对于锦城学院来说，疫情防控是一场大考，学校发展是一场大战。在大考大战的压力叠加下，"锦城人"在危机中成长，在挑战中前行，共克时艰，奋勇向前，取得疫情防控和事业发展双胜利。

这一年，我们一手抓疫情防控，一手抓教育教学，在疫情大考中交出了"锦城教育"的合格答卷。我们坚决把师生安全健康放在第一位，按照党和政府的部署，科学防疫，做细工作，做到了全校师生"零感染"。春季学期，在防控大局下，把课堂搬到云上，不仅如期、全课表、全教师开课，而且第一时间向社会免费开放40门精品网课，获得了极高的学生满意度和社会认可度。我们之所以应对自如，是因为我校自2012年以来，抓慕课、搞翻转，培养和锻炼了教师队伍线上教学的本领和能力。我们化危为机，通过大规模网课，深化对"未来型大学"的探索。疫情防控压力下，我们做到了"十个不停"，那就是：不停教，不停学，不停（线上）活动，不停管理，不停服务，不停建设，不停招生，不停答辩，不停毕业，不停就业。各项工作有条不紊，顺利推进，把疫情的不利影响降到了最低。

这一年，我们用汗水浇灌收获，在重点工作和显性成果上实现大突破。我们抓转设、促发展，建成了设施先进的四维大楼和一大批领先的实验室，进一步优化了师资结构，办学条件显著改善，办学实力进一步增强，转设工作取得阶段性成果。"金专""金课"取得实效：2个专业获选四川省首批重点一流专业；"创业管理"被评为国家级一流课程，还有8门课程被评为四川省一流（示范）课程，我校自建的12门慕课也成功上线国家主流平台。教研教改持续发力：获得省级教学成果奖3项，16个项目被列为教育部1+X证书制度试点。科研成果显著增长：发表科研论文1000余篇，获省部级以上科研项目9个，各类专利87项。竞赛成绩十分亮眼：在各类学科竞赛中，获得国家级奖16项、省级奖276项，在2020年"挑战杯"省赛中勇夺1金2银15铜……这些成绩的背后，凝聚了广大师生日日夜夜的拼搏和努力，我们不负时光，时光亦不负奋斗者！

这一年，我校的考生向往度和社会认可度进一步提升。各批次、各省份生源充足，一次投档完成招生计划。我们充分满足考生专业学习意向，投档考生全部按第一志愿安排专业。在疫情寒冬下，我们采取提早部署保就业、广开渠道促就业、个性关怀助就业等措施，实现了2020届毕业生96.4%的高就业率。四川省教育厅领导来我校调研指导时，对我校工作给予了充分肯定。我校劳动教育屡上热搜，登上"学习强国"全国平台，就业帮扶措施作为典型经验被教育部官方网站登载。《广州日报》将我校评为"GDI应用大学（独立学院）TOP 100榜（2020）"全国第4位……领导的肯定、考生的向往、企业的青睐、社会的赞誉，是对我们用心办好人民满意大学的回应、褒奖和鼓励！

走过2020年，我们不能忘记那些可敬、可爱的"锦城身影"。那是大江南北，奉献在祖国抗疫前线的"锦城"师生、校友志愿者们；是电子屏幕前，聚精会神上好网课的老师和同学们；是放弃休假、埋头苦干的全体行政人员和辅导员们；是风里雨里坚守岗位，护卫师生健康和校园平安的医护、保安、后勤同志；是返校后加倍努力的莘莘学子；是为学校捐赠防疫物资，帮扶就业的八方校友和各界友人们……正所谓患难见真情，危难显品格，在此，谨向大家致以崇高的敬意和衷心的感谢！

老师们、同学们、同志们、朋友们，迈入2021年，我们要继续把师生健康安全放在首位，要坚决按照党和政府的部署，认真做好各项防疫工作，尽最大努力确保师生健康、平安。

2021年是学校全力推进转设之年，也是学校第二个十年规划的第二个五年的开局之年，我校将迈入一个崭新的发展阶段，高质量发展将是这一阶段最鲜明的主题。我们当以更加奋发有为的姿态，写好"锦城教育"奋进之笔。

人才培养是学校的中心工作，我们一定要把"锦城"的人才培养做到最好。要坚持全员育人、五育并举，把学生培养成好人、能人、全面发展和持续发展的人。横向上，坚持认知能力与非认知能力并重，深化"三大素养"培育，提升"三大能力"水平；纵向上，通过广泛推行问题导向和项目驱动教学法，全面实现认知目标从低阶向高阶的跨越，培养学生的专家思维、高阶能力，不断提升"锦城"学子的思维能力、方法和本领。

我们要深刻认识和把握教育发展趋势，把学校的教育改革和世界新一轮技术革命浪潮紧密结合起来，继续追踪新技术革命前沿，大力发展人工智能时代的大学教育，进一步做好环境赋能、新技术赋能和脑科学赋能，加快锦城学院"四新学科"建设，创造新优势，夺取新辉煌，努力走在新一轮教育变革前列！

我们要继续以"三个增值"为目标，以显性成果为导向，以"争第一、夺红旗、创一流"的精神，在教学、科研、社会服务等方面创造更多、更大、更亮眼的成绩，让学校的各项业务在相应领域里保持领先、居于上游，让锦城学院的品牌和声誉更加响亮，这是学校发展和师生利益的根本所在。

教育的关键是教师，教师的水平决定教育的水平。我们要继续弘扬尊师重道、尊师重教之风，坚持"四全三高"标准，强化师德、师风、师才、师能建设，着力打造"锦城"教师"新的五大核心竞争力"，促进"锦城"教育再上新台阶。

学生是学习的主体，也是学校的主人。我们要推动"由教到学"到"由学到教"的"逆向革命"，落实以学习为中心的强度学习、深度学习、科学学习；深入贯彻"长板原理"，细化落实长板的分类、测定和培育，让"锦城"学子学有所成、学有所长，不断提高"锦城"学子的获得感和满意度！

老师们、同学们、同志们、朋友们，我们每个人心中都有一个"锦城梦"，让我们把对办好高层次一流应用型大学的强烈愿望转化为2021年奋进的磅礴动力，努力谱写"锦城教育"高质量发展新篇章！

抓住"两个关键",做到"五个提升",实现"锦城"教学、育人的新跨越

——在2020年工作总结表彰暨2021年工作部署大会上的讲话

（2021年1月22日）

同志们:

　　下面我就2020年的工作做总结,并就2021年的工作做部署。

邹广严校长在大会上讲话（宣传处　供图）

2020年度工作总结

2020年的工作要点是年初布置的"三抓两提高",就是"以三个增值为目标、以显性成果为导向、以改革创新为动力、以公正评价为手段,抓转设、抓质量、抓队伍,提高学生满意度,提升社会认可度"。现在我可以愉快地告诉大家,我们比较圆满地完成了年初提出的任务,取得了"三个双胜利"。

一、防疫和教学取得"双胜利"

大家知道,我们去年遇到了百年难遇的、世界性的防疫抗疫工作。新冠疫情已经造成了世界性的问题,感染人数将近1亿,这是史无前例的。疫情防控是一场大考,全世界的学校都面临着停课,这是一个非常严重的问题。我们学校实现了一手抓防疫,一手抓各项工作,做到了"师生零感染",实现了"十个不停",特别是在线教学可圈可点,取得了很好的效果。

春节刚过,我们就部署了线上教学,大家行动得早,于2月24日按原定的开学时间准时线上开学、开课,难能可贵,一些学校是等到三、四月才开课的。我们除了实验性质的课程,其他课程全开,总共开设了877门课程,共601名老师开展线上教学。全员、全课表线上开学,这是很不简单的事。效果怎么样呢?全校学生到课率在99%以上,88%的学生对在线教学表示"非常满意",10%的学生表示"比较满意"，总体满意度高达98%。开课面、开课质量、学生出勤率和满意度都很高！我校教师线上教学技术熟练，可谓是"八仙过海，各显神通"。大家以"锦城在线"为主，其他平台或软件为辅（如钉钉、QQ等），采取直播、录播、慕课等多元化的方式，因课制宜、灵活有序地推进和组织在线教学，发挥了极大的创造性。以前我们规定，60岁以上的老教师可以不搞翻转，但在疫情之下，这些老师都是积极学习、坚决应战，精神可嘉啊！

据教育部高教司吴岩司长的讲话，截至2020年4月3日，全国在线开学的普通高校共计1454所，而全国普通高等学校共计2688所。也就是说，在春季发生疫情的情况下，截至4月份，在线开课的高校数量刚过50%。我们不但开了课，而且师生、家长的满意度很高，社会各界一致好评。教育厅官网多次刊载我校在线教学的典型经验和做法，四川省委教育工委领导来我校调研疫情防控、在线教学、开学准备等相关工作时也表示"锦城学院部署落实疫情防控工作到位，学校线上教学质量好、效果好"。这是我们去年重要的成绩之一。

当然，网课能取得成功，不仅是由于老师努力，还离不开学校辅导员、管理服务队伍的配合。我们很多辅导员做到了全程听课，课后与学生交流，学校服务人员也做了很好的协作工作。

要知道，在当时的情况下，有些学校是"仓促上马、现学现卖"，我们之所以能"临危不惧、沉着应对"，是因为我们的老师、工作人员有着深厚的工作积累，正所谓厚积薄发！

2010年，我校开先河，试点开发"数字化学习平台"，即"海量平台教学法"；2012年，提出学习可汗学院，搞慕课，学习翻转，创造了"一个结合、两个再造、三个自主"的混合教学原则，即线上与线下相结合,教学视频与教学方式再造,学生学习时间、地点、内容相对自主;2014年以来,我们大力推行以"翻转课堂"为代表的线上、线下混合教学,并实现对全部课程、全体师生的"全覆盖",即每1位专职教师至少有1门课程进行翻转;2016年,我们进一步深化混合教学,出台《关于"翻转课堂"教学的指导意见(试行)》;2018年起,我们积极融入全国慕课,出台《关于在线开放和跨校课程学习学分认定办法》;2020年,我校自主建设的12门慕课全面上线国家主流慕课平台。

也就是说,我们从2010年起,追踪技术前沿,用新技术赋能教育,随后又把培养"未来型教师""未来型学生"作为教育的中心任务。那个时候,可能有些同志不一定想得通,现在经过实践证明,我看我们老师的素质、水平、教学的效果在全国都属于第一方队!大家不但有规范性,而且有创造性,这是很难得的。

总的来说,我们线上、线下的混合式教学,在抗疫中发挥了巨大的作用,取得了极大的胜利。此外,我们还提出了"十个不停":不停教、不停学、不停(线上)活动、不停管理、不停服务、不停建设、不停招生、不停答辩、不停毕业、不停就业,学校的各项工作都实行线上、线下相结合,有条不紊,顺利推进,把疫情的不利影响降到了最低。线上教学不停,学生学习不停,在巨大的灾难面前,这可谓是伟大的胜利!

二、教改和科研取得"双胜利"

(一)教育教学理念得到进一步总结发展、丰富提高

这一年,我们围绕人才培养中心,提出了一系列教育教学的新思

想、新理念、新方法：提出"管理严起来，师生忙起来，长板长起来"，积极推行"五个转变"，打造独具"锦城"特色的"教学新生态"；要求"锦城"教师努力追求"新的五大核心竞争力"；创新了以学习为中心的"三大学习理论"——强度学习、深度学习、科学学习；提出了培养学生的"三大素养"——科学素养、人文素养、职业素养，初步构建了实施方案；进一步完善、发展了"长板理论"，细化了实施"长板理论"的标准和步骤等等。这些理论更加丰富了。

同时，我们今年暑期的干部学习研讨班，很好地学习了布鲁姆教育目标分类学理论，并在此基础上，结合我国、我校实际和国际上最近几十年教育科学的发展，提出了一个新的目标体系。今天我们也听了很多老师都在谈他们实施高阶教学的一些体会，这是一个历史性的进步。

这些新思想、新理念、新方法，为我校进一步深化教育教学改革、提高人才培养质量指明了方向，将进一步引领"锦城教育"高质量的发展。

（二）教育教学改革进一步深化，专业、课程建设取得突破性发展

2020年我校获得专业、课程等教改类成果共计49项，相比2019年的29项，增长69%。

在专业建设上，网络与新媒体、通信工程2个专业获批"2020年四川省一流本科专业建设点"，人力资源管理专业获批省级"课程思政示范专业"。

在课程建设上，共取得24项成果。其中，国家级一流本科课程1项，省级一流本科课程3项，各类省级示范课程5项，另外还有12门慕课全面上线国家主流慕课平台。

锦城学院2020年课程建设成果

数量	奖项名称	奖项类型	级别	课程名称
1	国家级一流本科课程	一流课程	国家级	创业管理
3	省级一流本科课程	一流课程	省级	应用写作
	省级一流本科课程	一流课程	省级	人工智能应用基础
	省级一流本科课程	一流课程	省级	建设法规
4	省级课程思政示范课程	示范课程	省级	管理学原理
	省级课程思政示范课程	示范课程	省级	建筑职业道德教育
	省级课程思政示范课程	示范课程	省级	Python程序设计
	省级课程思政示范课程	示范课程	省级	人力资源管理
1	省级创新创业教育示范课程	示范课程	省级	ERP沙盘模拟实验
12	在线开放课程	慕课	正式上线国家主流慕课平台	电影作品解读——世纪科幻电影
	在线开放课程	慕课		全球化时代的商务礼仪与沟通
	在线开放课程	慕课		税法轻松学
	在线开放课程	慕课		英语词根词缀博览
	在线开放课程	慕课		工程财务与经济
	在线开放课程	慕课		印象四川
	在线开放课程	慕课		机器人技术基础
	在线开放课程	慕课		中国民俗文化鉴赏
	在线开放课程	慕课		BIM应用技术
	在线开放课程	慕课		C语言程序设计
	在线开放课程	慕课		让数据会说话——企业经营数据收集与分析
	在线开放课程	慕课		机器学习入门

在其他教研教改方面，我们还成功获批了"省级新工科研究与改

革实践项目"，荣获四川省民办教育协会教学成果奖3项、优秀科研成果奖2项，入选省级"课程思政"示范教学团队1项。

今年，学校共获批16个1+X证书制度试点。我校从建校伊始就提倡"双证培养"，每一个专业都实施毕业证和职业资格证的"双证培养"，走在了全国高校前列。去年我校毕业生的人均获证率是3个，应当说，在这项工作上，大家是经验丰富的。

（三）科研和竞赛成果丰硕

在科研上，我们进一步实行了"教学为主、科研多元"的战略。科研不是简单地发表论文，而是更加多元化。我们去年在防疫抗疫的情况下，科研成果有大幅提升。

2020年，我校纳入工作量认定考核的科研（指论文、项目、著作、专利，不含竞赛）工作总量为19025.44分，较2019年增长36%；竞赛工作量4060分，较2019年增长13%。"大科研"总量共计23085.44分，较2019年增长31%。

1.论文。今年，教职工发表核心期刊及以上高水平论文73篇，较2019年增长40%，普刊论文数量同比增长近80%。

锦城学院2018—2020年论文统计情况

年份	SCI、SSCI	SCI—E、CSCD、CSSCI、EI、A&HCI	ISTP、ISSHP、核心期刊	一般期刊	学校学报	论文集
2018	4	15	84	412		
2019	3	18	31	431	89	48
2020	1	25	47	770	70	11

2.项目。我校教师获国家社科基金项目1项、省部级项目8项、市厅级项目38项，其他纵向课题64项、横向课题5项，到校科研经费205.76万。其中，国家社科基金项目立项的是文学与传媒学院王晓燕博士的《明清地方志列女传文献整理与文化研究》，这是我校首次获得该级别的科研项目，希望大家向她学习。

3.著作。2020年，我校教师出版著作12本。很多老师的著作不仅出版了，还被同行采用，影响力增加。我校对于著作的要求有两条，第一是要出版，第二是要被认可。可以是教育部、教育厅认可，比如"十三五""十四五"规划教材；也可以是兄弟院校认可，就是要被采用，比如：罗福强撰写的《C#程序设计经典教程（第三版）》一书由清华大学出版社出版，被长春工业大学、成都师范学院等20余所高校选用；通识学院李海涛老师撰写的《中华传统文化经典选读》一书，由高等教育出版社出版，被西南政法大学、绵阳师范学院等高校选用。这个不简单啊，西南政法大学也是相当有名气的学校嘛。

4.专利。本年度，师生共获发明专利2项，实用新型专利82项，外观设计专利3项。

5.学生竞赛。本年度，在防疫抗疫的大背景下，我校在教育主管部门举办的各类学科竞赛中，获得国家级一等奖1项、二等奖6项、三等奖8项；省级一等奖37项、二等奖103项、三等奖136项。总的来说，2020年全校国家级竞赛获奖15项，较2019年增长87.5%，几乎翻了一倍，这是很不容易的。可以说，高水平竞赛取得重大突破，实现跨越式增长。

锦城学院2017—2020年学科竞赛获奖情况表

年份	国家级（A类）			省级（B类）		
	一等奖	二等奖	三等奖	一等奖	二等奖	三等奖
2017				11	30	51
2018		2	1	40	97	197
2019	1	3	4	44	94	194
2020	1	6	8	37	103	136

三、转设和（学校）发展取得"双胜利"

（一）转设工作取得阶段性胜利

大家都知道，两天前，省教育厅组织了高评委专家组对我校转设工作进行评审。1月7日，省教育厅专家组进校预评审；1月20日，我们顺利通过了正式的"现场考察省评"，而且教育厅专家组对我们的评价还比较高。不单是对我们的硬件建设，对我们的教育理念、软文化、老师和干部的精神状态，都是比较认可和赞赏的，认为我们的转设工作推进有力，办学特色比较鲜明。专家们希望我校顺利通过转设，成为四川独立学院转设和民办应用型大学的示范校，相信锦城学院前程似锦！可见，我们的转设工作是初战告捷。但不能骄傲，这只是万里长征的第一步，我们取得了初步的成绩、阶段性的胜利，现在还不能松劲，因为国家级的评审还没来，这仍然是悬在我们头上的"一把剑"，大家要再接再厉做好工作。

(二)"以转促建"成效显著

抓转设,有一个很重要的方面,就是我们"以转设促建设、促发展"。去年不但在软件建设上取得成就,在硬件建设上也取得成就。

在硬件建设方面,我们新建了一栋四维大楼,面积达6万平方米;又建了两栋高水平的宿舍,从2020级新生入学起,学生宿舍全部安装空调,有独立的干湿分区卫生间,这在四川省高校来说可能是少有的。我们正在不断努力地改善学生的生活、学习条件,但要提高学生满意度,还要加强正面宣传和教育。

以转促建,建成一大批先进实验室(宣传处 供图)

在新实验室建设方面,我们以转设为动力,以转促建,斥资一亿元建设新技术实验室（当然也包括部分改建），投资规模相当于前十五年建设实验室的总和。现在一共建设了包括全球空中课堂、4K 高清演播室、融媒体实验室、大数据实验实训中心、直播电商实验室、证券外汇期货交易实验室、模拟银行实验室、脑机融合实验室等 80 个实验室。这次省内的专家来看了很满意，院系的同志也很自豪。很多实验室在全国、全省都是领先的。说实话，人文学科、管理学科不太容易建实验室。金融学院把证券、区块链都做出来了，财会的智能会计、大数据财务、云税种也都挺像回事，工商学院搞了直播商学院，文传还有"技术型文科"，智能制造学院正在建自动化智能化制造中心，土木和建筑学院在建 BIM 等国内比较先进的实验室，基本达到了学校对实验室建设"可用、可观、前沿"的要求。这进一步改善了我们的教学条件，为我校高质量的人才培养、科学研究提供了强劲的支撑。

（三）三支队伍拼搏奉献，效果增值明显

除了基础建设，我们三支队伍的建设也卓有成效，教师、管理服务、辅导员队伍都有很大的进步。

去年，我校考核总计超分为 82602.37 分，相当于 826 万元的超工作量酬金；人均 111.32 分，相当于 11132 元。这说明，大家很努力，工作量很饱满，也说明我们考核的政策总体合理，有吸引力。我考察了很多学校，他们超工作量都打折的，有的是 60%，甚至打折到 50%，而我们是 100%，一分不折、一分不扣，所以大家工作积极性很高。

锦城学院2019—2020年职工考核超工作量情况表

年份/增幅	全校考核超分总量（分）	人均超分
2019	56564.13	85.57
2020	82602.37	111.32
增幅	46%	30%

去年，我们教师队伍中还涌现了一大批名师和专家。工商学院杨安老师荣获"2020年四川省教书育人名师"，省里的教学指导委员会专家中，我校有15人，参加了17个委员会。

2020年锦城学院入选四川省本科高等学校教学指导委员会教师名单

姓名	专业	职务
郑晓曦	经济学与财政学类专业教学指导委员会 经济与贸易类专业教学指导委员会	委员
杨　勇	金融学类专业教学指导委员会	委员
陈薇薇	经济与贸易类专业教学指导委员会 电子商务类专业教学指导委员会	委员
王晓燕	中国语言文学类专业教学指导委员会	委员
刘琴琴	机械类专业教学指导委员会	委员
蒋冬清	仪器及力学类专业教学指导委员会（含仪器类、力学类）	委员
陈虹君	电子信息与兵器类专业教学指导委员会（电子信息类、兵器类）	委员
李　敏	土木与水利类专业教学指导委员会（含土木类、水利类）	委员
池兆念	工商管理与农业经济管理类专业教学指导委员会	委员
杨　洪	物流管理与工程类专业教学指导委员会	委员
李　燕	旅游管理类专业教学指导委员会	委员
文胜伟	戏剧与影视学类专业教学指导委员会	委员
范美俊	美术学类专业教学指导委员会	委员

续表

姓名	专业	职务
谢 华	教材建设指导委员会	委员
罗 堰	应用人才培养指导委员会	委员

同时，我校有一批专家被省各机构聘请。

2020年锦城学院其他各类专家名单

除各级教学指导委员会专家外的其他各类专家名单（不完全统计）	
姓名	获评荣誉
王 建	中国科学院数据科学中心评审顾问 四川省人工智能教育专家库专家
张艳如	四川省综合评标专家库专家
李军歌	
张爱玲	四川省建设工程质量安全与监理协会"教研类专家"
李 敏	
陈艳玮	
张晓今	
刘桂宏	四川省造价工程师协会评审专家
易晓园	四川省评标专家库专家
缪 英	
刘艾林	四川省教育厅统计专家、审计专家
黄长恩	四川省教育事业统计专家

以上这些专家的被评或被聘，反映了我校中青年教职员工的进取精神和社会各界对我校的认可，这是一所大学立足社会之林的标志之一。

辅导员队伍的建设也很有成效。特别是防疫期间，他们对学生做到了精神思想上关心、心理情绪上关怀，并重点关注需要帮助的群体，始终和学生站在一起；我校同时加强了"长板库"的建设，形成了"个人、辅导员、二级学院、学校"四级长板数据库系统；许多辅导员为学生制定了完善的长板发展方案。这都是很好的、很有特色的做法。

抗疫当中，后勤处、保卫处、校医院、校办，都坚持工作，冲在前线。校医院的服务很周到，后勤处每天坚持消毒，保卫处全天候值班，校办统筹协调。总的来说，我们这三支队伍非常好，大家都兢兢业业。要说人不够，各单位人都不够，不然哪里来8万多分的超工作量？这里面还没有算搞转设评比材料、党建材料的工作量等等。

同志们，总之，2020年我们取得"防疫、教学双胜利""教改、科研双胜利""转设和发展双胜利"，这三大"双胜利"是全员努力拼搏的结果。请各单位一定要做好传达，鼓励大家再接再厉，再创佳绩。

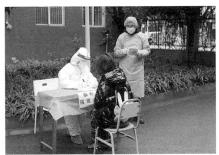

做好疫情防控，守护师生健康（校医院 供图）

2021年度工作部署

2021年工作总的提法是，抓住"两个关键"，做到"五个提升"，实现"锦城"教书、育人的新跨越。

这两个关键就是"新阶段"和"高质量"。这是党中央的精神、教育部的要求，我们现在要落实到"锦城"的工作安排上来。

一、把握"新阶段"

什么叫"新阶段"呢？其标志主要有四个方面。

（一）"十四五"规划开局，迎变局，开新局

今年是国家"十四五"规划的开局之年，中央要求我们要迎变局、开新局。目前正在制定的国家教育事业发展"十四五"规划，其要点一是以立德树人为根本任务，二是以加快教育现代化为目标，三是以高质量发展为主题，四是以供给侧结构性改革为主线，五是以优化教育空间布局为突破口，六是以改革开放为推动力。[1]

（二）贯彻落实我校"第二个十年发展规划"后五年的起航

我们2016年制定了《"锦城2025"规划》（以下简称《规划》），

---

[1] 据教育部对十三届全国人大三次会议第7531号建议的答复。

这是我校"第二个十年发展规划"。这本"蓝皮书"中明确了学校发展目标、人才培养目标、办学层次提升目标,制定了"五大发展战略"和"十二条实现路径"。最重要的是,《规划》里提出了要转设,转设后还要申请教学水平合格评估,再下一步,我们要申报硕士点。这个目标仍然坚持不变,这也是实现我们"锦城大学"梦想的关键一环!我们的《规划》里还提出了"五大发展战略",现在看来也很适用,处在前沿:一是"差异化战略",就是要实现个性化发展;二是"复合化战略",就是要进行跨学科培养;三是"国际化战略",就是要加强开放办学;四是"产教融合战略",就是要与地方政府、企业结合起来发展教育;五是"信息化战略",就是要发展新技术,让新技术赋能教育。

希望我们全体师生在国家"十四五"发展的新阶段中,能够共同努力,进一步落实《规划》中的愿景和目标,迎变局、开新局,为锦城学院实现新跨越和新发展作出贡献。

(三)转设是学校发展的转折点

同志们,我们新阶段的第三个标志就是要转设,就是原来的八个字——"四川大学锦城学院",变成四个字——"锦城学院",也可能是六个字——"四川锦城学院"。这是一个历史性的改变。

转设是学校发展历程中的重要历史转折点,对全体师生来说都是大事。过去十五年,按教育部规定,我们是戴着四川大学的帽子,得益于四川大学崇高的威望和社会地位,以后我们就要独立自主、自力更生,更要进一步创造和提升"锦城"自己的品牌。所以,转设是今年我们最重大的、标志性的任务。总的来说,重点做好三件事:过关、平稳、提高。

1.过关。3月份，教育部专家要进校评估，进入转设的"国评"阶段，最终决定我校是否能转设成为独立设置的民办本科高等学校。所以，今年寒假是很特殊的，凡是有转设任务的单位和个人，一律不放假；已经完成的工作，还要精益求精。这次省里专家来校检查，既肯定和表扬了我们，又提出了一些整改建议。有些工作没有做好的，要进一步做好，例如实验室建设；没有做好的要继续做好，没有批建的继续批建，没有买到位的继续买到位，没有安装的继续安装，没有完成入账的尽快完成入账。3月份，不论国评专家看不看，都要全方位准备好。智能制造学院的实验室建设任务重，要抓紧时间建；建筑学院的BIM实验室，不能再拖延；还有外国语学院，现在招生也不少啊，要赶紧拿出实验室建设方案。总之，到3月初，实验室该建成且完善到位的，要全部到位。转设工作一定要过关，而且要以转促建，各单位应该把握住这个好机会。

2.平稳。转设期间，一定要平稳过渡。我们要对广大师生进行转设的宣传教育工作，预防和解决师生当中的思想问题。同志们千万不要低估转设的风险，不要盲目乐观。上次郫都区发生疫情，很多学校提前放假，没有事，我们学校也提出抓紧考试、提前放假，但就有个别学生到网上吵了一通，这样的情况大家能提前预判到吗？所以，任何事情，预则立，不预则废，我们要提前预判可能出现的各种情况，把工作做早、做细、做实。春节后，各学院、部处要立即对全体干部、师生进行以下方面教育。

第一，转设是国家的政策要求，谁也阻挡不了。转设是必然的，也是必要的，我们不能永远挂着别人的牌子来办学。到2020年12月底,全国已有136所独立学院完成转设,剩下的180余所独立学院也将在今明两年全部完成转设,这是政策导向、大势所趋。

2021年3月,转设国评专家组一行入校实地考察,对我校办学条件和各项工作给予高度肯定(宣传处 供图)

第二,转设对学校的发展是非常有利的。我们以后不用再给母体学校上缴管理费,这个钱可以改善教师待遇、引进高水平人才,可以用来改善教学条件和办学环境,会进一步促进学校的建设和发展,对大家都是有利的。

第三,经过这么多年的努力,我们自己的教师队伍已经成长起来了,拥有硕士学位的教师占比超过90%,还有许多教师取得了博士学位或博士在读。刚才大家也看到了,我们还有很多骨干教师已经成长为各种类型的专家。今后,学校还要进一步提升师资队伍的水平,并继续招募优秀教师和业界精英加盟,壮大师资队伍。

第四,转设后,我们聘用名校师资的方针保持不变。四川大学也已表态,今后对锦城学院的支持不变。未来,两校还将在新的层面开展新的合作。

第五，对教育部正式批复我校转设以前入学的在校学生来说，他们的毕业证、学位证上都将落"四川大学锦城学院"款，也就是说学生以什么校名入学，就以什么校名毕业。总之，我们必须把工作做深、做透、做实，保证平稳过渡。

3.提高。如果我们今年上半年顺利完成转设的话，那么今年就将以新校名招生，这是一个考验。原来，我们是以"四川大学锦城学院"的名义招生，今年我们将以"锦城学院"或"四川锦城学院"招生。如果招生的分数线比过去低了，那就不好看了；如果今年比去年还好，就说明咱们工作做得好。所以，今年的招生工作尤为关键，要小心翼翼、勤勤恳恳、加倍努力。招生工作"今年上去了，想退都退不回来；今年上不去，想上都上不去"，希望大家以此为勉励。

放假以后，招生部门和各二级学院，要认真研究今年的招生工作如何开展、如何宣传等问题。另外，面对"新高考"改革，我们也要迎难而上。"新高考"改革，从2014年在上海、浙江开展试点，到2017年山东、天津、北京、海南成为第二批实行改革的省市，再到2019年河北、辽宁、江苏、福建、湖北、湖南、广东、重庆等8省市实施改革，四川省是最后一批。"新高考"实行的是"学校+专业"的平行志愿，这种招录模式下，考生的专业选择权得到了强化，对于大学来说，则意味着有的专业可能招不到生，所以我们必须加强专业建设和专业宣传。要进一步把学科专业建出特色、建出成效、建出口碑，包括持续深化我们的"锦城四新建设"（新工科、新商科、新文科、新艺科），注意融合新技术、适应新需求、搞好跨学科。总之，我们要把招生工作做好，实现稳中有升。招生处要下足功夫，各二级学院也要加倍努力。此外,网站宣传工作一定要做好。当然,招生工作,最重要的是口碑,我们还要请校友、老师、学生来一起宣传。让我们共同努力,打开招生的新局面!

(四)疫情之后,线上、线下混合教学成为新常态

大家都明白,新冠疫情之后,我们的教育教学再也回不到过去了。疫情和新技术革命带来的影响是持续的、深刻的,在新阶段,线上、线下混合教学将成为新常态。疫情严重,以在线教学为主;疫情结束,恢复线下教学,实行线上、线下混合教学。学校、教师、学生都要做好全方位的准备。也正是如此,我们的教师要进一步提升自己混合教学的水平。

二、深化"高质量"

教育部提出"推动教育发展方式向提高质量转变",我校早在2005年就提出了走"高水平、高质量"的发展道路,后来又提出了"质量是生命线""质量第一"的方针。为确保"锦城教育"的高质量,必须做好以下三个方面。

(一)继续贯彻落实我们过去行之有效的措施

建校十五年来,我校为了保证办学高质量,提出和贯彻了一系列行之有效的新理念、新方法和新措施,例如"教学质量是学校的生命线""锦城课堂大于天""三不放水""三大教改""两设一翻""两个逆向革命""四全三高""长板原理""三个增值"等等。实践证明,

这些理念、方法、措施是正确的、有效的、符合教育规律和人才成长规律的，也是我们办学的特色之一，所以我们必须以久久为功的精神，继续坚持下去。

（二）做好"五个提升"

"五个提升"是保证新阶段高质量的新措施，是今年工作的重中之重。

大家知道，教材是知识的载体，课程是人才培养的保证。要办一流大学，必须有一流课程。什么是一流课程？教育部2019年10月31日印发了《关于一流本科课程建设的实施意见》，提出一流本科课程将遵循"坚持分类建设，坚持扶强扶特，提升高阶性，突出创新性，增强挑战度"五项原则开展建设工作。一流课程的具体目标，就是将理念转向目标导向、能力提升、方法改革、评价改革等等。作为一流本科课程建设的具体内容，"金课"的五种组成要素是：高阶课程、对话课堂、开放课堂、知行合一、学思结合。这里的重点是"高阶"和"提升"——提升思维，提升能力，应对挑战。

为了贯彻教育部这个精神，我们提出"五个提升"。

1.教师从"教知识"向"教思维"提升。传统学校教育的中心任务是教知识，学生的中心任务是学知识，这当然很重要。但在21世纪的今天，这远远不够了。特别是面对人工智能飞速发展形势下的大学教育，要求教师不仅传递知识，而且要传递思维方式。

古今中外的教育家都重视思维的培养。古希腊的苏格拉底用质疑和求证的思维方式教育学生；中国的孔夫子说"学而不思则罔，思而不学则殆"，既讲了思维的重要性，还讲了思维和学习的关系；笛

卡尔的名言是"我思故我在";苏联教育家赞可夫说"教学生思考,
这对学生来说是一生中最有价值的本钱";美国著名教育家杜威认
为"教学必须能唤醒学生的思维";1961年,美国教育政策委员会
在《美国教育的中心目的》中强调,"强化并贯穿于各种教育的中心
目的——教育的基本思路——就是要培养学生的思维能力",并且说
"在任何情况下它都是最重要的目的"。

我校自建校伊始,就十分重视学生的思维培养和训练。早在
2006年劳动节,就指出在信息化时代应如何进行分析、鉴别和思考;
2007年提出要培养学生的正面思维;2008年提出"大学的任务不仅
是教你思考什么,更重要的是教你如何思考;不是把现成的答案告诉
学生,而是引导学生独立思考,自己得出正确的答案";2014年提出
"教给学生批判性思维的能力,比教给一打知识重要"。之后多次提
出要培养学生的批判性思维和创造性思维。经过多年的号召和实践,
在我校,教师教学生思维是一个常规教学内容。

我校金融学院投资学专业2017级学生黄安琦同学在武号老师的
指导下,撰写并在公开刊物上发表了两篇论文,其中有一篇叫《科
创板与A股市场的关联性及政策研究》,该文章搜集了从科创板建
立以来的各种数据,使用计量方法,分析了科创板与A股市场的关
联性。黄安琦提到,文章的萌芽起源于课堂上的疑问,在发现问题
之后便运用科研思维来解决问题,遇到难点就去攻克。她说:"科
研能力是一种善于发现问题、分析问题、解决问题的思维方式。"
可见,教给学生知识固然重要,但对大学教育来说,这还远远不
够。培养学生的思维能力同样重要,这对每一位学生的终身发展来
说,都大有裨益。

2.教学从低阶思维向高阶思维提升。从布鲁姆教育目标分类之后，世界上很多教育家、心理学家达成一个共识，即思维是分层次的，有高低阶之分，而且可以从低阶向高阶层层递进。好的大学追求的目标是培养学生高阶思维的能力。

英国教育部2014年12月颁布了《英国国家课程框架文件》，对学生的数学学习提出的要求就体现了对高阶思维能力的关注，要求学会推理、探究、推测和概括等。就世界上众多国家的教育改革而言，虽然各自强调的重点不同，但发展学生的高阶思维能力可以说是这些国家教改和发展的共同追求。

在信息技术和人工智能飞速发展的今天，高阶思维能力正成为适应未来社会必备的能力之一。我校历来重视传播知识，同时也十分重视培养学生的创造性、批判性思维。去年，我们在布鲁姆目标分类学的基础上将思维分为低、中、高阶三个层次，作为教师教学和学生学习的参照框架，已经被许多教师采用和实践，取得了很好的效果。大家一致认为，学生思维从低阶到中阶到高阶递进的过程，就是学生不断成长、成熟的过程。

我们的目标，是培养"锦城"的毕业生人人都像专家一样思维。你要学生像专家一样思维，教师首先应该成为专家。你必须在教书的同时，确定自己的研究方向并努力钻进去，坚持下来，变成权威，哪怕是个小权威。

3.教师从"一种身份"向"两种身份、五项新能力"提升。我们是应用型大学，教师只有一种身份是不够的。我们要求教师不仅是教师，而且又是工程师、会计师、造价师、设计师等等，也就是说要成为"双师"。这项工作我校抓得很早，而且效果很好，从低标准来看,"双师"占比已达60.3%。但光有证书不够,还要有经历、有业绩,熟悉行业前沿。关于在新形势下教师必须具备的五种新能力,去年已发专文,这里不再赘述。[1]只是要明确,今年要纳入培训和考核计划。

4.学生从"被动学习"向"主动学习"提升。前面三个提升以教师为主体,现在我来讲讲学生这个群体。我们去年提出了强度学习、深度学习、科学学习三大理论、三大要求,其关键和前提是,学生要从被动学习转变为主动学习。

作为早期从事学习复杂性研究的欧洲学派代表之一,安德烈·焦尔当教授提出了"没有动力就不会有学习"的理论。他在《学习的本质》中还提出,"教育的关键是唤醒主动性学习,任何被动性学习视角的教育话题,都是伪命题"。所以,没有主动学习而只等着别人教的人,根本没有掌握学习的精髓。

去年暑期会的时候,大家都提到了美国学者、著名学习专家爱德加·戴尔提出的"学习金字塔"理论。他用数字形式形象地展示了,采用不同的学习方式,学习者在两周以后还能记住内容(平均学习保持率)的多少。在他看来,学习效果在30%以下的几种传统方式,都是个人学习或被动学习;而学习效果在50%以上的,都是团队学习、主动学习和参与式学习,如下图所示。

---

[1]新形势下教师必须具备的五种新能力是指:能够激发学生学习欲望、动机、兴趣和热情的能力;能够以广博的视野、立体的思维组织跨学科教学的能力;能够实现教学相长、教研相长、教赛相长、教技相长的能力;能够设计和实施线上线下相结合的混合教学的能力;不仅能够传递知识,而且能够传递思维方式的能力。

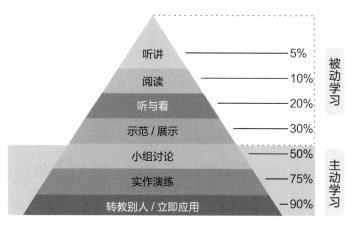

爱德加·戴尔的"学习金字塔"理论[1]

　　关于学习的案例，去年华中科技大学两名毕业生入选华为"天才少年"项目的新闻引发关注。其中，计算机系统结构专业毕业的张霁的年薪为201万。张霁的博导在接受采访时说："张霁最大的特点就是主动学习能力强。对他印象最深的是，求知的主动和创新的热忱，他对于新的知识，有一种强烈的渴求，一旦发现了问题，就要想办法去解决它。张霁在这方面的表现是很突出的。"所以，学生没有学习的渴望和兴趣就没有主动性。学生没有学习的主动性，自我构建、深度学习不会发生，高阶思维也不会出现。作为教师最重要的工作是"唤醒"或"激发"。我们要把"老师教、学生学"转变为"老师教会学生主动学"。要学会学习本身，要培养主动学习的意识、持续学习的毅力、高效学习的方法、终身学习的能力，实现"由教到学"到"由学到教"的"逆向革命"。

　　5.学校培养学生从"以认知能力为主"向"认知和非认知能力并

---

[1]美国国家训练实验室研究证实，不同的学习方式，学习者平均学习保持率是完全不同的，这就是著名的"学习金字塔"理论。

重"提升。传统大学培养学生,从教学、科研到考试评价,都是以认知能力为主,这当然很必要,也很重要。但在学生的职场竞争和事业发展当中,非认知能力越来越重要。在我校涌现出的两百多位银行行长校友中,相当大一个比例不是金融专业毕业,他们凭借的是认知与非认知能力俱佳,靠的是智力因素和非智力因素的两条腿走路。可见,只有认知与非认知能力并重的教育,才是完备的教育。

我们重点要培育学生哪些非认知能力?根据我校学生特点,主要有:

(1)交流沟通(社交力);

(2)合作包容(亲和力);

(3)组织领导(领导力)。

以上三项为群体性非认知能力,主要体现在社会交往层面。

(4)反思自制(自制力);

(5)责任态度(责任心);

(6)好奇创新(创新力)。

以上三项为个体性非认知能力,主要体现在个体层面。

我们之前对学生非认知能力的培育基本是隐性的。所谓"隐性",就是无计划、无标准、无考核,是任其自然的。现在我们要提升,就要"显性化"。怎么显性化?就是要有计划安排,有标准要求,有考核评估。具体应在去年讲的"三大培育"[1]的基础上,再加三条。

首先要制定计划。要像第一课堂制定了教学计划一样,对其他几个课堂和"三大培育",各有关单位都要制定计划,有目标、有内

---

[1]"三大培育"是指养成培育、熏陶培育、体悟培育。

容、有进度、有考核。

其次是开设非认知能力课程。就是有计划、有组织、有针对性地开设一些情商课（如人际交往课、演讲与口才课、职场素养课、社交礼仪课等）、实践课（培养动手能力的课程，如 OFFICE 技能提升课、设计制作课、思维导图课、劳动课、创业课等）。通过丰富多彩的非认知能力课程，使得学生的非认知能力培育登上大雅之堂。

再次是嵌入课程非认知能力。所谓课程非认知能力，类似"课程思政"一样，指的是教师在课程与课堂设计和教学组织中，把情商、行商培养列入课程目标，与专业教学有机结合起来，促进学生非认知能力的发展。所有教师都要担负起培养学生两种能力的责任。

以上"五个提升"，不是新提出，是经过去年大半年的学习、酝酿、探讨、实践，证明是正确的、可行的，也是成熟的。

（三）贯彻"一基两轴、三阶递进"框架，主攻高阶教学

为了更好地贯彻"五个提升"，我们确定的主攻方向是高阶教学，这是今年的重中之重。为此，我们提出并设计了"一基两轴、三阶递进"的教学目标分类框架，以便操作和考核。

1.指导原则

以知识为基础（一基）；

以提升思维和能力为目标（两轴）；

以分阶递进为手段（三阶）。

2.顶层设计

以教学设计为龙头，按照"一基两轴、三阶递进"的总体思路搞好顶层设计。要弄清楚在知识的基础上，沿着思维和能力两条轴线，

从低阶到中阶到高阶,每个阶层的特征、内容、教学方法、考核方案
选择以及学生的学习状态表现等,如下图所示:

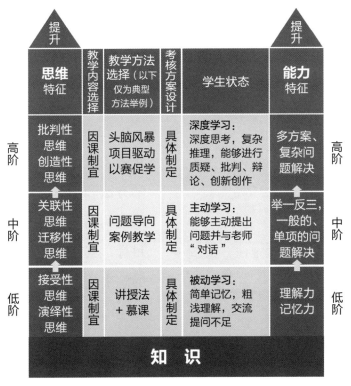

锦城学院"一基两轴、三阶递进"的高阶教学实施
框架(根据邹广严校长手稿绘制)

这里要说明的是,知识本来是可以分类的,例如分为陈述性知识
和程序性知识、物理知识和化学知识等,安德森的著作中就把知识作
为一个维度并进行了分类。知识也是可以分阶的,比如分为深刻知识
和浅显知识。但为了突出思维和能力,我们在这里把知识作为一个整
体放在基础位置,它由若干知识点构成。

3.实施要点

(1)本教学目标分类框架以课堂教学为基本,以课程为单元,

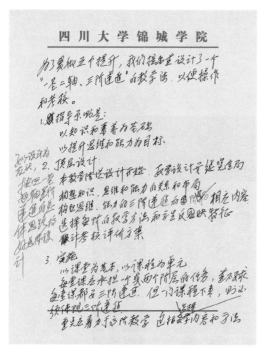

邹广严校长论述高阶教学的手稿

每堂课应该按总体设计的要求，执行一个阶层的教学任务。不要求每堂课都三阶递进，但一门课程下来，则必须促进学生的思维和能力从低阶进到高阶；

（2）着力于高阶教学是今年的主攻方向。教学内容、教学方法和考试方案的选择，必须达到高阶思维和高阶能力的目标，其特征是指向复杂问题的解决；

（3）我们主攻高阶教学，但并不否定低阶、中阶教学。在一定程度上，先有低阶、中阶教学，然后才有高阶教学。我们讲"三阶递进"，就是这个意思；

（4）处理好知识、思维、能力的关系。这个目标分类学框架由知识、思维和能力三个维度构成，所以要正确处理好三者关系。知识是思维和能力的基础，但知识不等于思维，也不等于能力。知识是形成思维的基础内容或原材料，没有知识，思维是空的；而没有思维，知识就是死的。思考加行动就是能力。所以，一个计划、决定的产生，一个复杂问题的解决，是一个人用脑力对已有知识进行联结，对已有的信息进行分析、推理、判断等思维活动的结果；

（5）处理好不同学科高阶教育。不同学科的低、中、高阶思维和能力的表现是不同的，比如在理工科作为低阶思维的形象思维，在文学、艺术、设计类学科可能属于高阶思维。从某种意义上来说，艺术类的形象思维就是一种创造性想象力。因此，每个学科、专业或课程都要根据自己的实际和国内外公认的标准，制定低、中、高阶的表征和标准；

（6）教学方法不是固定的、单一用途的。有时候，一种教学法在低、中、高阶教学中均可使用，教师要选择的是最佳方法而已。

4.考核评价

本框架和"五个提升"中的其他"提升"一起，自2021年春季开学实施，纳入全员考核。

人事处、教务处、总督办要尽快制定"五个提升"和本框架的考核细则。

（四）紧紧抓住评价考核这个"牛鼻子"

党中央、国务院和教育部都非常重视评价改革，我们要结合我校实际，坚决贯彻落实。主要抓三条。

一是考核的内容要科学。我们近几年考核的"M+3"方案，包括"四全三高""两设一翻""三大改革"等，实践证明符合实际、切中要害，促进作用很大，效果很好。今年的考核，要在过去的基础上加上"五力五升"。

二是考核要严格。实践证明，考核不严格，等于不考核。我校多年来实行的学生、督导、校院教务部门（同行）三方评价，有效地避免了漏洞和片面性。同时坚持"院系（部门）考核，学校复核，群众监督"的办法，也是为了防止考评作伪和放水。允许一部分人作伪和放水，就是对全体员工的不公平，这是绝不允许的。现在，我们在上述办法的基础上发展成为五方评价：1.学生评价；2.督导评价；3.同行评价；4.管理者评价；5.自我评价。

三是奖惩要兑现。考评兑现，奖惩分明，考评就是个指挥棒。去年我们兑现超工作量总计达82600多分，按照"M+3"考核合格者都按规定晋升工资，这就使师生员工的积极性空前高涨，教学、科研、竞赛等工作和成果大幅提升。所以可以说，现在是不怕你工资高，就怕你水平低；不怕你收入多，就怕你贡献少。再说一句，我们前年宣布的以"M+3"为主要内容的考核办法原则上三年不变，今年略作调整，就是增加"五力五升"的内容。

我相信，只要我们发扬抗疫精神，抓住"两个关键"，做到"五个提升"，主攻"高阶教学"这个方向，我校的教学、育人一定会实现新跨越！

锦城学院携带着四川大学的基因

——与四川大学校长李言荣等领导座谈要点

（2021 年 3 月 19 日）

一、"锦城教育"携带着川大的基因，感谢川大对"锦城"办学的帮助和支持

首先，非常感谢李校长率队来锦城学院视察、指导。无论我们将来叫什么名字，锦城学院的基因都是来自川大的；无论我们将来飞多高，锦城学院都曾站在川大的肩膀上，两所学校的历史源远流长。

谢和平同志当川大校长的时候，我就对他说："老谢啊，川大办独立学院，最大的功劳，不是收了多少钱，而是领办了'锦城'和'锦江'两所本科大学，为四川的孩子提供了更多上大学的机会。"一所百年名校又办出两所崭新的大学来，是多么伟大啊。我回到我的母校天津大学，也和学校的领导开玩笑，说天津大学不能只宣传自己是中国近代史上第一所现代大学，还应该宣传我们天大派生出了多少所大学，譬如北京原来的"八大学院"，至少有五所都和天大有历史渊源。我国最早的工科大学就是北洋大学和南洋大学，现在很多工科大学都是由它们派生出来的，这当然是很伟大的。所以，我认为四川大学创办了"锦城""锦江"两所本科院校，是造福于四川人民的，功绩很大！锦城学院一开始就办本科，又有川大这样的百年名校支持，起点是很高的。如果和很多民办高校一样，从专科开始办，那就是另外一副光景了。

2021年3月19日，四川大学李言荣校长一行来校考察交流。图为在四维大楼参观时，艺术学院钱梅院长向李校长一行介绍人才培养成果（宣传处　供图）

我们这十几年的办学，之所以有一点成绩，是和川大的关心、支持分不开的。我们校名前头的"四川大学"四个字，就是金字招牌嘛。尤其是在我们办学的初期，刚刚从地平线上冒出来，别人对我们不了解，川大这块招牌就起了很大的作用。办学初期，"锦城"绝大多数干部和教师都是川大过来的，管理上自觉不自觉地就把川大的经验搬过来了。所以我说，"锦城"携带着川大的基因。当然，随着时间的推移，干部和教师队伍肯定要多元化、年轻化，这是另外一个问题。

梁斌副校长分管独立学院工作之后，经常和我们打交道，大家相处得很好。他总是和和气气的，有君子之风。新的《中华人民共和国民办教育促进法》出台以后，（收费）问题怎么办，我们搞不清，你们也搞不清。梁副校长前几年过来同我们商量，我表态说："请放心，只要政策明确了，该怎么办就怎么办。当然，川大如果能'高抬'一下，在费用上给我们减点，我们就更加感激了。"结果是川大没有催缴，这就在资金上给了我们两三年的缓冲时间。我们的四维大楼，就是靠"缓冲"出来的，我还如实告诉您，不仅"缓冲"出了大楼，而且缓解了我们的人才危机。此前，我们的工资太低，留不住人。梁副校长刚接手独立学院工作的时候，我就对他讲："老梁啊，您得高抬贵手啊。我们人均工资只有川大的一半，短时间可以，长时间不行，留不住人啊！"前几年，我们送了一名员工到川大读博士，他毕业之后就跟我们说"拜拜"了，最重要的原因就是我们这里待遇不行。这几年，你们"缓冲"了几年，我就给教职员工涨了工资，让大家看到点希望。说实话，梁副校长上任以前，我们每次都为两三百万的小钱和一些同志闹得不太愉快，我们恳求说："希望川大能'高抬'一下，收个整数，把零头给抹了吧，留下个几百万，我们给老师们涨工资。退下来的老同志多点少点都可以，但我们还有年轻人，他们上有老下有小，要养家糊口啊。"但我那个老乡某某某是一点也不照顾我们啊，每次都为几百万块钱闹得不愉快。自从梁副校长分管了这个工作以后，包括后来李校长您到川大来之后，给了我们一个缓冲期，让我们解决了不少问题，所以我们深表感谢。

总之，从锦城学院一开始的成立，到干部师资队伍的传帮带，再到这几年川大给了我们一个缓冲期，这都是川大对我们的帮助和支持。我在这里代表学校，向李校长、建国书记、梁副校长，还有所有同情、支持我们的川大领导、友人们表示感谢！

二、希望四川大学继续支持锦城学院的发展

我刚才说了"锦城"携带了川大的基因，和川大有着深厚的历史渊源，以后不管我们叫什么名字，都是和川大连在一起的。锦城学院前 6 万名毕业生的毕业证上，校名前头都有"四川大学"四个大字，这种纽带是不能被割断的，对不对？今后，"锦城"还要多多仰仗川大的扶持。

第一，在培养研究生方面，川大能不能优先考虑锦城学院的学生？我在省里干了近 20 年，现在还兼着四川省企业联合会、企业家协会的会长，我经常对我的那些老部下说："你们要招聘大学毕业生，一定要到'锦城'来啊。"他们也很支持，每年都组织许多企业，浩浩荡荡的队伍来招聘我们的毕业生。省里几家大公司，对我们的毕业生都是高看一眼、厚爱一分的，它们原来只招 985、211 院校的毕业生，后来开了一个口子，985、211+"锦城"。当然，他们也确实觉得锦城学院的毕业生素质好。李校长，您能不能研究一下，对于研究生的录取，同等条件下优先考虑锦城学院的学生以及我们读博的老师？

第二，在科研项目上，能不能带我们一下？川大实力强、项目多，"锦城"作为民办高校，申请科研项目难，但我们的许多老师既有搞科研的愿望，也有搞科研的能力，川大能不能带我们一下，联合做一些课题或项目，让我们的老师也参与到你们的项目中去，帮助我们提高。

第三，人才支持。川大培养的博士毕业了，欢迎来"锦城"工

作。具体需求我们和你们的人事部门联系。您看，川大的毕业生到"锦城"来工作，"锦城"的毕业生到川大去深造，多好啊。

最后，我还是那句话，"锦城"携带了川大的基因，"锦城"是永远和川大连在一起的。希望李校长、建国书记，还有梁副校长等领导能经常来走一走、看一看，来指导学校发展，帮助师生成长，一定要让川大和"锦城"的友好关系代代传递下去！

体育要育人

——和体育教研室负责人的谈话要点

（2021年3月27日）

德智体美劳，五育并举，全面育人，已成共识。体育是五育之一，是我校"一体两翼"知识教育的重要组成部分，在育人上有不可替代的独特作用。

体育要育人的目标有二：一是文雅而不懦弱，二是健壮而不粗野。

邹广严校长等领导参加"元旦欢乐跑"活动（校团委　供图）

首先，体育要开展运动，锻炼体魄，增长体力，振奋精神。没有健壮的身体很难有旺盛的精力和对事业的全身心投入。让人的身心都强健起来，这是体育的应有之义，保持体育教育与知识教育、艺术教育的平衡，学生才能文雅而不懦弱。

其次，体育不仅是健壮体魄，还要像蔡元培所说，要完善人格。不但要进行动作教育，而且要进行品格教育、意志训练、情感熏陶，担负起非认知能力培育之功能，提升学生的综合素养。

1.学习运动技能，培养规则意识。体育是最讲规则的活动。赢了要讲规则，输了也要讲规则。要有规矩地赢，有尊严地输。

2.学会良性竞争，学会尊重对手，树立良好风格。体育竞争是你追我赶、互相观摩学习的竞争，对手既是竞争对象，又是学习榜样。因此，要形成尊重对手、尊重裁判的良好体育风格。

3.无论竞技体育或非竞技体育，都需要坚忍不拔的毅力和百折不挠的意志，这对培养学生抗挫折、抗疲劳、坚持再坚持的精神，是十分必要的。此之谓"健壮而不粗野"。

伟大历史转折和中国特色社会主义的开创

——在锦城学院党史学习研讨会上的讲话

（2021年4月20日）

同志们：

在全党开展党史学习教育，是以习近平同志为核心的党中央作出的一项重大决策部署，是党的政治生活中的一件大事。我校党员师生干部要认真学好党史，全面了解中国共产党百年奋斗的光辉历程和历史性贡献；要在学史明理、学史增信、学史崇德、学史力行四个方面狠下功夫；要认真落实陈宝生部长"学党史、干实事、解难事、谋大事、创新事、长本事"的要求，努力以新作为创造新业绩，以新气象开启新征程。

一、充分认识党史学习的重要意义

在全党开展党史学习教育，是牢记初心使命、推进中华民族伟大复兴历史伟业的必然要求，是坚定信仰信念、在新时代坚持和发展中国特色社会主义的必然要求，是推进党的自我革命、永葆党的生机活力的必然要求。我校党员师生干部要认真学好《论中国共产党历史》《毛泽东邓小平江泽民胡锦涛关于中国共产党历史论述摘编》《习近平新时代中国特色社会主义思想学习问答》《中国共产党简史》等指定学习资料，在学懂弄通做实习近平新时代中国特色社会主义思想上下功夫，不断提高政治判断力、政治领悟力、政治执行力，自觉在思想上、政治上、行动上同以习近平同志为核心的党中央保持高度一致。

坚持为党育人、为国育才。图为2021年6月18日，邹广严校长为锦城学院庆祝中国共产党成立100周年师生合唱比赛获奖单位颁奖（宣传处　供图）

二、党的十一届三中全会实现了伟大的历史转折

从1921年到2021年，中国共产党百年征程、百年奋斗、百年辉煌。党史内容十分丰富，我们按照学习计划，一段一段地学。今天我重点讲一讲党的十一届三中全会这一伟大历史转折和中国特色社会主义的开创，并结合我的亲身经历，谈一些心得体会。

1978年12月18日至22日，党的十一届三中全会在北京召开，开启了改革开放历史新时期。我们党在新中国成立以来历史上具有深远意义的伟大转折是以这次全会为开端的；我们党在思想、政治、组织等领域的全面拨乱反正，是从这次全会开始的；伟大的社会主义改革开放，是由这次全会揭开序幕和开始起步的；建设中国特色社会主义的新道路，是以这次全会为起点开辟的；指导改革开放和社会主义现代化建设的强大理论武器——邓小平理论，是在这次全会前后开始逐步形成和发展起来的。一句话，党的十一届三中全会标志着中国从此进入了改革开放和社会主义现代化建设的新时期，中国共产党从此开始了建设中国特色社会主义的新探索。在党的十一届三中全会重新确立的解放思想、实事求是的思想路线指引下，人们冲破了许多思想上的枷锁和禁锢，振奋起伟大的革新创造精神、开拓进取精神、实干兴邦精神，激发出空前的积极性、主动性、创造性，创造出举世瞩目的发展成就。

这个会议之所以被称作"转折"，是因为它的历史背景是1966—1976年间的十年"文化大革命"。"文化大革命"是一场浩劫，它给我们党、我们国家、我国各族人民都带来了深重的灾难。《中国共产党简史》上是这么评价的：

"文化大革命"持续十年，使党、国家和各族人民遭到新中国成立以来时间最长、范围最广、损失最大的挫折。党的组织和国家政权受到极大削弱，大批干部和群众遭受残酷迫害，民主和法制被肆意践踏，全国陷入严重的政治危机和社会危机。"文化大革命"不是任何意义上的革命和社会进步，它是一场由领导者错误发动，被反革命集团利用，给党、国家和各族人民带来严重灾难的内乱，留下了极其惨痛的教训。

"文化大革命"中，"左"的思想泛滥，"宁要社会主义的草，不要资本主义的苗"，林彪、江青一伙甚至还攻击周恩来总理用"抓革命，促生产"口号来压制运动，连"抓革命，促生产"都险些成了罪状。这样的气氛下，在全世界都在飞速发展的20世纪六七十年代，我国的建设和发展却被耽搁了。"文革"结束后，百废待兴，全国上下发展生产的愿望十分迫切，当时的领导人华国锋也提出要快上项目、上大项目，"要再建十个大庆，再建十个鞍钢"，急于改变经济落后的面貌。但在"两个凡是"的错误方针下，面貌也难以改变。

1978年12月召开的十一届三中全会是一个伟大的历史转折，彻底纠正了"文化大革命"的错误，把工作的重点转移到经济建设上来。改革开放的历史从1978年开始，标志性的事件就是党的十一届三中全会的召开。大家可以看看《中国共产党简史》上的论述：

1978年12月18日至22日，党的十一届三中全会在北京召开。全会冲破长期"左"的错误的严重束缚，彻底否定"两个凡是"的错误方针，高度评价关于真理标准问题的讨论，重新确立了党的实事求是的思想路线。

全会停止使用"以阶级斗争为纲"的口号，及时地、果断地结束全国范围的揭批林彪、"四人帮"的群众运动，决定从1979年1月起，把全党的工作重点和全国人民的注意力转移到社会主义现代化建设上来。全会提出了改革开放的任务。全会指出，实现四个现代化是一场广泛、深刻的革命。要采取一系列新的重大的经济措施，对经济管理体制和经营管理方法进行认真的改革，在自力更生的基础上积极发展同世界各国平等互利的经济合作。

"文革"十年动乱之后，在党和国家面临何去何从的十字路口，十一届三中全会以非凡的理论勇气和政治智慧，打破迷信僵化，实行拨乱反正，毅然把党的工作重心转移到社会主义现代化建设上来，做出了改革开放这一决定当代中国命运的关键抉择，实现了我们党历史上具有深远意义的伟大转折。这标志着我们党重新确立了马克思主义思想路线，解放思想、实事求是、与时俱进成为时代最强音，标志着中国共产党人在新的时代条件下的伟大觉醒，标志着我们党顺应时代潮流和人民愿望，勇敢开辟建设社会主义的新道路即中国特色社会主义道路的开端，由此孕育了党在新时期从实践到理论一系列伟大创造。

三、只有改革开放才能发展中国

在社会主义初级阶段怎么发展生产力呢？那就是要靠改革开放——对内改革，对外开放。

经济领域的改革首先从农村开始，1978 年冬，安徽凤阳小岗村 18 位农民按下 18 个红手印，要求"包干到户"，揭开了中国农村改革的序幕。"包干到户"实际上是生产关系的调整，对生产力产生了极大的释放作用。次年，小岗村就迎来大丰收，整个生产队粮食总产量 13.3 万斤，是前十余年产量的总和，一举结束了 20 余年吃国家救济粮的历史，并首次归还国家贷款 800 元。

当时，安徽和四川的领导同志，在邓小平的支持下，带头打破

"左"的禁锢，打响农村改革第一炮，勇敢探索农村改革之路，大胆支持农民的改革之举。所以搞改革，要尊重人民群众的首创精神。

搞经济改革，宏观上要建立市场经济体制，微观上要搞活企业。搞活企业最重要的是尊重企业的市场主体地位，给企业放权。改革开放以前，我们实行的是计划经济，企业的普遍状况是"生产靠计划，材料靠供给，设备靠调拨，产品靠包销"。至于内部管理，全国统一工资标准，工厂甚至没有决定职工福利的权力。所以有人评价道，当时的企业不是独立的经济主体，而是政府的延伸。历史证明，这条路走不通，所以企业改革的第一步是"放权"。1984年3月24日，福建省55位厂长（经理）为冲破旧的管理体制束缚，争取企业经营自主权，联合向福建省委、省政府发出了"松绑"放权的呼吁，《人民日报》刊登了他们的呼吁书，在全国引起强烈反响，从而拉开了企业改革的序幕。那时候我在长钢工作，1984年底当选为长钢临时党委的书记。上任以前，我率领一个三人小组到成都无缝钢管厂、重庆特钢等企业考察放权情况；上任之后，我在长钢推行"分级授权，分层搞活"，因地制宜地改善企业内部管理体制。长钢那些年办得很红火，就是乘着改革开放的东风，依靠的就是改革的力量。

对外开放，就是打开国门，和世界互通有无。一方面学习西方的先进科学技术和生产管理经验，引进外资；另一方面，根据当时的生产力特点，发挥比较优势，搞对外加工和外贸。1978年5月，在党中央的安排下，当时的国务院副总理谷牧同志率领一支30多人组成的经济考察团去西方国家进行考察。此行给他造成了巨大的心理冲击，回国后在汇报情况时，他当众感慨说："中国与外国的差距实在太了！"这个内容大家可以看谷牧同志的回忆录，或者报纸上的介绍文章。1978 年 10 月，邓小平同志访问日本，被问及乘坐新干线列车的感受时，这位中国改革开放的总设计师意味深长地说："就感觉到快，有催人跑的意思，我们现在正适合坐这样的车。"当时的领导人非常清楚地看到了中国和世界强国的差距，下定了奋起直追的决心。1979 年，邓小平同志还到美国访问，在短短 8 天的访美时间里，邓小平同志以超凡的外交才能，向世界展示了中国改革开放的坚定决心、努力学习西方先进技术和管理经验的成熟心态，以及中国必将实现现代化的充分信心。中国的发展离不开世界，这是肯定的。

不改革开放，要发展生产力是困难的。"文化大革命"期间，张春桥提出要"消灭资产阶级法权"。什么叫"资产阶级法权"？那些能干的、贡献大的人拿的工资比一般人多，这就叫"资产阶级法权"。这样的思想观念不改革，还怎么调动积极性呢？不开放也不行。我在省里工作的时候，广元修宝珠寺电站，我到北京和一家投资公司签的一个贷款协议，利率很高，好像是 18.5%。现在看来不可思议，但当时就是缺钱。要搞大建设、大项目，国内没有那么多钱，不引进外资怎么办呢？这是说资金问题，还有技术问题。邓小平同志说"科学技术是第一生产力"，为了快速提高我们的科学技术水平，我们一开始走了一条引进、消化、吸收、提高的道路，比较典型的就是高铁技术。现在党中央提出要加快实现高水平科技自立自强，这是新时代、新征程里更加高远的追求！

习近平总书记强调："只有改革开放才能发展中国。"这是非常重要的论断。我们作为教育工作者，应该把改革开放的历史和道理讲好，教育学生改革开放是实现民族复兴的必由之路，必须坚定不移地走下去。

四、中国特色社会主义的开创

马克思、恩格斯的文集里讲了"科学社会主义"的问题。其实，在马克思和恩格斯之前，还有以莫尔、康帕内拉、欧文、圣西门和傅立叶为代表的一些人物，被认为是社会主义理想的先驱，但因为他们的社会主义理想不能实现或者在实践中被证明行不通，所以被称为是"空想社会主义"。马克思和恩格斯的理论贡献之一，就是创立了辩证唯物主义和历史唯物主义，阐明了生产力和生产关系的相互关系和相互作用，从理论上说明了资本主义必然被社会主义取代的历史规律，科学地论证了资本主义灭亡、社会主义胜利的必然性，把社会主义理论从空想上升到科学。

但马克思和恩格斯的设想是人类社会在生产力高度发达的资本主义基础上建立社会主义。也就是说，在马、恩看来，人类在进入社会主义之前，要经历相当一段时期的发展阶段，以达到生产力高度发达的状态。但不管是苏联、东欧各国还是中国，其实都是在生产力未达到高度发达的状态下走上社会主义道路的。这里面有一个重要问题，那就是如何使生产力达到"高度发达状态"呢？

"什么是社会主义，怎样建设社会主义"，这是邓小平同志反复思考的一个理论问题。邓小平同志的伟大贡献，就在于他敏锐地认识到并旗帜鲜明地提出了"社会主义的本质是解放生产力，发展生产力，消灭剥削，消除两极分化，最终达到共同富裕"的科学论断。邓小平同志说：

根据我们自己的经验，讲社会主义，首先就要使生产力发展，这是主要的。只有这样，才能表明社会主义的优越性。社会主义经济政策对不对，归根到底要看生产力是否发展，人民收入是否增加。这是压倒一切的标准。空讲社会主义不行，人民不相信。（《邓小平文选》第二卷第314页）

邓小平同志又说：

什么叫社会主义，什么叫马克思主义？我们过去对这个问题的认识不是完全清醒的。马克思主义最注重发展生产力。我们讲共产主义，共产主义的含义是什么？就是各尽所能，按需分配。这就要求社会生产力高度发展，社会物质财富极大丰富。所以，社会主义阶段的最根本任务就是发展生产力。社会主义的优越性就是体现在它的生产力要比资本主义发展得更高一些、更快一些。如果说我们建国以后有缺点，那就是对发展生产力方面有某种忽略。社会主义要消灭贫穷。贫穷不是社会主义，更不是共产主义。（邓小平《建设有中国特色的社会主义》，1984年6月9日）

社会主义最根本的任务就是发展生产力，发展是硬道理！这是非常重要的论断，是中国特色社会主义理论的重要基石。

发展有一个科学发展的问题，这方面我们有历史教训。1958年，"大跃进"中，工业上大炼钢，农业上"放卫星"，最后造成人力、物力、财力的极大浪费，这是"左"倾冒进的产物。党的思想路线是实事求是，强调一切要从实际出发，而我国最大的实际就是中国正处于社会主义初级阶段。

党的十三大报告确定了"社会主义初级阶段"的理论。所谓"社会主义初级阶段",不是泛指任何国家进入社会主义都会经历的起始阶段,而是特指我国生产力落后、商品经济不发达条件下建设社会主义必然要经历的特定阶段,即从1956年社会主义改造基本完成到21世纪中叶社会主义现代化基本实现的整个历史阶段。党的十三大的突出贡献,是系统阐述了社会主义初级阶段理论和党在社会主义初级阶段的基本路线,指出社会主义初级阶段的主要矛盾是人民日益增长的物质文化需要同落后的社会生产之间的矛盾。党和国家的主要任务是发展生产力,推进社会主义现代化建设。社会主义初级阶段理论,成为我们党制定正确路线方针政策的基本依据,为坚持改革开放、坚持和发展中国特色社会主义提供了有力的理论武器。

现在网上有一股歪风,例如否定小岗村的改革,为"文革"翻案,提出要彻底消灭私有制等等。这些连基本的马列原理、党和国家的大政方针都没有搞懂。我们在这次党史学习中,给大家分发了《关于若干历史问题的决议》《关于建国以来党的若干历史问题的决议》,这两个决议是很重要的,大家要认真学习、领会。

时间关系,我今天就讲到这里。同志们,让我们积极响应党中央号召,学史明理、学史增信、学史崇德、学史力行,进一步增强道路自信、理论自信、制度自信、文化自信,通过党史学习,不断汲取前进的智慧和力量,始终保持奋发有为的精神状态,为学校教育教学事业发展贡献力量,为建设人民满意的高水平应用型大学不懈奋斗!

从为奖而赛到为教而赛、为学而赛

（2021年6月）

　　锦城学院的学生在教师指导下，组团参加省、市级和国家级的比赛，战胜对手获得奖项，这代表了一种水平，是一种成果，也是荣誉。它为师生增值、为学校增值，当然很好。但是仅仅做到这一步还不够。我们的目的是不但要获奖，而且要以赛促教、以赛促学、教赛相长。要把比赛作为一个现实的项目，实行项目化高阶教学，培养具有高阶思维和解决复杂问题能力的高水平人才。

计算机学院把竞赛项目引入课堂，让更多学生获益。图为ACM团队在做竞赛反刍、交流（计算机学院　供图）

　　要做到以赛促学、教赛相长，首先要使参赛的师生反思、反刍，特别是要对比赛过程中知识的应用和思维的提升进行总结、分析、提高。

其次，我们的比赛项目必须惠及没有参赛的同学。这就要求教师在教学中充分利用比赛项目这个资源，实行开放的、高阶的、项目化的教学。必要的话，也可以让其他同学试做一次，使他们获得相关的知识和技能。计算机学院把比赛项目改造后引入课堂，让全体学生都受益，是很好的经验。

总而言之，我们要从"为奖而赛"变为"为奖、为教、为学相结合而赛"。为在更大范围和更高水平上实现以赛促学、教赛相长，可以考虑适当增加参赛人数和参赛项目，国家和省、市级赛事较少的专业或学科，则可适当增加校级比赛项目。

当前最重要的任务是保持稳定

——在2021年6月15日校务（扩大）会议上的讲话

（2021年6月15日）

转设是学校的大事，也是一件好事，我以前一直讲，独立学院不能老打着别人的牌子来办学。现在，我们转设成功了，我们"锦城"终于迈过了这一关。这要归功于大家的努力，从投资方到学校领导班子，从管理干部到普通师生员工，转设成功是大家共同努力的结果。

邹广严、王亚利校长与同学们在一起（校团委　供图）

目前，学校正面临着建校十六年来最大的变局：一是学校的名字变了，由"四川大学锦城学院"变成了"成都锦城学院"，这个影响不能低估；二是校长变了，由我变成了亚利同志；第三，实际上，投资方的股权也发生了变动。三个变化叠加起来，影响很大，学校多多少少受些影响。学校内外，包括教职员工和社会公众都有个适应的过程。所以，转设有机遇的一面，也有挑战的一面，我们要看两面，要把好事办好。

我先讲一下为什么选择王亚利同志担任校长。因为她满足三个条件：第一，年龄在70岁以下，符合教育部的规定；第二，学历高，博士、教授、硕士生导师；第三，资历够，是学校创业的参与者。2003年最早筹建学校时的主要人员就是"三个半"，我算一个，亚利算一个，张宇算一个，马继征那时候还在川大读研究生，跟着我们跑，算半个。所以，王校长是最早参与创校的一代，也是追随本校长时间最长的一代，对学校的情况，包括学校的历史、理念、特点等，都非常清楚。

亚利同志当校长，我减少一些日常工作，这对我来说也是很好的。大家要支持王校长的工作。我校长不当了还当党委书记、理事长，党委书记不当了还当理事长，理事长不当了还有一个"终身校长"，终身校长不当了，还可以当一个Teacher……总而言之，我与"锦城"共存亡！[1]既然大家都热烈鼓掌了，我见好就收，下面讲一讲学校稳定发展的事情。

我们当前最重要的任务是保持学校的稳定，要在稳定当中求发展，在稳定当中求创新，在稳定当中创造新的辉煌。发展也好，创新也好，新的辉煌也好，一定要在稳定的基础上才能实现。所以，当前

---

[1] 讲到此处，会场响起热烈的掌声。

最重要的任务是保持稳定。

一是要稳定学校的办学思想、办学理念、办学方向、办学特色。转设的两级评估组对我校的办学思想、办学理念都是非常肯定的，都认为我们是真正在办大学。国评专家组组长、教育部高等教育司原司长张大良同志评价我校办学"有理念、有规范、有成绩、有特色"，用"十五春秋办本科，桃李芬芳誉巴蜀"两句诗对我的办学成绩给予高度评价，他评价我是"有行动的思想者，有思想的行动者""有情怀的人，办有情怀的教育"，这些评价都很高啊，受到这样的肯定，更加坚定了我们办学的自信。学校这套思想、理念、特色是大家共同创造的，是集体智慧的结晶，只是我把这些东西归纳整理出来了而已。芝加哥大学的第二任校长贾德森说得好："我们不是那么古老，年轻既是优势也是劣势，是唯一的一个时间可以治愈的缺点。"一所学校的历史厚重并不完全取决于它的办学时间，而在于它的思想、理念、办学传统持续的时间。我们锦城在十六年的办学历程中，就形成了许多先进的思想、理念和光荣的传统，如果把这些都丢掉了、推翻了，就相当于这十六年大家都白干了。所以，"锦城"前十六年的历史是不能抹掉的，我们必须坚决地维护学校前十六年所创造的思想、理念、方向、特色，不能因为换了校长，就连历史也不要了。选择王校长，一个重要原因，就是因为相信她能保持办学的继承性和连续性。今后选拔干部，这是很重要的一条。要选那些对"锦城"办学思想、理念、传统能继承、发扬、坚持、维护的中青年干部来接班，继续打拼，办百年名校。

二是要稳定学校的制度和政策。学校之所以能够良好地运转，是因为它有一套好的制度；之所以能够生机勃勃，是因为它有一套好的政策。没有了这些制度和政策，学校就不可能运转和发展得好。你们看关于某大学的新闻，一个数学院的教师，因为被解聘，把学院的党委书记杀害了，以前还有研究生投毒事件。这是制度的问题？文化的问题？还是个人素质的问题？一些学校实行"非升即走"的制度，我们学校就不搞"非升即走"，也不搞"末位淘汰"，为什么不搞？因为那是搞内部竞争。试想，如果大家都做得好，排在最后的那位就应该走？如果讲师的工作做得很好，升不了副教授他就必须走？我觉得不一定。在我们学校，最重要最关键的是标准，考核教职工以标准为准绳。我们推行的"M+3"，M是基础考核，+3是奖励性考核，就是以标准为中心。只要达到了学校的标准，就是合格的员工；超出标准的部分，一分成果有一分回报，学校是"两个相适应"[1]，不亏待一个能人。所以，在"锦城"，升不了教授也没关系，一直当副教授也很好嘛。我们建校以来，建立了大约1000项制度，出台了一系列政策，这些制度和政策稳定了人心、稳定了队伍、稳定了工作，必须保持这些政策和制度的总体稳定和连续。

三是要稳定班子。没有稳定的股东，就没有稳定的学校；没有稳定的班子，就没有稳定的人心。人心是班子决定的，所以，校院两级领导班子必须稳定。总体精神是"大稳定，小变动"，也不是说一成不变，对老同志我历来讲"身体第一，工作第二"，一些同志身体不好或者精力不济，也应该多休息，让年轻同志多分担点。我们要制定工作了几十年的老同志退出一线以后在二线的待遇政策，使大家能够

---

[1] 薪酬的"两个相适应"原则：学校工资的总水平与学校的社会地位相适应，员工个人的工资水平与本人对学校的贡献相适应。

以老带新，新旧班子有序交接。我们现在培养了一批年轻干部，但还不够。每个学院至少要配备两名以上院级年轻干部，这样才能维持班子的稳定。我们建校之初就提出"老中青相结合"，这很好。希望老同志们继续做好两件事，一是继续做好工作，二是培养好接班人。

四是稳定队伍。最主要的是稳定两个骨干队伍，即教学骨干和管理骨干队伍。我们要持续地给作出贡献的同志加薪，使他们得到应有的回报。好的老师一定要留得住。大环境由学校负责，小环境由学院负责。现在是"大路朝天"，别人在这里干得不愉快，不走干嘛？又不是只有我们一家在办学校！我们很多教师和干部到别的学校去都成为骨干，发挥了很好的作用，这也说明"锦城"干部和教师素质很高。人才难得，队伍很重要，大家一定要爱护。我们要不断强化和扩充这两支骨干队伍，我看要办好一所三万人的大学，没有足够的教师和管理骨干是不行的。我们要大力地培养、帮助、支持和建设这两支骨干队伍，使他们发挥办学支柱的作用。

五是要稳定当前的工作。今年年初开会部署的工作，"五力五升""高阶教学""非认知能力培育的显性化"等都要认真做好，培养有前途的人才目标不能半途而废，教学、科研、竞赛、培训、考核、社会服务等都要照常推进，工作不能"打摆子"。当前最重要的任务是招生，各单位要全力以赴地做好工作。

我讲了五个方面的稳定，是让我们大家群策群力，再接再厉，继续把学校办好！在稳定当中求发展，求提高，求连续性，求新的办学辉煌！

为适应高阶教学，学生学习必须大变革

——在"学在锦城，共话成长"师生恳谈会上的讲话

（2021年6月16日）

刚才，各位同学、校友、辅导员围绕着深度学习、高阶思维、非认知能力的培育等话题，做了很好的发言和讨论。我可以告诉大家，这些都是非常前沿的问题。这是在中国最高层次的教育阶段，最高层次的专家才考虑的问题，也是全世界教育界最高级的专家在讨论的问题。我们的学生、老师也在思考这样的问题，而且有理论、有实践、有体会，我觉得很好。总体来说，大家的发言水平很高，讨论有深度、有广度，这说明我校老师的水平、我校同学的水平正在向一流大学的水平这个方向迈进。首先要肯定学工处办这个会，可以看出，我们的师生都在认真研究深度学习和高阶教学的问题。

今天，我想借这个机会给大家讲一讲我考虑良久的一个内容：随着教师高阶教学的不断深入，学生学习必须来一场变革，这就是要进行深度学习。

一、为什么要研究学生的深度学习

（一）教和学是互相联结的，高阶教学和深度学习是一个硬币的两面

我校自建校以来，在教学改革上是非常积极的，在对老师的严

格要求方面，标准是逐年提高的。从"锦城课堂大于天""八大教学法""三大教学改革""两设一翻"，到"混合教学的全覆盖""四全三高"，再到我们今年推行的"一基两轴、三阶递进""高阶教学"。可以说，我校在教育教学方面，是不断引导和推动大家向更高目标前进的。特别是我们近年来提出的"高阶教学"，与教育部建设一流课程、高阶课堂的精神是一致的。教育部明确提出"金课"的特征就是高阶性、创新性、挑战度。我们的老师，绝大多数在这个方面很积极，而且做得很好，因为我们的"四全三高""高阶教学"本来就是按这样的要求来锻炼老师的。

当然，我们现在存在另一个问题，就是学生怎么配合教师的高阶教学？我们过去说"老师教学生学"，这话是谁说的？是大教育家陶行知先生说的。他的原话是："好的先生不是教书，不是教学生，乃是教学生学。"老师教是一个方面，学生学是另一个方面，老师教学生学是一个整体。因此，只是老师实行高阶教学还不够，我们现在还要推动学生深度学习。

教和学是互相联结的。这一点我们的老祖宗早就认识到了，《礼记·学记》中讲："学然后知不足，教然后知困。知不足然后能自反也，然后能自强也。故曰：教学相长也。"讲的是什么道理？就是只有先去学习才能知道自己知识的缺乏，只有教了别人之后才能知道自己的教学还有提升空间。认识到自己知识的不足，知道自己有哪些教学问题，才能促进反思和进一步努力。所以说教和学是互相联系、互相促进、相辅相成的。

我们2011年就提出"以学生为主体，教师为主导，师生共振共鸣，开创教学改革新局面"。2014年我们进一步提出"老师的教育频率和学生学习的频率一致，教师力量和学生力量产生合力，才会增大能量"。这就是说，教师的高阶教学和学生的深度学习在一个频率上，师生同频共振，形成合力，教育才能达到更好的效果。

（二）当前学生在学习方面仍存在"一个惯性、五个缺乏"的问题

我们必须认识到，当前学生在学习方面仍存在着比较严重的问题。什么问题？就是"一个惯性、五个缺乏"。

过去，教学上有一个惯性或者说习惯。什么习惯？老师讲，学生听；老师灌输，学生接受。有很多学生在多年的学习中已经习惯于这样的学法，当然，教师也习惯这种教法，有些教师到现在还习惯于照本宣科。由此就产生了学生在学习上出现了"几个缺乏"的现象。

第一，对学习缺乏兴趣。没兴趣就缺乏学习的积极性，缺乏兴趣就没有学习的内生驱动力。

第二，对人生缺乏目标。学习这件事，没有兴趣爱好不行，如果既没有兴趣爱好，又没有奋斗目标，那就更不行了。我以前给大家讲过，人这一生很多时候要靠制定目标来不断激励自己，实现成长。这些目标，可以是大目标，也可以是小目标；可以是长期目标，也可以是阶段性目标。目标是奋斗方向，目标也是一种动力。现在有些同学，到了大三、大四，还是懵懵懂懂，哪来的动力深度学习？

第三，有些学生学习时没有问题意识，或者说提不出问题。我以前举过这个例子，咱们国际教育学院请来美国宾夕法尼亚大学的一位博士给我们的学生上课，讲完一节课后，博士问大家——有什么问题呀？课堂上一片寂静，没有一个有问题的。那位美国的教师马上就与

我们外事处沟通，说我讲课是不是有问题呀？怎么你们的学生一个提问题的都没有呢？这反映了什么问题？大科学家爱因斯坦曾经说过，"提出一个问题，往往比解决一个问题更重要"。我们的学生学习时提不出问题，说明他们没有经过思考，没有带着问题学习，没有问题就是最大的问题。

第四，学习缺乏融合，或者说，所学的东西，不能活学活用，缺乏拓展。刚才有几位同学都谈到了要拓展性学习，课外不阅读，没有拓展，不探索，满足于考试过关，混个文凭，这种学习当然只能停留在浅层。

第五，学习缺乏方法。比如，有的学生只知道死记硬背；有的学生看起来除了上课就是自习，一整天都在学，为什么效果还不甚好？这就是他对浅层学习和深层学习的区别不清楚，对初阶、中阶、高阶学习不清楚，对脑科学不清楚，缺乏科学学习的方式方法。

这"一个惯性、五个缺乏"就反映了部分学生的学习态度、学习方法、学习深度与老师高阶教学、培养高阶思维、高阶能力不匹配的矛盾。

二、我们需要一场学习变革

我们要培养21世纪具有高阶思维和高级能力的高层次人才，就必须师生配合，同频共振，不能只满足于一棵树摇动另一棵树、一朵云推动另一朵云，更重要的是要一个心灵唤醒另一个心灵。而要达到这个目标，我们必须做到，教学转型，学习革命。这就是说，学生在学习上要来一次大的变革，我们称之为"学习革命"。英文表述里的

"革命"或"变革"是什么？无论是revolution，还是transformation，总之要实现转变。

自从美国教育学家杜威提出"以儿童为中心"的理念之后，西方教育界逐步实施"以教师为中心"向"以学生为中心"的转型。我们提出，学校是"以师生共同体为中心"，"教"和"学"结合起来才是教学的中心。只有教师"教"的转型是不够的，学生的"学"也要转变。当教学目标与学习目标一致时、教学内容的兴奋点与学习内容的兴奋点一致时、教学进度与学习节奏相吻合时，共鸣的时段就会更持久。所以，转型是必要的。转型有两个方面，一方面是教师高阶教学，另一方面是学生深度学习。

学习怎样变革？今天我初步抛出八个方面的变革，大家回去研究研究，可行否？还有遗漏的没有？有说重复的没有？可以进一步深入研究。

第一，从基于考试过关的被动学习，变革为基于兴趣爱好和目标的主动学习。这一条是从学习动机的角度出发，促进学习转变，核心就是从被动学习到主动学习。有不少学生学习，是基于考试过关，现在要转变为基于兴趣爱好和目标。没有兴趣、爱好尚可，但你一定要有目标，目标就是动力。你说本科毕业后要考硕士，硕士毕业以后要考博士，这是什么？这是目标。博士毕业后要到大学当一名优秀的教师，这也是目标。我这个人历来喜欢提出疑问。例如，都说兴趣是最大的动力，但这似乎因人而异、因环境而异。农村的孩子谈兴趣的恐怕不多。我读书时，数学、化学、物理都是学书本上的知识，谈不上多大兴趣，但是得有目标。1958年吃大锅饭的时候，我们都住在学校里面，晚上大家吹牛，有个同学说我们村里有个人在大连大学工学院（现为大连理工大学）读书，将来那是工程师啊。那时当个工人都不容易，当工程师那太伟大了。我心里就想，将来我要当个工程师，工程师就是个目标，当个工程师就要学好数理化，后来我考取了天津大学化工系，就是准备当工程师的。所以说，目标也是动力。我们的领导、老师、辅导员、班主任，要么培养学生的兴趣，要么帮助学生树立目标。作为学生自己来讲，自己要培养兴趣、培养爱好。刚才有同学说，学习是一种习惯，学习是生活当中的一部分。付文尧校友刚才讲什么叫"止于至善"，就是现在不够好，继续努力啊！止于至善就是尽善尽美，我现在没达到，还要继续努力，不能停下来。简单来说就是这个意思，我觉得讲得很好。所以，我们如何把学生从考试过关的被动学习变革为基于兴趣爱好或目标驱动的主动学习，需要全体教职员工在帮助学生树立目标、引导规划、落实行动和发展兴趣方面下功夫。

投身学习是"锦城"学子的第一要务。图为艺术学院学生在排演歌舞剧（艺术学院　供图）

第二，从基于背诵和记忆的浅度学习，变革为基于理解、运用和创新的深度学习。这一条是从学习层次的角度出发，来促进学习转变。中国传统的学习方式主要是记忆和理解。能够做到理解已经非常不错了。"知其然，知其所以然"，就是理解。但是我们去年以来提出的培养学生的高阶思维和能力，要求的是不但能理解，而且会应用、会创造。这就是从浅度学习到深度学习。什么叫深度学习？我去年就讲过，"深度学习"这一概念是由费伦斯·马顿和罗杰·萨尔乔于1976年在《学习的本质区别：结果和过程》一文中首次提出。事实上，以布鲁姆为代表的教育认知心理学家对教育目标分类领域的研究，为深度学习的研究奠定了学理基础。这也是我们提出"高阶教学"和"深度学习"两大主题的教育理论基础。1976年马顿等学者在哥德堡大学进行了一系列实验，为了探究学生在阅读大量散文段落时所采取的不同信息处理层次。研究发现，学生在理解文章内容时通常有两种倾向：一部分学生试图从整体上把握文章，通过对新旧知识的迁移和深度思考来概括文章的主旨；一部分学生则习惯于专注那些可能会被提问的段落，并尝试去记忆和复述文章内容。这就是深度学习和浅度学习的区别——深度学习者不是单纯地记忆，而是积极参与和批判性地思考信息，这也是高阶思维的要义。简而言之，解决一个简单问题是初级学习，能解决一个复杂问题就是高阶学习。高阶思维、高阶能力都是指向解决问题的能力。培养学生最终要达到的效果就是让他们能解决问题。解决什么问题？有的是社会问题，有的是科学问题。所以，学生的学习方式要从背诵记忆到理解运用并进一步实现向创新的高阶思维和深度学习转变。

第三，从空着脑袋、带着课本进课堂，变革为带着问题、装着想法进课堂，就是从先教后学变革为先学后教。这一条是从"学习挑战度"的角度出发，来促进学习转变。空着脑袋、只带课本、被动接受，是没有学习挑战度的。不预习就不会有问题，不拓展就不会有想法。要让老师带着问题进课堂教，学生带着问题进课堂学。如果别人给我们讲了 45 分钟课，我们一个问题也提不出来，那说明我们的水平低。刚才我说了，美国的教师给我们的学生讲课，讲了半天，结果学生提不出一个问题来。提不出问题就是最大的问题。两千多年前，孔子讲"不愤不启，不悱不发"，愤悱在前，启发在后，这就是"先学后教"。愤悱是什么？就是要思考求解。带着问题、装着想法去学习，才是主动、深刻地学习。所以，我们不仅要提倡学生预习，还要提倡拓展课外延伸阅读。文传学院的谢晓东老师，建立了一个课程问题库，每堂课列出若干问题，上课前把这些问题发给学生，学生可以带着问题进行预习，这就是"用问题来导学"。我们还有老师给学生发一个预习任务清单，引导学生先阅读课本、有关书目，这就是"用任务来导学"。大家都要认真研究一下怎么让学生带着问题、装着想法进课堂学习。

第四，从单渠道的学习如上课、听讲、作业、考试，变革为多渠道、多方式的学习。这是从学习方式的角度出发，来促进学习转变。多渠道就是除了上课以外，我们还有别的方式学习，比如竞赛、实践、调研，还有互联网、慕课等等。在锦城学院，没有离开人才培养的活动，所以我们有"五个课堂"，课外活动也是课堂之一。团委组织的暑期社会实践，那也是学习。现在我们注重学生竞赛，竞赛是什么？竞赛就是解决问题。很多比赛都是提出了一个复杂问题或者任务，要我们想办法来解决，所以通过竞赛可以实现有深度的学习。还有一个是网络学习。大家动不动"百度一下"，是不是？我现在也学会了"百度一下"，还有"知乎一下"。但是这些学习方式有一个问题——那就是碎片化。刚才有同学发言说，要善于把碎片化的东西系统化——这也是个革命。网络上很多东西都是碎片化的，但我们还要把它系统化，学术上叫知识重构，这也是一个很重要的提升。因此，尽管信息技术的飞速发展改变了学生学习的时空边界，多渠道、随时随地的学习变为可能，但是怎么把碎片化学习提升到系统性学习，需要师生们共同研究。

土木学院学生到企业进行认知实习（土木学院　供图）

第五，从单科学习即学科类知识的学习、课本讲义的学习，变革为多学科、立体型、复合化的拓展性学习。这是从学习内容的角度出发，促进学习转变。课堂上规定的教科书也好，课表课程也好，这是一个学习的渠道。自工业化之后的分科学习，基本都是单科学习。而现在21世纪中国高校的学生最需要的是多学科、复合化、立体型的拓展性学习。为什么？首先，分科教学和单科学习有利于系统知识的习得，但不利于完整知识体系的形成和综合思维能力的培养，这需要我们跨学科学习；其次，工业革命4.0带来的新技术的融合、产业的融合，让多学科学习变得更加重要，社会对复合化人才的需求也越来越多。现在，欧盟（EU）、经合组织（OECD）、美国"21世纪学习框架"都要求学生跨学科拓展性学习。刚才咱们有几个学生讲了他们怎么探索，怎么拓展。我们的付文尧校友，本科、硕士和博士所学，和现在工作的内容都是不完全一样的，是在不断拓展的。今年的大四毕业生胡金言，在校是学生干部，综合能力很全面，我看他出去当个镇长肯定没问题，因为他各方面的学习和能力已经拓展了。所以，我们的学生不一定门门课程得高分，但要有一技之长，还要不断复合化，融会贯通。我们培养的人才一定是多学科、立体型、复合化的。

第六，从机械接受知识，向内化、融化、升级知识转变。这是从学习效度的角度出发，来促进学习转变。老师传授的知识，如果不能够与我们原有的知识体系重新"结构"——心理学家称其为解构后再重构——我们不能把它内化，只是空洞地接受了，毕业以后又还给老师了，那样就没有达到真正的效果。所以，爱因斯坦问什么是教育？当一名学生毕业离开学校的时候，其他的都忘了，还剩下的一点东西，那就是教育。那剩下的东西是什么？就是内化了、融化了的知识、本领、思维。一个复杂问题的解决，是一个人用脑力对已有知识进行联结，对已有的信息进行分析、推理、判断等思维活动的结果。知识要融化到人的思维方式当中，融化进血液里；知识要被解构，然后经过你的思维来重构，这样才能实现学习效度的升级。我们实施高阶教学，注重培养学生的高阶思维和能力，就是要实现这样的转变。当然，主攻高阶教学，并不否定低阶、中阶教学。在一定程度上，先有低阶、中阶教学，然后才有高阶教学。我们讲"三阶递进"，就是这个意思。类似的道理，深度学习也是逐步深化的。

第七，从拼时间向拼脑力的科学学习转变。这是从学习技巧的角度出发，来促进学习转变。就是要实现脑科学指导下的学习，从"苦干"到"巧干"。这个我以前讲过，希望各个学院能够很好地组织脑科学的普及，让脑科学赋能我们的教和学。我们还可以邀请一些脑科学专家来做讲座普及，北京师范大学不是有一个认知神经科学与学习的国家重点实验室吗？我们也要研究怎样利用脑科学来指导学习，实现科学学习。不要以为一天24小时都在学，成绩就一定好，那不一定。该玩的时候玩，该打球的时候打球，该学习的时候学习，提高学习效率。要研究什么时间学习最好，学习多长时间最好，在什么环境下学习最好，以及是个体学习还是合作学习更好，这些都要研究。比如，艾宾浩斯遗忘曲线表明，遗忘在学习之后马上开始，而且遗忘的过程最初进行得很快，以后逐渐缓慢。那么我们就要提示和要求学生及时有效复习，来增强记忆效能，温故而知新。我校自2011年起就向学生推介《学生10种学习法》，十年来又完善修订改版两次。这就是在研究如何提升"学习力"的问题，如何让学生更科学、更有效率地学习。现在，我们要进一步研究脑科学，让学生从拼时间向拼脑力的科学学习转变。

第八，从个体学习向小组讨论协作式、团队式学习转变。这是从学习组织的角度出发，来促进学习转变。小组讨论式学习，现在已经是我们学习的主要方式之一。刚才有同学说，ERP训练，大家都有兴趣。为什么学生感兴趣呢？因为它是大家组成一个小组、一个团队，围绕着一个问题，思考怎么优化资源管理来学习。我去看了几次他们上课，感到很高兴。大家围在那里，非常认真地讨论，这个该放在哪里，那个该怎么处理……讨论很热烈。团队学习，围绕着一个问题、一个项目来展开，同学们充分发挥个人的智慧，再经过头脑风暴、深入讨论，形成集体智慧，这种集体智慧又反作用于每个个体的思维。讲个小故事，爱因斯坦到美国普林斯顿大学时，校方说，薪水合同，你随便提。爱因斯坦说，你们给我发3000美元就行了。结果校长说3000美元少了，我给你1.6万美元。任务是什么？任务是每天喝咖啡以后，去跟别人聊天。为什么要聊天？聊天就是讨论，不同意见不同观点碰撞，才能产生火花、产生创新。所以，创新不能靠计划，创新是在宽松的环境下，大家碰撞出来的火花。在锦城学院，我们允许失败，允许试错。如果不准你说错话，大家就只有不说话了。我过去在省里管经济的时候，对咨询公司讲了三句话："提倡讲真话，不准讲假话，允许说错话。"所以我们要创新，就得五花八门、多方案、多渠道，就要允许大家"胡思乱想"、解放思想。我们提倡同学们多思、多想、多提方案，一个问题A提了一个方案，B就不说话了，大家都说"对对对"，这样就不能提高，你为什么不可以再提个方案呢？要允许大家多提方案，在合作中学习他人之长，拓宽学习视野，激发思维碰撞，提升学习能力。

以上这八个方面，我从学生的角度，提出要在学习上来一场认真的、彻底的变革。老师的高阶教学加上学生的深度学习，这样一个变革配合起来，我们"锦城教育"一定会继续走在前列！

同学们，我们既不要自卑，也不要自满，而要不断地发现问题、提出问题、解决问题。我们学校是从建校的那一刻起，就在不断地爬坡。现在只能是爬坡，不能够滑坡。因为我们这样一所年轻的学校，只有不断地爬坡，才能够不断进步。不要指望弯道超车，我们要一步一个台阶地走，一步一个脚印地迈，在坚持不断爬坡的过程中实现超越。老师要爬坡，学生必须跟着爬坡，老师领着学生们爬坡！这样坚持下去，我们学校就会越来越好！

做人第一，能力至上

——在2021届毕业生毕业典礼上的讲话

（2021年6月23日）

同学们，老师们，校友们，家长们：

大家上午好！今天，我们欢聚在这里，隆重举行我校2021届毕业生毕业典礼，共同庆祝2021届本专科同学圆满完成学业，踏上人生新征程！在此，我谨代表学校向各位毕业生致以最热烈的祝贺！向长期以来支持学校发展的各股东单位、四川大学、友好合作单位、用人单位、奖助学金设立单位和个人以及心系母校的"锦城"校友致以崇高的敬意！向为同学们的成长成才付出辛勤劳动的老师和家长们表示衷心的感谢！

同学们，几年前，你们怀着憧憬和梦想走进了"锦城"，在这里度过了美好的大学时光。在2017年的开学典礼上，我曾给大家讲了"锦城选择"这个主题。你们选择了"锦城"，就是选择了"锦城"的办学思想和理念，选择了"做人第一，能力至上"的人才培养标准，选择了"锦城"的应用型、创业型的办学定位，选择了追求事实、追求真理、追求至善的"锦城精神"！

你们经过"锦城"教育的认知和非认知能力培养，通过"三大教育""四大计划""五个课堂"的赋能和熏陶，带着会做人、能做事的优良成绩毕业了，这是可喜可贺的。但这仅仅是人生的一个阶段，"做人第一，能力至上"是一辈子的必修课，也是你们走向社会、取得成功的不二法门。我希望你们把这门课继续学下去、练下去，力求"止于至善"！

邹广严校长在典礼上讲话（宣传处　供图）

所以，我今天给大家的临别赠言是两段话。

一、"锦城"学生要正正当当做人

我校历来重视育人，培养社会主义的建设者和接班人，培养社会、职场需要的人，培养好人、能人和全人。按照中华民族传统美德，我们要正正当当做人，做君子，不做小人。

首先，要做一个善良的人。一个人可以不高尚，但要善良。善良是人的本性和底色。孟子曰："恻隐之心，人皆有之；羞恶之心，人皆有之；恭敬之心，人皆有之；是非之心，人皆有之。""仁义礼智，非由外铄我也，我固有之也。"这就是"人之初，性本善"。只要我们不扭曲本性，处处抑恶扬善，就会求仁得仁。

2011年发生的广东佛山"小悦悦事件"中，两岁女童小悦悦两次被车碾压，18名路人视而不见，是一位拾荒的老阿婆陈贤妹上前施以援手。她抱起的是一个小女孩，更是社会对良知的呼唤。这就是善良！

著名历史学家翦伯赞在"文革"当中，宁可自杀也不写诬陷他人的材料，他说："我不知道的事，不能随便乱写。"不为了苟活而丧失气节、嫁祸于人、落井下石，这就是善良！

所以，同学们，善良就是与人为善，而不与人为恶；就是待人以诚，立足于"帮"，而不立足于"整"；就是同情弱者，扶危济困；就是坚守正义，弘扬正气。而那些幸灾乐祸、落井下石、恃强凌弱、助纣为虐的行为，则是大不善。让我们"锦城人"以善良为念，勿以恶小而为之，勿以善小而不为；穷则独善其身，达则兼济天下，人人向善、行善，世界将是美好人间！

其次，要做一个靠谱的人。靠谱就是做人有底线，做事有常识。要尊重传统美德、公序良俗，守住法律和道德的底线，不搞假冒伪劣产品赚钱，不生产有害食品害人，不排放毒气毒水破坏环境，不用虚假广告骗取信任……还要尊重人类命运共同体的共同价值观念，例如平等、公正、自由、法治等。"人生而平等""法律面前人人平等""人人都有追求幸福的权利"是常识，尊重和保护他人的劳动成果也是常识，强行剥夺或者抢劫是不对的。只要我们大家都守底线，社会就能更加文明、和谐。

做一个靠谱的人，还要学会站在常识一边，懂得尊重事实、尊重科学、尊重规律。我们"锦城精神"的第一条就是"追求事实"。毛主席说"没有调查，就没有发言权"，调查什么？最重要的就是把事实弄清楚。人总是倾向于相信自己愿意相信的东西，但作为受过高等教育的人，我希望大家首先要弄清事实、尊重事实。其次，我们还要尊重科学、尊重规律。铁的熔点是1538℃，低于这个温度，就炼不出钢来；现有技术条件下，亩产万斤粮食是不可能的，亩产十万斤更不可能；永动机是不存在的，"水变油"是违背化学规律的……违背了这些常识，就只能自食苦果。

第三，要做一个明理的人。所谓明理，就是通情达理，就是沉着冷静、看事全面，就是不冲动、不偏激。所谓沉着冷静，我们宋代的四川老乡苏轼有言："匹夫见辱，拔剑而起，挺身而斗，此不足为勇也。天下有大勇者，卒然临之而不惊，无故加之而不怒。此其所挟持者甚大，而其志甚远也。"这就是说，面对突如其来的危机，要能够镇定自若、冷静处理。所谓看事全面，就是中庸之道，孔夫子说无过之无不及是谓"中"，"中"就是不偏不倚，不走极端；马列哲学讲对立统一、一分为二看问题，就是全面。

同学们，人的认识水平有高低，对事物的看法有对错，这是常情。但若不明理克己，好走极端，爱钻牛角尖，那就很危险。现在社会上有些言论片面和充满戾气，言必极端，好的时候一切都好，好得很；翻脸了一切都坏，坏得很——这既不公正也不厚道。你们到社会上去，面对的人和事总不是十全十美的，对事物要全面分析，对人要公允评价——爱而知其恶，恶而知其善，不做过头事，不说过头话。须知坏事总是在冲动之下，惹祸总是在偏激之时。有些年轻人，一触即跳，稍不如意，拔腿就走，只图一时痛快，不顾长远后果。若无隐忍之功，大事难成啊！

最后，也是最重要的，要做一个有益于社会的人。一个人可以不出类拔萃，但一定要有益于社会。做事的本领靠锻炼，做人的品行靠修养。修养的最高境界是利他，佛教叫"普度众生"，马列主义叫"解放全人类"。所以无论你从事何种职业，无论你职位高低，都要有利于他人、有利于社会、有利于国家和民众，这就是做人的价值所在。2008年汶川大地震时，教师谭千秋张开双臂，以血肉之躯保护四个学生，把生存留给他人，把死亡留给自己，他虽然牺牲了，但却在人们心中树立了永远的丰碑。2020年抗疫期间，武汉快递员汪勇坚持接送医护人员上下班，为让医护人员吃上热饭热菜，又多方联络奔走，他连续工作47天，每天只睡4小时。他对医护人员说："我上不了一线，但可以做后勤"，"你保护武汉，我来保护你"。这就是有益于社会！我校的"明德教育"始终强调"对国家、人民尽忠心，对父母、长辈尽孝心，对同学、同事尽爱心"。希望同学们走进社会后，发扬利他精神，有一分热，发一分光，为社会贡献"锦城力量"！

二、希望同学们踏踏实实做事

同学们，尊贤尚能是我校立校之本，善思笃行是学生的能力之根。你们在学校里学到了知识，提升了思维，增强了本领，目的只有一个，就是行动起来，建设和改造世界。这就需要发挥你们在"锦城"学到的最重要的两大能力。

（一）思考判断力

中国历来强调思考，有"虑而后能得"（《大学》），"谋定而后动"（《孙子兵法》），"三思而后行"（《论语》），"运筹于帷幄之中，决胜于千里之外"（《史记》），"行成于思毁于随"（《进学解》），等等。西方的大学有一门重要的课程叫"批判性思维"，讲的也是如何思考。凡事都要用脑子想一想，这就是思考。思考是人的特权，是我们驾驭人生的第一手段，希望同学们将思考进行到底！要坚持独立思考——不要人云亦云，要自己分析材料，做出结论，有"独立之精神、自由之思想"；要坚持反思性思考——就是要有"吾日三省吾身""行有不得反求诸己"的反思精神；要坚持正面思考——就是要有阳光心态、正面思维，只为成功找方法，不为失败找借口，言语行动充满积极性、建设性；最重要的是要坚持批判性思考——就是要用你们缜密的头脑慎思明辨，透过纷繁复杂的现象看到本质，在诸多矛盾关系中把握主要矛盾以及矛盾的主要方面，练就拨云见日、去伪存真的真功夫。

思考是为了判断。一个人没有判断力，就会内心无主、不知所措；而判断失误，轻则造成损失，重则带来灾难。所以我们要好好分析、判断，这也是高阶思维教育的重要目标。判断什么？判断是非——什么是对，什么是错，哪些事能做，哪些事不能做。判断形势——柯达公司曾是胶片时代的霸主，也是全球第一台数码相机的发明者，同时拥有当时最多的数码相机专利，但却因误判了相机发展形势，导致了大败局。判断机遇——机遇来了，要毫不犹豫地抓住，人生中决定命运和成败的关键机会只有那么几次，所以你必须抓住，也就是我们常说的"机会留给有准备的人"。判断方向——道路对了，离目标就越来越近；道路选错了，越努力离目标越远。如果南辕北辙、背道而驰，努力就没有价值，所以说"选择比努力重要"，而判断是选择的前提。希望同学们运用好在学校习得的高阶思维能力，正确判断，理性选择。只要判断对了头，人生事业就有奔头！

（二）行动坚持力

一个好的计划或设想，人们想到了不一定能做到，做到了不一定能做好，做好了不一定能坚持下去。只有那些想到了、做到了、做好了而且能够坚持下去的人才会取得成功！我们不是坐而论道的学校，大家也不是坐而论道的学生，能说会干是我校学生的核心竞争力。锦城学子要用行动创造未来！

要行动就要有目标、有计划。没有目标就没有方向，没有计划就没有管理。洛克菲勒告诫他的儿子说："尽管我从不像有些人那样夸大目标的作用，但目标的功能确实在我这里得到了异常重视。目标是激发潜能的关键，明确的目标更能让我们专注于所选择的方向，并奋力前进。"所以，学工处在每位同学进校之初就发了一本书叫作《成功从目标开始》。同学们，你们走出校门后，不能漫无目的，一定要制定清晰的目标和发展方向，规划好自己的工作和生活，管理好自己的时间和精力。要经常问自己，我想要达到什么样的目标？我为实现目标做了些什么？还能做些什么？等等。唤醒内心的力量，是提升行动力的关键。

要行动就要探索、创新。人类天生就有好奇心，有探索的本能。只有探索，才能扩大眼界；只有探索，才能打破惯性；只有探索，才能发现和实现更多的可能。你在任何工作中，都要追求探索和突破，否则就只能沦为平庸。正是由于改革开放"摸着石头过河"的探索，才有了今天的国富民强；正是有了科学家们的不懈探索，我们才能"可上九天揽月，可下五洋捉鳖"，才能很快地接种上新冠疫苗。所以，探索就是在创造机会、创造福祉，就是在赢得更大的生存和发展空间！

创新是赢得竞争的关键。诺基亚曾是全球最大的手机制造企业，但现在它的手机业务已被收购，该公司总裁沉痛地说："我们这些年来一直勤勤恳恳，并没有做错什么，但不知为什么我们输了。"他输就输在竞争对手颠覆性的创新上。所以，创新时代，唯创新者强、创新者进、创新者胜。作为年轻人，你们在未来的工作中，要敢于创新、力争突破，要敢于想别人没想到的问题，敢于提出别人没提到的办法，敢于做前人没做过的事情，敢于突破传统习惯的条条框框。让我们永远保持创新的心态，采取创新的行动，你的未来定会与众不同！

要行动就要有担当，敢于试错，不怕挫折。失败了、跌倒了，爬起来再干。要行动就要持之以恒，坚持到底。有三分钟的热度并不难，难的是长期坚守；在顺风顺水中坚持并不难，难的是在逆境中不放弃。钱学森说："常常是最后一把钥匙打开了神殿大门。"拿破仑说："决定战争胜负的关键，往往在于最后五分钟。"坚持到最后，才能看见胜利的曙光！

同学们，二十几岁的你们正值人生芳华，天空高远，征途璀璨，请牢记母校"正当做人，踏实做事"的嘱托，带着激情和梦想展翅翱翔吧！祝大家从此天高海阔，前程似锦！

欢迎大家常回母校看看，母校永远是你们的家园！

谢谢大家！

止于至善就是做什么都争取做到最好

——在2021届校友会理事及联络员聘任仪式 暨毕业生干部座谈会上的讲话

（2021年6月23日）

刚才听了大家的发言，我很高兴！我主要想和大家交流三个方面的问题。

一、感谢同学们起到的带头作用和为学校所作的贡献

学生干部是学生里面的骨干。我曾说："没有一流的校长办不成一流的大学，没有一流的班长和团支部书记也办不成一流的大学。"这里说的"校长"是一个代表，代表着党委书记、理事长，代表着学校的党政领导班子，校长很重要，因为校长代表着学校的总体规划、总体设计，代表着学校的顶层设计。除了"顶层"，还要重视基层，那就是班级和团支部，所以我说"没有一流的班长和团支书也办不成一流的大学"，这是中国特色。美国大学没有班级，是选课制，今天我和你在一起上课，明天我和他一起上课，美国的情况是这样。我们中国是讲组织文化的，同学们在各种组织里面，在青年团、学生会、各种社团组织。在座诸位在各个学生组织里面都起了骨干作用、起了

组织作用、起了带头作用，这些作用对于带动广大同学奋斗向上很关键。同志们，哪个单位都得有几只"领头羊"，是不是？没有领头羊怎么行呀？凡事总得有几个人带个头。比如说，要开展体育活动，总得有几个人去组织大家打篮球嘛。又比如说，我们要培养非认知能力，也总得有人带头嘛。社团活动总得有人策划、有人组织、有人带头来做。学校没人带头使劲前进，这个学校我看不行。学校是要有气氛的呀，学习有学习的气氛、工作有工作的气氛、运动有运动的气氛、唱歌有唱歌的气氛，你们在带动全体同学响应学校号召、维护学校的秩序、营造学校的各种气氛方面做了很多工作和贡献。你们感恩学校，学校也感谢你们。你们带了头、起了很大的作用，你们带领全体同学按照学校培养方向前进！

邹广严校长出席学生代表大会，推动一流班团建设（校团委　供图）

二、你们见证了学校教育理论的飞跃

同学们都体会到了自己四年的进步，都对学校表达了感恩之情。刚进学校的时候懵懂羞怯，是没有成熟的小孩子；四年后的今天，你们落落大方，已经很成熟了。刚才寇川校友对我讲，你们的表达能力普遍比他们那一届强。因为那一届没有把表达当作一门专门的课程来教，现在我们把表达列入了课程，有意识地培养大家的表达能力，所以你们的表达能力大大提高了，我看你们的发言都是脱稿的。在今年的毕业典礼上，我讲"能说会干"是我们"锦城"毕业生的核心竞争力。虽然孔子说"君子欲讷于言而敏于行"，有些人误认为"能说会道"好像是一种缺点，但这怎么能是缺点呢？像寇川校友，他在企业里当了一个小领导，如果讲话的时候还得照着稿子念，离了稿子连话都不会说了，那能行吗？我看大家在大学毕业的时候表达水平就已经很高了，到了社会上，再历练历练，未来可期！

你们也见证了学校教育理论的飞跃。第一届、第二届学生的时候，我们的教育以认知能力为主、以传承知识为主，当然，我们那个时候也非常重视课外活动，重视非认知能力的培育，那个时候讲"三讲三心"明德教育、"一体两翼"知识教育、"三练三创"实践教育，对不对？讲"文雅而不懦弱，健壮而不粗野"，是不是？还有"三不准""三不支持""八要八不要"之类的规定。现在看来，这些都和非认知能力的培育有关，但是当时没有提到这样的认识高度，没有把非认知能力的培育当成一个系统的课程。现在我们明确提出非认知能力和认知能力并重，并且将非认知能力培育显性化了，这就是我们在教育理念、在人才培养方案上的一个极大的提升或者说进步。

我们已经通过一系列课程，把非认知能力的培育系统化了。譬如说组织能力，组织能力靠"本本"是培养不出来的。有的学校说，我们学校是培养未来领导者的，我看说不定，谁领导谁不一定呢！你到街道办事处去了，北大清华的硕士、博士不也到街道办事处去了吗？

他到办事处去了，你也到办事处去了，将来谁当领导不一定。我校校友中现已涌现出200多个行长、100多个乡镇长……100多个乡镇长将来就有可能有10—20个县长，10—20个县长里边可能就有几个省长，你们信不？有可能，很有可能！

在学校，有一个领导力的锻炼问题。有的是无意识的锻炼，有的是主动的、有意识的锻炼。譬如说我吧，我在学校里面跟你们一样也是学生干部，但是我们那个时候，教育理论、教育水平没有现在这么高。没有把组织能力、活动能力当成一种重要的能力，没有纳入课程目标来培养。胡锦涛、吴邦国在清华大学读书的时候，都担任过学生干部，那个时候肯定没有把这个经历当成是一门课程，但是他们从中受到了锻炼。我原来做团的干部，也受到了锻炼，但是那个时候也没有把它当成一门课程。现在对你们来说，这是一门课程，一门培养组织领导力的重要课程。我们还组织了很多辩论、很多讨论，提高你的思辨能力、表达能力，所以同学们的表达能力很强。还有待人接物的能力、同理心的塑造等等，这些都是学校有意识地在培养和锻炼大家。

同志们，一个人要是做人不行，别人就不喜欢你。能够做到让别人喜欢是一种本事、一种能力。你千万不要以为在单位里招人喜欢是一种缺点，让别人喜欢是种能力！你要别人喜欢首先你要光明磊落，你要与人为善，要克服自我中心。四川人讲，你要"吃得了亏"，才"打得拢堆"。实际上，"打得拢堆"，你也吃不了亏。小事聪明，大事糊涂，那还能行啊？所以出去以后你得会待人接物，得学会与别人交流，得学会和别人团结！一个好汉三个帮啊！你要当干部，没人拥护你、没人投你的票，那也不行呀。你要领导别人，要别人服气呀！

这些都是非认知能力！在我们学校这是一门一门的课程！我可以骄傲地对大家说，这就是咱们"锦城"的与众不同之处！

三、希望大家牢记并发扬"止于至善"的校训

我刚才听了大家的发言，大家对我校"止于至善"的校训都非常重视、非常赞同，自觉践行，感悟颇深，这很好！我校校训就这四个字，但内涵非常丰富。希望大家走出校门后，依旧能够牢记"止于至善"的校训，发扬止于至善的精神，时时拿这个标准来对照自己，当我们"一日三省吾身"的时候，也要反省自己是不是做到了"止于至善"。

什么是"止于至善"？通俗地说就是做什么事都做到最好。搞技术，把技术搞到最好；搞行政，把行政搞到最好；搞学术，把学术搞到最好；当工人当得最好，当干部当得最好，当个服务员也当得最好。现在社会上有一种观点说要进步就要有后台，没有后台就很难成功。这个观点不能说完全不对，但至少不是完全对。也有很多取得进步的人没有后台，很大程度上靠自己的努力。

我在长钢工作的时候，当工人我是"五好工人"，当班长我也当得最好，我当生产车间书记的时候，带领工人抓革命促生产，推行"工人三班倒，班班见领导"，受到各级领导好评。冶金工业部还派两名干部来考察我，想把我调到部里去工作。那个时候我只是长钢四分厂一个车间的书记，离国家部委十万八千里，为什么我能有这个机会？因为我把车间工作做得最好，新华社还专门给我和我的工友们拍了照片，全国通发。

所以，同学们，止于至善就是把什么都做得最好！你在每个岗位上都做得最好，领导自然会喜欢你、会提拔你！在某种意义上讲，后台也是可以创造的。你在每个科研项目上都做得最好，你将来就是科学家！你在每一个工程上都做得最好，你将来就是总工！你在小公司做得最好，将来大公司里你就可以当总经理！但是不能志大才疏啊，年轻人有远大理想很好，但不能空想，还是要从基本的小事做起，扎扎实实走好每一步！

邹广严校长题词（校友办　供图）

我们"锦城"的学生应该，而且能够与众不同！哪里不同？就是止于至善！就要做什么都做到最好。小工程、小项目也要做得最好，到街道办事处当个办事员也要做得最好，让大家看看我们"锦城"的学生，就是这样的"止于至善"！

邹广严同志荣获"光荣在党50年"纪念章颁奖词

（2021年7月1日）

  邹广严同志于1965年7月在天津大学加入中国共产党。1968年，大学毕业的他响应"建设大三线"的号召，来到祖国西南一隅的长城钢厂，在炼钢炉旁，扎实苦干，从炼钢工人到党委书记，把二十年最宝贵的青春奉献给祖国的钢铁工业，带领腾飞的长城钢厂创造了前所未有的辉煌！

2021年7月1日，锦城学院隆重举行庆祝中国共产党成立100周年庆祝活动。图为邹广严校长等领导与"光荣在党50年"纪念章获得者、优秀共产党员、优秀党务工作者、先进基层党组织负责同志合影（宣传处 供图）

  1988年9月，邹广严同志进入政府工作，先后担任四川省计划经济委员会副主任、四川省生产委员会主任、四川省经济委员会主任、四川省人民政府省长助理、四川省人民政府副省长，长期从事四川经济建设领导工作。在改革开放的伟大历史进程中，他图兴蜀，夙兴夜寐；为人民，呕心沥血。他组织制定了四川多个重要发展规划，领导了一大批工业产业、能源交通、农林水利、文教卫生项目，为四川的经济腾飞、社会繁荣和民生幸福鞠躬尽瘁，在全川干部群众中享有广泛政声和崇高的威望！

21世纪初，邹广严同志又带领"锦城"创业先驱，在艰难困苦中创办了锦城学院。十七年来，他带领"锦城"师生员工为办好人民满意的高质量教育上下求索，不懈奋斗，使锦城学院实现了从无到有、从小到大、从弱到强的历史跨越，累计为社会培养了近6万名高素质人才，为党和人民的科教兴国事业作出了杰出贡献！

56年党龄，跨越世纪的奋斗，多条战线的传奇。一路走来，为国为民的初心不改；过去将来，共产党人的光辉永在！

给新进教职员工的三点建议

——在2021年新进教职员工培训会上的讲话

（2021年7月7日）

各位新员工：

我首先代表学校欢迎你们！

按照惯例，我们为新入职的员工办了一个岗前培训班，学校安排了各个方面的老员工、老教师、老干部向大家介绍"锦城"工作的方方面面，以引起大家思考和讨论。从刚才两位学员代表的发言就能看出来，大家的学习效果很好。我看大家现在满脑子都是"锦城"、满口都是"锦城"的语言，这就是培训班的效果！这就说明你们已经开始融入"锦城"了。我们达成了共识，有共同的语言，能够采取目标一致的行动。

围绕"如何做一名锦城好老师"的主题，我与大家分享三段话。

一、要做一名"锦城"好老师，首先要做一个好人、一个善良的人

我校历来讲"做人第一，能力至上"。这是对学生的要求，也是对老师的要求。"做人第一"就是在做好老师之前，先做个好人。什

么叫好人呢？标准很多。我在今年的毕业典礼上就讲了，要做一个好人，你可以不高尚，但要善良；你可以没有多少财富，但是要有常识、有底线；你可以不出类拔萃、不是一个了不起的人，但是要有益于社会，能够为他人和社会做一些事情；你可以不聪明，智商没有克林顿那么高，但是要肯努力、肯投入……总之，先要做一个好人。

邹广严校长题词（黄长恩　供图）

做人要善良为本、慈悲为怀。孟子说："恻隐之心，人皆有之；羞恶之心，人皆有之；恭敬之心，人皆有之；是非之心，人皆有之。"做人，首先要有恻隐之心。见到弱势群体要同情，见到家庭困难的学生要爱护，不能说谁开着小车来上学就是掌上明珠，谁交不起学费就可以不管不顾——这样就是不善良。西方讲"博爱"，我们的孔孟之道讲"仁爱"，其实都是善良。习近平总书记强调，教师要有"仁爱之心"，仁爱之心就是要善良！要爱学生、爱学校、爱教育工作。

现在大家都在讲"初心"。你们到"锦城"来工作的初心是什么？我可以给大家讲讲我们创办这所学校的初心，那是为了要给青年一代创造更多的"有学上、上好学"的机会。2005年的时候，大学录取率是不高的，很多青年学生想读大学，但是没机会，我们当年创办这所大学，首先是想着给四川或者西南地区乃至全国的青年人提供更多的上大学的机会！现在全国的录取率上来了，"有学上"的愿望变成了"上好学"的愿望，所以我们要不断提高，这也是为什么我们要推行高阶教学等教学改革。同志们，我在这里告诉大家，高阶教学是一座山，恐怕很多名牌大学都没有爬上去。比如施一公就曾说他在清华读了本科，学了很多知识，但是对于科研一窍不通，等到了约翰·霍普金斯大学，才明白了科研的道路是什么、思维方法是什么。所以说，高阶教学是一个难度很大、需要不断爬坡上坎的艰难攀登。那么我们为什么要自讨苦吃呢？就是为了提高育人水平，给更多孩子们创造"上好学"的机会。我们所做的事业就是立足于善良、立足于帮助别人、立足于让这个社会变得更好。"锦城"的老师必须要有这样的觉悟！

做人可以不出类拔萃，但必须要有益于社会、有益于他人，要懂得为他人着想。现在很多人考虑问题习惯于以自我为中心，为他人考虑不足。到点了就要下班，家里的小孩正等着我，新生的床位还没安排上，我就不管了，让他打地铺。这对吗？显然不对。"幼吾幼以及人之幼"，你也要为学生想一想嘛。同志们，我经常说，能够考上我们学校的，他那个分数不是没有选择，他可以选择去其他很多地方公办高校。我们的学费每年一万多，尽管不算高，比一些中小学甚至幼儿园的收费要低很多，但比起公办高校来说还是高的。学生愿意花公办学校三倍的学费到这来，是为什么？他总是有一个想头、一个盼头，对不对？如果我们不能向他们提供更优质的教育，我看是对不住人家。所以我说，要当一名"锦城"的好老师，必须要替别人着想，这也是善良的一种表现。有益于社会、有益于他人，给学生创造好的条件，让学生成长、成人、成才——有了这个觉悟，就是你做好一名

"锦城"教师的起点。

二、要做一名"锦城"好老师，就要跟上技术革命的潮流，做改革创新的促进派，不做保守派

有一本书里讲，大学是一个很保守的地方，它之所以存在的时间很长，就是因为它保守，不容易改变，外面无论怎么闹、怎么变，它稳坐钓鱼台。但我认为，从另一个角度讲，保守是大学——特别是对像我们这样一所年轻的、蓬勃发展的创业型大学面临的主要危险。"锦城教育"的特点是传承和创新相结合，改革和创新是我们后来居上的两大法宝。

搞教育创新，我们历来是走在前列的。比如2005年，我们在全国最早开展劳动教育，现在已经是硕果累累了，多次获得新华社、中央电视台、《人民日报》、《中国日报》（*China Daily*）、《中国教育报》、《中国青年报》等数百家媒体以及共青团中央等组织的广泛关注和报道，获评"教育部高校思想政治工作精品项目""四川省高等教育教学成果二等奖"等等。2006年，我们就开展了覆盖全体学生的创业教育，最重要的一点就是做到了"全覆盖"，真正让每一位学生受益。"锦城"校友的创业率超过3%，他们真正从就业岗位的竞争者变为了就业岗位的创造者。同时，我们的创业教育还获得了"国家级一流课程""四川省大学生创新创业俱乐部""省级教学成果三等奖""省级创新创业教育示范课、精品在线开放课"等荣誉。还有我们的中华传统文化教育、岗位调查、专业和课程建设的逆向革命、"三不放水"等等，都是开展得很好的。我们做这些，不是或者说不完全是主管部门要求我

们这样做，而是出于教育的良心和对教育规律的遵循，我们自觉地、主动地做了这些理论探索和教育实践。实践证明，效果是好的。

我们学校也一直强调要站在技术革命的前沿。比如早在 2009 年，文传学院就开始搞"技术文科"，在传统的人才培养方案里面加入了一系列技术课程。当时学校为文传学院配了一位分管技术的副系主任（相当于现在的副院长），设置了专门的技术教研室，开设了一系列文科技术课程，出版了一系列文科技术教材，目的是适应互联网时代的技术型文科建设和发展。为什么要这样做？因为当时我们看到了一种潮流，那就是传统媒体在衰落，新兴的数字媒体在兴起，我们的教育必须跟上这样的变革。现在我们的"技术文科"搞得很有影响力了，文传学院是人气很高的生源大院，就业率也很高，大多数专业是100% 的就业率，这在文科中是极为罕见的。

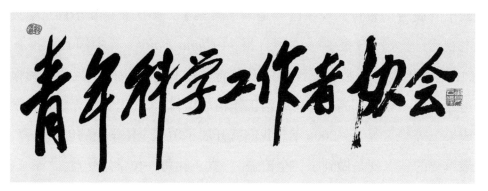

锦城学院强调要追踪新技术革命前沿，走在教育变革前列。图为邹广严校长为学校青年科学工作者协会题字（科研处　供图）

又比如，2012 年被称为"慕课元年"，我们几乎就在同一时间开始了慕课的探索。2014 年，我们提出推广"翻转课堂"，并逐步实现了对全体师生的全覆盖。一开始时，不少老师不赞成、不积极，认为翻转的效率低、翻转的效果差、翻转费的时间多等等，但学校认为，我们一定要跟上技术发展的潮流。到了2020年初，来了一场席卷全国的新冠疫情，春季学期，学生不能返校了，传统的校园授课方式失灵了，教育部要求"停课不停学"，怎么办呢？只有网上上课。这个时候，我们长期坚持的在线教学和混合教学的威力就显现出来了。我们是按原计划开学、全课表开课（除开实验实训类的课程），学生反响热烈，效果很好，教育厅也高度认可。这是我校多年来坚持走在信息技术变革前列，厚积薄发的成果！所以，同志们，要跟上技术革命的潮流，要做改革创新的促进派，不要做保守派。

有人曾问邓小平同志："长征那么艰难凶险，你是怎样走过来的？"邓小平同志只回答了三个字："跟着走！"我们学校的老师好在哪里？好在尽管事实上自己也不太懂，但善于跟着走。新技术正好是你们年轻人的优势，所以你们要发扬优势，要走在技术变革的前列，要做改革和创新的促进派，最起码也要跟着走。实践证明，凡是跟着走的，都走对了，都走到延安去了，不跟着走的，都淘汰了。

在我们学校，没有一个人是因为改革创新而受到指责的。我们的理念是"追求成功，宽容失败"。改革创新中即便有些失误，也没关系，改过来就是了。所以你们尽管大胆地吸取国内外先进理念，大胆地使用先进技术。总之，我们要培养改革派、促进派、创新派，不当保守派。最低要求是要"跟着走"。

三、要做一名"锦城"好老师，就要尽快地融入"锦城"，与学校共命运，为学校的发展而奋斗

刚才我听了两位学员代表的发言，很多"锦城"的语言、"锦城"

的概念，讲上课就是"锦城课堂大于天"，讲备课就是"两设一翻"，讲考核就是"三不放水"，讲育人标准就是"做人第一，能力至上"，讲发展定位就是"错位竞争"……这很好。你们和"锦城"有了共同语言，说明已经融入"锦城"了。

我告诉大家，一所学校的历史不是用时间来衡量的，而是由这所学校连续起作用的办学思想、办学理念、办学实践决定的。这些思想、理念和实践，需要代代传承。有的大学办了一百多年，实质上没有传承。中华人民共和国成立以前一个办法，成立后一个办法；改革前一个办法，改革后一个办法；换一个领导，换一个办法，换来换去都不知道究竟干什么了。我们"锦城"自建校以来，它的理念是一以贯之的，所以大家都耳熟能详。如果"锦城"的文化能够传承下去、发扬光大，我相信要不了多久，"锦城"就将成为一所伟大的大学。

除了希望大家尽快融入"锦城"，我还希望大家能与学校共命运，大家共同努力，为学校的发展壮大、繁荣而奋斗！

社会上有一种传言说："民办高校是不稳定的，要公办的才是铁饭碗。"我看不一定！我们的饭碗，可能比公办的还铁！我可以明确地说，第一不搞末位淘汰，第二不搞非升即走。我们的考核是以标准为准绳，绩效和年功相结合，目的是让大家安安心心地在学校工作，与"锦城"同奋斗、共命运！你们在"锦城"，也相当于是有编制的铁饭碗。不仅有一份工作、一份薪资，还有一个心情舒畅的环境，能够成就事业的舞台，我看这就是最大的"编制"。

社会上还有一种传言说："民办学校管理不公平，全部是老板说了算。"我可以说至少在"锦城"不是这样的。我们对教职员工的评价是"三个基于"，一是基于标准，二是基于公平公正，三是基于改进导向。

所谓基于标准，就是我们的考核标准是摆在那里的。"M+3"的评价体系，"M"怎么考核，"+3"怎么考核，全都有明文规定。比如"+3"里面有一个"显性成果贡献率"，得了教学成果奖怎么奖励，发一篇SCI怎么奖励，指导学生竞赛得了大奖怎么奖励，都是写得清清楚楚、明明白白的，这就是标准。

所谓基于公平公正，就是我们不仅因为制定了评价标准，实现了"实体公正"（类似于法律意义上的"实体正义"），而且我们还优化了评价方式和流程，实现了"程序公正"（类似于法律上的"程序正义"）。对一位老师，我们推行五方评价，学生评价、督导评价、同行评价、管理者评价、自我评价。这样做就是为了防止片面评价，我们实行"条块结合，院（处）考核、学校复核"的方法，也是为了防止片面评价。而且如果你对考核有疑问，还可以提出辩护。这样的制度安排，就极大地保证了公平公正。

我们学校薪酬贯彻的是"两个相适应"的原则——学校工资的总水平与学校的社会地位相适应，员工个人的工资水平与本人对学校的贡献相适应。我们现在是四川民办大学的龙头，比其他同类高校薪酬待遇高一点是合理的，将来如果比地方公办高校办得还好，比他们高一点也是合理的——这就是第一个相适应。两个人相同工龄、相同职称职务、相同岗位，A的酬劳可能比B多，其差别取决于对学校贡献的多寡——这是第二个相适应。"两个相适应"是公平原则的体现。

所谓基于改进，是说我们的评价是以促进教职员工改进提高为目的，叫作发展性评价或激励性评价。考核是为了促提升、促改进，而不是只限于奖惩。我们的"M+3"考核，实际上是"基础考核+奖励考核"。基础考核合格了，你的工资、奖金照拿。但是你要升工资、提职称，"+3"的内容就要做好啊。美国的威廉姆斯学院是文理学院的佼佼者，他们对教师的评价是"常规工作评价＋晋升评价"，这与我们的"M+3"是异曲同工。教师的"+3"是学生满意度、显性成果贡献率和教学反馈率，一位优秀的教师在这些方面是必须做好的！

我们的"两个不搞"（即不搞末位淘汰、不搞非升即走），为的是让大家能够安心工作，免除后顾之忧；"三个基于"（基于标准、基于公平公正、基于改进导向）的评价和"两个相适应"薪酬原则，就是让大家鼓足干劲、力争上游。"锦城"绝不亏待一个能人！

时间关系，今天就讲这么多。总结一下就是要做一名"锦城"好老师，首先要先做一个好人、一个善良的人；要做一名"锦城"好老师，就要跟上技术革命的潮流，做改革创新的促进派，不做保守派；要做一名"锦城"好老师，就要尽快地融入"锦城"，与学校共命运，为学校的发展而奋斗！

希望同志们都能爱上"锦城"，在这里发展自己的事业，努力工作，成就学校，也就是成就你们自己！

谢谢大家！

大学的声誉很大程度上由其校友创造

——在会见返校校友时的讲话

（2021 年 7 月 10 日）

同学们好！首先我代表母校热烈欢迎同学们回家！你们是"锦城"最早的一批学生，你们和我们一起参与了"锦城"的创建。那个时候条件很差，你们进校的时候，学校的设施还不是很完善，实验室设备也不完善，师资队伍的建设也在路上，当时的师资状况可以说是"老的老、小的小"，即一批老同志和一批刚毕业不久的研究生，可谓青黄不接。但是我们师生携手同心，全身心投入"锦城"的教育事业。经过十六年的努力，学校的面貌发生了很大的变化，你们也发生了很大的变化。今天大家重逢，可以说是更好的你们，回到了更好的"锦城"！

一、大学的声誉很大程度上是由校友创造的

一所学校的声誉，不是由大楼决定的，也不是由草坪决定的，而是由它培养出的校友来决定的。校友发展得好，有出息，就证明这所学校办得好；校友发展得不好，在社会上没有什么积极的影响，这所学校就默默无闻。检验一所学校的教育质量，不是靠领导检查，也不

是靠专家评估，各类检查和评估主要关注的是学校的办学条件，占地面积多少，实验设备多少，教授、博士多少，这些是很重要的，但不是决定性的。一所大学的声誉，很大程度上是由它的校友，特别是杰出校友创造的。

邹广严校长等领导与返校校友合影（校友办　供图）

所以，校友是学校的宝贵资源。最难能可贵的是，你们在"锦城"受到了良好的教育，然后到社会将其发扬光大。你们把锦城学院"一会做人、二会做事""先做人后做事""做好人办成事"这样一些理念变成了自觉的行动，并取得了成功。你们为母校争得了荣誉，我在这里要感谢你们！

二、校友的反馈是学校改进和提高教育工作的重要助力

我校历来把反馈当作改进工作的一个重要因素。教学工作有反馈，譬如在校内，老师教得好不好，必须听听学生们的意见，这个就叫反馈。我们的毕业生到了社会上发展得怎么样，这也是对学校教育

的反馈。比如说我们的"三大教育""四大计划""五项基本原则"等等，哪些是好的？哪些是不大好的？哪些是需要丰富、完善和改进的？校友最有发言权。所以我希望你们回来的时候能够带着你们的想法，你们在社会上的见闻，甚至你们和别的学校毕业生的对比，对学校的教育进行反馈、提出建议。我们"锦城"的毕业学生跟"双一流"的毕业生在一起，我们比他们怎么样？比他们差吗？不一定。但在哪些地方我们比他们强？哪些地方不如他们？你们的反馈和意见对学校改进教育非常有好处。

"锦城"恩师时刻牵挂校友发展。图为邹广严校长在自贡市公干期间，与自贡校友促膝谈天（校友办　供图）

另外，我2019年在云南开校友座谈会的时候就给校友办说，现在不要急于动员我们的校友为学校捐赠，因为大家大学毕业才十年八年的，首要任务是发展自己，发展到一定的时候，发达了，想到可以"兼济天下"的时候，他们会主动回馈母校、回报母校的，但现在不需要。所以，我希望你们回来不要有负担，轻轻松松地回来跟老师们交流、跟管理人员交流、跟学弟学妹们交流，就是对学校很好的帮助和回报。

三、校友的成功就是"锦城教育"的成功

我们学校很早就提出了"三个增值"，即学生增值、教师增值、学校增值。什么叫增值？就是数学概念中的那个"Δ"（德尔塔）。就好比资金的运转，转来转去得有一个增值，100元钱转了一圈成了200元钱，就叫增值了；但如果转了一圈只剩下95元钱，就只能叫贬值了。我希望大家在"锦城"受到教育后，出去转一圈，一定要转出个200元甚至是300元来，大大地增值。祝大家都有一个光明的前途，你们的成功就是"锦城教育"的成功！

谢谢大家！

"锦城"干部的五条标准

——在2021年7月13日校务会上的讲话

（2021年7月13日）

同志们：

随着"锦城"教育事业的发展和外部形势的变化，培养、选拔一批得力干部是我们的重要任务。得力、可靠的干部队伍是学校平稳发展、百年常青的重要保障。按照上级文件精神和我校工作的需要，我今天提出选拔任用干部的标准，大致有五条。

一、要坚决贯彻党和国家教育方针，坚持社会主义办学方向，落实立德树人根本任务

我们所从事的不是一般的事业，而是习近平总书记强调的"国之大计，党之大计"，是为社会主义事业培养建设者和接班人，努力培养能够担当民族复兴大任的时代新人。所以我们必须坚决贯彻党和国家教育方针，坚持社会主义办学方向，落实立德树人根本任务，努力办好人民满意的高水平大学。这一点以前讲过多次，今天就不再展开说了。

二、要坚定不移地学习、贯彻、落实和总结、提升锦城学院的办学思想、理念、方针、政策、路线、决策，确保"锦城"教育事业的连续发展

一所学校的历史和传统不完全是由时间决定的，而是由这所学校能够连续起作用的思想、路线、方针、政策，以及长期积累、沉淀出的特色、底蕴构成的。许多学校虽然办学时间很长，却没有形成稳定的办学传统和鲜明的办学特色，一个重要的原因是办学没有连续性，或是一个时期搞一套，大起大落，忽左忽右；或是换个领导就换一套，改弦更张，另起炉灶。由于没有形成一种薪火相传的血脉传承，故而缺乏稳定性、连续性，很难通过长期积淀形成自己的特色和底蕴，因而也很难办成一流大学。

德国的洪堡在柏林大学和在政府管教育的时间不长，总共才 16 个月，但他开创的教研结合、学术自由却成为柏林大学甚至整个德国大学的传统。蔡元培先后担任北大校长 12 年，他提出了一个有名的理念叫"思想自由、兼容并包"，这算不算北大的传统？我们不是北大人，没法回答。但一所学校应该自觉珍视和发扬自己的优良传统，我们考核和考验干部，重要的一点是看其是否能始终坚定不移地学习、贯彻、落实和总结、提升锦城学院的办学思想、理念、方针、政策、路线、决策，确保"锦城"教育事业的连续发展。这里强调了两个词：一是"坚定不移"，不要犹豫、彷徨、动摇；二是"始终"，不要只坚持一阵子，而要把好的思想、制度、作风等构成的办学传统长期坚持和发展下去。

三、要正确运用权力，密切联系群众

权力具有两面性，用得好，助你成就事业；用得不好，把人引向毁灭，所以要正确地运用权力。

一要坚持用权为公。要树立正确的权力观，即权力是学校赋予的"公器"，要用权力促进"锦城"教育事业的发展，用权力为大家服务，而不能以权谋私、公器私用。

二要作风正派、心胸开阔。邓小平同志曾经说过："（领导同志）眼界要非常宽阔，胸襟要非常宽阔。"毛主席也曾经说过："要能够团结大多数人。所谓团结大多数人，包括从前反对自己反对错了的人。"两位伟人都指出领导干部特别要有宽广的胸襟、容人的雅量。我以前和大家讲过我的故事，我在长钢当整顿办公室主任的时候，有一位计划处的同志，叫安崇阳，多次因为工作上的事情和我争论。后来我当了长钢的党委书记，第一批提拔的人里面就有他。旁人都感到奇怪，说他安崇阳一贯反对你，你怎么还提拔他呢？我说没什么可奇怪的。首先，这位同志和我吵，不是针对我，而是为了工作，他要是没点思想主见，没有点责任心，怎么会和我吵？其次，这位同志有意见摆在桌面上，不搞当面一套、背后一套，是光明磊落的。我们中国古话说"宰相肚里能撑船"，"锦城"干部要有广阔的胸襟，才能团结全体师生员工兴学办学，不要打压异己或挟私报复。注意我说的是团结全体，不是团结一部分，因为如果只团结一部分，就是变相地孤立另一部分。

三是要做到"三宽"，做人要宽厚、待人要宽容、气氛要宽松。

就是古人常讲的一个词——宅心仁厚。列宁临终前曾给苏共中央写信，建议不能任用斯大林，原因是"斯大林太粗暴"。我校历来主张严格和宽松相结合，对工作要求严格些，至于学术氛围、工作气氛则要宽松一点，不要动不动就指责，无限上纲上线，让人动辄得咎。如果那样，大家就只能战战兢兢地做事了，你说干什么我就干什么，你不说干什么我就不干什么，你说怎么干我就怎么干，说错了我照着你说错的干。总之，遵命而已。那样的话就失去了主动性，变成只会喊口号，最后要滑向官僚主义、教条主义的深渊。

　　四是要待人以诚，立足于帮。我给大家讲过，这是我从业五十多年来最大的体会。手中有点大大小小的权力，要用来帮人，而不要用来卡人、整人、害人。我当副省长的时候，还是得到不少同志拥护的。例如有位同志当了十年的省物价局局长，按规定要调岗，组织部门征求他的意愿，他说只要在邹省长的领导下就行；有位同志从广元市市长调到省里任职，他也说只要在邹省长领导下就行。他们为什么比较认可我呢？因为我从来不整人、不害人，诚恳待人，真心帮人，所以他们干起工作来觉得安心，比较能放得开手脚。在这里我可以开诚布公地讲，我对在座的诸位也不是都没有意见，但我从来没有整过你们，对不对？哪一位认为我整过你的，请站出来说一下。当然，立足于帮不等于护犊

邹广严校长题词（杨治国　供图）

子，不是说自己的下属就批评不得了，那些善意的、中肯的，甚至严肃严厉的批评，只要是真心诚意帮助他改正缺点、提高水平的，该批评还是要批评。我也曾经严厉批评过很多下属，但他们都不记恨。立足于帮不是"尾巴主义"，不是说必须赞成下属所作的每一件事，不管对和错，都由着他、惯着他——那是当老好人，不是帮助。

四、要负责任、有担当，加倍努力，兢兢业业

大家担负的工作，宏观上说，是在贯彻党和国家的教育方针，办人民满意的高等教育；中观上说，肩负着学校建设发展的重任；微观上说，寄托着广大师生员工的希望和前途。所以必须要有很强的责任意识、担当精神，必须加倍努力，兢兢业业，恪尽职守，努力工作。同志们，大到一个国家，小到一个单位、一个组织，领导的作用都是非常重要的。我国古代兵书《六韬》里有这么一段话，算是把领导干部的作用说到底了，这段话说：

> 将不仁，则三军不亲；将不勇，则三军不锐；将不智，则三军大疑；将不明，则三军大倾；将不精微，则三军失其机；将不常戒，则三军失其备；将不强力，则三军失其职。故将者，人之司命，三军与之俱治，与之俱乱。

大家都是独当一面，是学校各项事业的"将"，你所负责的工作和你是"与之俱治，与之俱乱"的关系，所以大家的责任是很大的。为此，第一是工作要用心，"将不用心"必然导致"士不用命"，领

导干部软懒散，不能期待他带出的队伍能打胜仗。我校一向倡导"钢班子带铁队伍"，我们"锦城"的各级领导干部一定要负责任、有担当，要戒骄戒躁，也要戒懒惰、戒滑头，对工作不要能躲就躲、能推就推、能滑过去就滑过去，而要积极主动，善思笃行。不仅做到"守土有责"，还学会"开疆拓土"，在各自分管的领域努力形成一种"想做事，能做事，能成事"的氛围，为学校的"三个增值"做更多贡献。

邹广严校长题词（李秀锋　供图）

五、要善于学习和反思，尽快达到较高的学术和管理水平

我校的传统是"三个没有发言权"，没有调查研究就没有发言权，没有读书学习就没有发言权，没有改革创新就没有发言权。所以，大家要想当好领导干部，要想有发言权，就必须善于学习、反思、创新，要尽快达到较高的学术和管理水平。

一是要学习研究，见贤思齐。领导干部之所以被称为"领导"，就是因为他站得高些、看得远些、意志坚定些，具备引导众人的素质和能力。这种本领从哪里来？重要的一环就是要善于学习。"锦城"教育能够高质量发展，一个重要原因是我们有"见贤思齐"的品格。我校很多的思想、理念、做法都是从世界一流大学、一流大师那里学来的。当然，在此基础上还有我们自己的改造和创新，也有一些是原创性的，但基础还是学习。孔子云："德之不修，学之不讲，闻义不能徙，不善不能改，是吾忧也。"所以，你们偶尔打牌喝酒我不反对，但不学习、不用功我反对。我们提倡把工作当科研做，也是强调要学习、钻研，力争有所心得、有所发现、有所创造。头脑昏昏，讲话没有理论，做事没有依据，工作马马虎虎，是很难当好"锦城"的干部的。

二是善于自省，虚心纳谏。反思是一种很重要的能力，对领导干部来说尤为如此。现在网上有一种思维方式，认为错都是别人的，我自己什么错都没有；还有一种思维，认为领导总是正确的。这都很危险啊。当领导，一要有民主作风，广开言路，有事跟同志们商量，倾听各方面的意见；二要善于反思和反省。毛主席讲过，"有了错误，一定要作自我批评"，"一个指挥员指挥打仗，三个仗，胜两个，败一个，就可以当下去。打主意，对得多，错得少，就行了。"所以有点过错不要紧，只要认真反省，过而能改，善莫大焉，怕的是不知反思、不知悔改。

三是要尽快成为内行，达到较高的学术和管理水平。高校的特点决定了领导干部不能长期当外行。所以大家要争取在最短的时间内变成内行，包括各学院分管学生工作的副书记，也要懂点专业，至少基本原理要懂。我在天津大学学的是化工，到长钢干的是钢铁，其实是不对口的。我也算干一行钻一行，把北京钢铁学院（现为北京科技大学）的炼钢、轧钢的书都找来学了一遍，还把炼钢车间的班长请到家里给我辅导操作，这样理论和实践都补上去了，所以在长钢是有些威望的，因为我懂业务也懂管理，是两个方面的内行。大家要努力，争取尽快成为学术和管理上的内行，这样才能服众。

今天就讲以上五条标准，这既是对这批新提拔干部的要求，也是对所有干部的要求。以后提拔干部、培养接班人，也主要看这五条标准。

推进深度学习是高水平人才培养的必由之路

——在2021年改革发展研讨会暨
第16期暑期干部学习班上的开班讲话

（2021年8月18日）

今天上午，会议第一阶段，招生处、图书馆、高研所三位负责同志的发言可以算是一种预备性的动员。她们向大家报告的主题和内容，包括今年的招生形势和我校的录取情况，深度学习的国内外文献综述、"锦城"教育思想的总结提炼，这都与我们这次的学习有关。

去年的暑期干部研讨会，我们集中学习了布鲁姆的教育目标分类理论，并在2020年年底提出了"一基两轴、三阶递进"的教育目标分类框架。这个暑假之前，我们的老师在期末教学工作会上报告了他们是怎么落实这个框架、实施高阶教学的，讲得很好，都明确了初、中、高三阶教学的目标、方法、考核分别是什么。所以，我们首先通过半年的研究，设计出了一个教育目标分类框架，之后又通过半年的实践，在大家的共同努力下，我们的教育教学水平有了极大的提高，而且走在了前列。

但是大家发现没有，我们还缺了点什么？我们需要补点课，补什么？补深度学习研究。教师的高阶教学必须与学生的深度学习相结合。只有教师的高阶教学，没有学生的深度学习是不全面的。现在国家提出教育要高质量发展，什么是教育教学的高质量？我们的论断就是高阶教学＋深度学习＝高质量教育。

邹广严校长在2021年暑期干部学习班上讲话（宣传处　供图）

这次暑期会为什么选择"深度学习"这个研究题目，是有深层次原因的，我总结了四句话。

一、形势所迫

锦城学院从办学以来，一直是兢兢业业、励精图治，又战战兢兢、如履薄冰啊。我们一贯在危机中求生存、求发展，不同时期有不同的危机。譬如说，办学初期的危机是没有钱，在捉襟见肘的情况下，想尽办法找贷款、建校园，实现了当年开工建设、当年获批办学、当年招生录取。我们开课之后的危机是师资不足，我曾对大家的要求是"教学绝对不能开天窗"。现在我们的危机是，受义务教育

"双减"政策的影响——教育战线发生了震撼式的变化，包括整顿义务教育阶段民办教育，波及高等教育领域；整顿校外教培机构，使社会公众笼统地误认为民办教育都在走资本化道路——这就造成了今年公办、民办高校招生明显的分层现象。但是，自改革开放后，国家鼓励民办教育发展以来，民办教育为我国高等教育的大众化以及基础教育的普及化作出了巨大的贡献，这贡献是不容抹杀的啊。同时，过去三四十年来，民办教育随着办学质量的不断提升、教育理念的不断创新，给中国教育体系带来的多元化、特色化贡献也不容小觑。而如今的现实是，受宏观政策影响，民办教育确实在一定程度上受到冲击，我们也处在危机之中。

在这样的形势下，我们锦城学院还是打胜了招生这场"硬仗"。一是我们保住了录取分数线全省民办高校（含独立学院）第一的位置，而且遥遥领先；二是我们有13个专业的录取分数超过了省内部分公办高校的调档线，包括计算机科学与技术、软件工程、会计学、网络新媒体、英语、播音、编导、艺术设计、工程造价、行政管理、新闻学、数据科学与大数据技术、财务管理专业。其中，计算机科学与技术、软件工程、会计学专业的录取线超过省内10所公办高校调档线，这不简单啊，向你们学习，向你们致敬！

当然，在值得祝贺的同时，我们也感到危机。美国人就很有危机感，经常反思。我们建校初期学习了1983年美国高质量教育委员会发布的《国家处在危险之中：教育改革势在必行》。报告指出，日本汽车生产的效率比美国高，韩国新建的一家钢铁厂效率比美国高，美国曾经高居全球第一位的机床也被德国超越了，这些指标都让美国感到危机。同样，对我们而言，今年公办、民办高校招生录取分数线明显的分层现象，也提醒我们必须要正视发展的危机。我们要想超越对手，就要比他们办得更好，就要拿出比别人多一倍甚至十倍的努力，把人才培养做到最好，要培养出更有竞争力的人才，要做出比别人更多、更高质量的成果，我们才有机会在竞争中胜出！

所以，我们既要有信心，也要感到有压力。因为大形势也就是客观条件存在不利因素，所以主观努力一定要跟上。有危机，我们要比别人做得好，不但要好，而且还要更好。马继征说，招生情况体现了社会对学校的总体评价。温晶晶说，社会公众对我们"锦城"的办学思想和教育理念是一贯的认可。所以，当前，形势所迫，不能躺平，必须加倍努力。

二、大势所趋

随着我国经济社会进入高质量发展阶段，人们对高质量教育的需求也日益增强。近年来，教育部提出中国高等教育要写好"奋进之笔"，推行"质量革命"。国内有专家指出"推进学习革命是高校教育改革的方向"。2020 年 12 月在清华大学举行的世界慕课大会以"学习革命与高等教育变革"为主题，可以说高阶教学和深度学习已经成为目前教育界最前沿、最高阶的课题。

在对深度学习的研究中，美国和 OECD 等国家和组织走在前面。美国新媒体联盟每年发布《地平线报告》，2014 年把追求深度学习作为教育战线最主要的趋势，2015 年把深度学习与策略作为趋势，2016 年把深度学习在未来的发展中占重要的地位作为趋势。美国将深度学习视为 21 世纪公民应具备的学习能力，以应对 21 世纪急剧变化带来的挑战。他们重视顶层设计，逐步建立起聚焦于认知、人际、自我三个领域的深度学习目标体系，作为理论指导和实践抓手。OECD研发的《21世纪技能框架》，规定了包括核心科目、主题以及基本技能等在内的涉及学生深度学习的教育目标体系。国际上还有日本的佐藤学等顶尖的教育组织和专家都在研究高阶教学和深度学习的问题，这代表了世界教育学界研究的方向。

刚才王红兵馆长提到了，国内关于深度学习的研究起步较晚。2014年开始相关文献量逐渐上升，研究相对深入的专家是华东师范大学课程教学与比较教育研究所的所长钟启泉。但总体看来，国内的研究，一是较大层面是对国外研究的介绍；二是相对集中在中小学这个阶段，而真正应该重视深度学习的高等教育阶段研究反而比较少；三是缺少实证研究和理论创新。而最为关键的问题是——缺乏一个切实可行的、高校适用的框架及相应的考核标准。

因此，我们既要看到世界研究大势所趋，又要看到国内的研究还远远不足。锦城学院在高阶教学方面做出了"一基两轴、三阶递进"的框架，深度学习方面我们还没有拿出一个框架来。尽管国外研究也有几个框架，但都不太好用、适用，很难被我们采纳。这就给我们提出了一个问题，在理论和实证研究都尚不足以借鉴的情况下，我们怎么办？这就需要大家集中智慧来研究这件事，研究可以在教学中实施的框架。

三、人才培养的需要

我们的培养目标是适应21世纪社会发展的人才。21世纪人才最重要的核心素养和能力是什么？有研究指出是批判性思维和解决问题的能力、创造力和创新力、合作和领导力、跨文化理解力、交流和信息素养、ICT（信息通信技术）素养、职业技能等等。而这些能力，不依靠深度学习是达不到的，只会背诵、记忆是达不到的，只会追求一个确定的、唯一的、满意的答案也是达不到的。美国研究者认为，探究式教学、形成性评价、写作计划、基于科学的教学、批判性思维活动、问题解决活动等是教授21世纪技能的有效策略。这就是我们推进高阶教学和深度学习的深层次原因。

　　21世纪有竞争力的人才就是要全面发展、协调发展。过去我们说全面发展就是德智体美劳，我校的"三大教育"就是全面发展，"三讲三心"明德教育、"一体两翼"知识教育、"三练三创"实践教育，包括了德育、知识教育、艺术和体育、劳动和创新创业创造教育等等，这就是全面发展。现在我们进一步强调认知能力和非认知能力协调发展，也是全面发展。我们过去侧重于培养认知能力，后来我们加强了非认知能力的培育。因此，我校的教育特点是高阶教学与深度学习相结合，认知能力和非认知能力培养相结合，这"两个结合"是我们教育教学最鲜明的特点，也是我们取得领先的关键。

四、教学匹配的需要

　　我校去年开始的高阶教学的实践，必须由学生的深度学习来配合。2014年我们就提出，锦城学院要办学生受益最大化的教育。我多次说过，教育的本质不是选拔而是培养，我们的本事不是去选拔高质量的学生，而是把一般的学生培养成优秀的、高质量的人才。这就要求我们思考怎样培养？怎样提供学生受益最大化的教育？大家必须认识到，高阶教学和深度学习是一个问题的两面，相辅相成的两面，缺任何一面都不行。当前，我们要突出重围，走在全国的前列，就要集中力量，研究和落实"高阶教学+深度学习"。

五、两道深度思考的开放题

所以，本次学习研讨重点围绕三个问题开展：第一，什么是深度学习？第二，为什么要推动深度学习？第三，怎么实现深度学习？

关于深度学习最难归纳和落实的问题有两个，这也是本次会议的考试题目，是让大家深度思考的开放题——

第一道题，深度学习发生的条件是什么？深度学习不是自然而然产生的，它只能在一定的条件、一定的基础上产生。那么，其主观、客观、内部、外部的条件是什么？这需要调查，研究，探讨。世界上所有事情都是在一定条件下发生的，例如种子只有在温度、水分、氧气量处于合适的状态下才会发芽。就好像牛顿三大力学定律揭示了物体在宏观、低速条件下的运动规律一样，我们也亟待了解和揭示深度学习的规律。搞清楚了深度学习发生的条件，我们就清楚了学校该做什么、老师该做什么、学生该做什么、家长该做什么、社会该做什么。

第二道题，深度学习达到的标准是什么？就是怎么判断学生达到了深度学习，要有显性的、可观测、可考量的证据来证明学生实现了深度学习。考核没有标准不行，没有标准就没有导向，也很难将工作落实。

去年，我们研究出"一基两轴、三阶递进"的框架，今年我们当务之急是根据马顿和布鲁姆的理论，找出一个理论与实践相结合的点，制订出一个基本的、可操作的、可考核的深度学习工作框架。我们的老师和学生都要掌握深度学习的这套理论和方法，以指导学生学习和课堂实践。

邹广严校长深入课堂，调研学生学习情况（总督办　供图）

同志们，我们"锦城"办学十六年，都是在不断加压、不断爬坡上坎的过程中发展。我们总是自己给自己出难题，尽管短期内是有困难和压力的，但长期来看，这对学校的发展、对师生干部的成长增值都是很有利的。大家既要清楚外部形势迫使我们必须不断爬坡上坎，更要主动建立起不断攀登一流应用型大学顶峰的自觉。既要认识到这是我们突破困难的重要措施，又要认识到这是我们的发展目标。我们的各项工作都要做得更好，因为我们在宏观形势中处在一个并不十分有利的位置，我们必须振奋精神，高度警惕，铆足干劲，攻克难关。我每年给大家出点儿难题，让大家思考、研究和实践，实际上是带着大家爬过了一个又一个山头，不断往上走啊！今年关于深度学习的主题，学报要拿出一期集中发表大家的研究论文。

动员会就开到这，希望各位同志努力、努力、再努力，发奋、发奋、再发奋，水平提高、提高、再提高！

全面推进"深度学习",
培养21世纪有竞争力和核心素养的人才

——在2021年改革发展研讨会暨第16期暑期干部学习班上的总结讲话

（2021年8月21日）

首先要肯定这次会议开得很好。总体来看，达到了"提高认识，统一思想，找准方向，坚定信心"的效果。刚才王校长讲我们是"共学共识"，本次暑期会的主题是研讨"深度学习"，我看大家也达到了"深度学习"。具体到每一位干部，做到了"学、思、写、讲、做"五位一体，学——不仅学了指定书目，还延伸拓展了许多材料；思——就是做了深入的思考；写——就是写出了发言提纲、制作了PPT；讲——就是做了很好的发言；做——就是做了初步的工作打算。每个人的发言时间不长，但准备时间很长，我看有些干部为了准备发言，废寝忘食啊。大家在会上会下还做了很好的交流。交流是一种生产力，能够产生学习的动力、思维的火花，听别人发言，对自己是一种促进，择善而从、见贤思齐、耻为人后嘛，这就是学习的交互性。另外，我们提倡要多视角地看待和研讨问题，这也是本次研讨会的一大特点，部分同志的发言侧重于理论研究，部分同志则侧重于实证研究，这就让我们对"深度学习"和学生学情的理解更加广泛和深入了。下面，我讲几点意见。

一、什么是"深度学习"？

"深度学习"这一概念，一般认为是由费伦斯·马顿和罗杰·萨尔乔于1976年在《学习的本质区别：结果和过程》一书中首次提出。1976年马顿等学者在哥德堡大学进行了一系列实验，为了探究学生在阅读大量散文段落时所采取的不同信息处理层次。研究发现，学生在理解文章内容时通常有两种倾向：一部分学生试图从整体上把握文章，通过对新旧知识的迁移和深度思考来概括文章的主旨；一部分学生则习惯于专注那些可能会被提问的段落，并尝试去记忆和复述文章内容。他们称前一种方式为"深度学习"（Deep Learning），后一种方式为"浅层学习"（Surface Learning）。研究表明，采用"深度学习"方法的学生对文章的理解更多，能更好地回答问题，并能更有效更持久地记住相关信息。

在学术上，经常与"深度学习"概念一起出现的是"高阶思维"这个概念。例如，段金菊等认为："深度学习强调高阶思维能力的培养"；康淑敏认为："深度学习是一种以高阶思维为主要认识活动的持续性学习过程。""高阶思维"的概念我们并不陌生，去年暑期会我们学习了布鲁姆教育目标分类学。布鲁姆等人不仅把教育目标分为了认知领域、动作技能领域、情感领域三类，而且还对各领域的教育目标进行了分阶。比如在认知领域，根据思维的发展特征，从低到高分为记忆、理解、应用、分析、评价、创造，并把记忆、理解、应用划分为低阶，把分析、评价、创造划分为高阶。我校对这个划分法做出了调整——把记忆、理解划分为低阶，把应用划分为中阶，把分析、评价、创造划分为高阶，这也是我校"一基两轴、三阶递进"框架的思想来源之一。这种对思维活动的分阶，实际上与学习者学习的深浅程度有一种对应关系，即越是高阶的思维活动，越是复杂和具有挑战性，所以要求学习者进入一种深度学习的状态。故而现在有很多研究者都倾向于把"深度学习"和布鲁姆的理论联系起来，指出"高阶思维"是"深度学习"的本质要求。

当然，"深度学习"不是"高阶思维"的简单对应。"深度学习"是一个学习的概念，描述的是学习者的学习动机、学习过程和学习结果。这次研讨会上大家都讲了对"深度学习"概念的理解，指出了"深度学习"的特征。下面我再列举不同学者对"深度学习"的12种定义：

1.深度学习的过程能够让学生掌握学业内容，培养批判性思维，以及解决复杂问题、合作和有效沟通的能力，成为拥有学术心态的自主学习者。——莫妮卡·R.马丁内斯、丹尼斯·麦格拉斯《深度学习》

2.深度学习是学习者通过对知识本质的理解和对学习内容的批判性运用，追求有效的学习迁移和真实问题的解决，并以高阶思维为主要认知活动的高投入性学习。——《美国"深度学习"研究40年：回顾与镜鉴》

3.深度学习是学习者能动地参与教学的总称，亦即"通过学习者能动地学习，旨在培养囊括认知性、伦理性、社会性能力以及教养、知识、体验在内的运用能力"。因此，发现学习、问题解决学习、体验学习、调查学习等，均属于深度学习的范畴。

深度学习不是从传递特定知识内容的教科书开始，而是从揭示问题开始的。在深度学习中，学习者围绕问题，引出种种思考与解决方法，教师则判断他们此时"知道了什么""能够做什么"，从而规约学习规则，并展开一系列旨在问题解决所需的知识与技能的探究活动。——钟启泉（华东师范大学教授）所引的佐藤学《教育的再定义》

4.何玲等认为，深度学习是指在理解的基础上，学习者能够批判地学习新思想和事实，并将他们融入原有的认知结构中，能够在众多思想间进行联系，并能够将自己的知识迁移到新的情景中，做出决策和解决问题的学习。

5.张浩等认为，深度学习是一种主动的，批判性的学习方式，也是实现有意义学习的有效方式。

6.段金菊、康淑敏等认为，深度学习是一种以高阶思维为主的认知活动。

7.四川师范大学蔡茂君、郑鸿颖认为，深度学习界定为学习科学视域下对认知心理学、课程与教学论、教育技术学三个子系统的最优整合。"深度"在认识心理学中指学习者的信息深度加工过程，在课程与教学论中指教师的深度引导过程，在教育技术学中指技术的深度支持过程。深度学习是以上三个"深度过程"的最优整合。

8.艾根认为，只有在充分广度、充分深度和充分关联度上发生的学习，才是有深度的学习。

9.美国国家委员会在"定义深度学习和21世纪技能委员会"

的报告中指出，深度学习就是为迁移而学习的过程，能够让学生将从一个情景中习得的知识用到其他情景中。

10.美国卓越联盟的报告中指出，深度学习以创新的方式将丰富的核心知识传递给学生，因此核心知识是学习过程的中心。深度学习培养学生了解和掌握核心知识的能力，运用这些知识进行批判性思考和解决复杂问题的能力，与同伴顺畅有效合作的能力，借助适当的媒体进行交流的能力以及自我指导和反馈的能力。

11.刘月霞、郭华等认为，所谓深度学习，就是指在教师引领下，学生围绕着具有挑战性的学习主题，全身心积极参与、体验成功、获得发展的有意义的学习过程。在这个过程中，学生掌握学科的核心知识，理解学习的过程，把握学科的本质及思想方法，形成积极的内在学习动机、高级的社会性情感、积极的态度、正确的价值观，成为既具独立性、批判性、创造性又有合作精神、基础扎实的优秀的学习者，成为未来社会历史实践的主人。——《深度学习：走向核心素养》

12.深度学习是学习者主动地学习，在理解的基础上，批判性地学习新知识，并将它整合到原有的知识结构当中去，能将所学的知识迁移到新的情景中，灵活地解决新问题并致力于创造新知识。深度学习更加注重批判性高阶思维，主动的知识构建，有效的知识迁移和真实问题的解决。——《锦城活叶文选》第81期

从上述定义中，我们可以归纳出"深度学习"最主要的特征：

1.强调学习者的主体性、主动性。所谓"主体性"，指的是学生

是学习的主体，学习是学习者在学习，任何人不能代替，教师的教无法代替学生的学；所谓"主动性"，指的是深度学习需要学习者有足够的内驱力，他的学习行为应该是积极、主动的，而不是消极、被动的。

2.强调学习者的理解、批判、联系、建构（重构）、迁移、应用等思维过程，尤其强调批判、创造等高阶思维特征和解决复杂问题能力的养成。这主要是用认知心理学的理论来描述深度学习的机制。

3.强调教师的引导作用。比如定义7和定义11都认为深度学习离不开教师的引导，离不开课程与教学活动，指出了教师促进学生深度学习的责任。

4.强调非认知能力的参与和养成，促进人的全面发展。深度学习不仅是认知领域的活动，也需要非认知能力的参与和保障，这里面既包括学习者的欲望动机、自制力等个人领域的非认知能力，也包括团队协作、有效沟通等人际领域的能力；同时，这些能力的提高也是深度学习追求的重要目标。

5.强调核心素养的形成。很多定义都提到了"知识"和（各种）"能力"，定义10和定义11更是明确提到了掌握核心知识，把握学科的本质及思想方法。这也就是说深度学习要求学习者牢固掌握所学内容，这些内容要有"充分广度、充分深度和充分关联度"。同时，深度学习非常看重学生的心智、心灵和精神的发展，最终结果是学习者能够养成"学术心态"，能像学者一样思考，像专家一样解决问题。

二、如何认识推进深度学习这项工作？

关于为什么要强调深度学习，我在8月18日的开幕式上讲了四点理由：一是形势所迫，二是大势所趋，三是人才培养的需要，四是教学匹配的需要。我们要想突破困难，就必须付出比别人更多的努力。要想爬坡上坎、走在前列，教学就必须转型，学习就必须变革。这里有几个关于深度学习的认识问题，需要说明。

（一）教学要转型，学习要变革，教育要适应社会发展对人才的要求

教学要转型，学习要变革。那么"革"的对象是什么呢？不是具体的个人，而是那些陈旧落后的教育理念、僵化低效的教学模式、学习方式。教师照本宣科、PPT 一念到底，学生被动学习、浅尝辄止，止步于简单的记忆、理解，满足于记住标准答案、考试过关、混张文凭……这些落后的教学形态是不适应高质量的人才培养要求的，所以必须变革。

长期以来，教育界的有识之士都呼吁变革。美国思想家、教育家约翰·杜威说："如果我们仍用昨天的教育培养今天的儿童，那么我们就是在剥夺他们的明天。"但现实情况是什么样呢？我手上这本美国人写的《深度学习》一书上讲，21 世纪，社会的方方面面发生了翻天覆地的变化。但是，包括约 133000 所学校的美国公立教育系统仍然固守 20 世纪初的传统模式。老师站在一排排的课桌前讲课，学生捧着沉重的书本埋头做笔记。通常，学生都被训练成追随者，而不是领导者。再看《全球胜任力：融入世界的技能》这本书，著名心理学家加德纳作序，他在序言里讲："当今世界绝大多数教学，仍然拘泥于培养年轻人去适应 19 世纪、20 世纪的生活，我们的课程（围绕着传统学科而组织）、我们的教学方式（大多数仍是讲授式的）、我

们对媒介的使用（大多数仍是一页页文本式的）以及我们的评价（通常局限于多项选择题或简短问答）等，在过去几十年中几乎没有什么变化。"所以，要培养年轻人适应21世纪的发展，需要我们推进教学转型、学习变革、为学而教。但大家要认识到，旧习惯的势力是强大的，正如列宁所说，"千百万人的习惯势力是最可怕的势力"。所以，这项变革的任务是非常艰巨的。

（二）推动深度学习是一项综合的、立体的改革，也是一项系统工程

深度学习不是自发产生的，也不是在任何情况下都会发生的，而只会在特定条件下才会发生。这里面既有内因也有外因，既需要学习者的主动性、积极性，又需要教师的导引、资源的支持和环境的熏陶。所以，推动深度学习是一项综合的、立体的改革，是一个涉及"教、学、管"三个主体的系统工程，教师、学生、学校、家长，均负有责任。

（三）深度学习不是削弱教师的作用，而是对教师教学提出了更高要求

深度学习不是弱化了教师的作用，而是对教师教学提出了更高的要求。教师需要提高教育理论水平，加深对学习原理的认识，对教学的每个环节进行精心设计、精心执行、精心验收和认真反思、提高。要实行高阶教学，在教学内容、方法和考核评价方面对学生提出挑战。这对教师来说也是一项艰巨的挑战。

"锦城"教师坚持"课堂大于天",促进学生深度学习。图为计算机学院杨键老师在授课(计算机学院　供图)

(四)推动深度学习与我校此前一系列教育思想和改革举措是一脉相承、持续改进的关系

早在前几次会议上,我就讲了我校"爬坡上坎"的精神,我们的各项工作是环环相扣、创新前进的。从"两课设计"、"翻转课堂"、"四全三高"、"五力五升"、高阶教学,再到深度学习,前面的工作是后面工作的基础,后面是前面的发展。最大的特点是持续改进,而不是推倒重来,不是今天搞一套,明天心血来潮,把前面的推倒,另搞一套。现在有一门学问叫作"教学改进学",其核心理念就是"持续改进",我们也是这个思想。

我校以高质量的人才培养为中心,认识不断提高,实践不断深化。以研究学习为例,2007年,我们就学习美国高质量高等教育研究小组的报告,并提出"全身心投入学习是'锦城'学生的第一要务";2010年,我们进一步提倡"搞好一个项目比考出一个高分更重要，解决一个现实难题比拼凑一篇论文更重要，干好一件事情比空谈理论更重要，做好一项实验比死记硬背更重要"，以此来强调运用知识解决实际问题的能力；2011年，我们提出"学习力是万力之母"，并编著《学生10种学习法》，帮助学生科学学习，实际上，我们现在常说的21世纪人才技能最重要一条，也就是拥有如何学习的能力（学习力），这就是深度学习；到2020年，我进一步跟大家探讨了大学生以学习为中心的三个问题——强度学习、深度学习、科学学习；今年6月，我初步提出关于学生学习变革的八个方面，我看大家也都基于此对我校学生学习的不同维度进行了实证调研，尤其是计算机学院、外语学院及学工系统都做了很好的落实。

因此，我希望大家认识到，我们这次深入研究"深度学习"，不是猝然提出、贸然为之，而是与过去的一系列教育思想和教学改革相适应，并且一脉相承、持续改进的，尤其是深度学习和高阶教学，二者是一体两面、相辅相成的关系。

三、怎样推进深度学习？

我们的当务之急是学习借鉴布鲁姆、马顿等人的理论，找到一个理论与实践的结合点，制定一个基本的可操作、可考核的工作框架，以指导学生学习和课堂实践。

关于深度学习的框架，中外学者都有一些创造。比如美国的特伦齐尼教授提出的一个框架，其要点是：1.能挑战学生的思想和人；2.要求学生投入挑战；3.在支持的环境中发生；4.鼓励在真实世界的积极学习；5.有他人参与；6.鼓励主动反思。

国内学者钟启泉教授也提出：1.驱动性的问题；2.聚焦学习的目标；3.参与科学的实践；4.协同学习；5.技术资源和观念的创造等。但这些框架对我们来说缺乏系统可操作性。根据大家这几天的讨论，结合我校校情，现在提出"一点两面、三抓五评"的框架，如图所示：

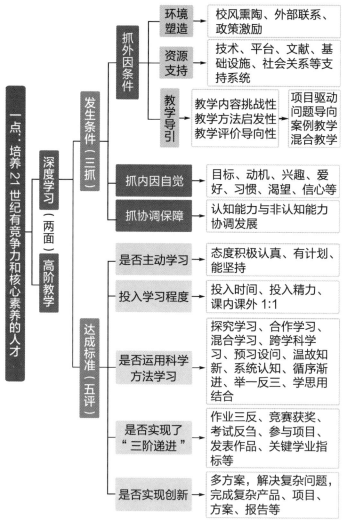

锦城学院"一点两面、三抓五评"的深度学习实施框架（根据邹广严校长手稿绘制）

下面我逐个来讲一下。

（一）一点：培养21世纪有竞争力和核心素养的人才

我们现在推进改革和相关工作的一个基本点就是，培养21世纪有竞争力和核心素养的人才。

早在20世纪80年代，邓小平同志即提出"教育要面向现代化，面向世界，面向未来"的方针。我校从2016年开始，明确提出"建设未来型学校，造就未来型师资，培养未来型人才"，开启了"未来型教育"的征程。21世纪的社会到底需要什么样的人？他们应该具备哪些素养？如何培养未来的公民，以使其能够更好地适应21世纪的工作和生活？

2016年6月3日，世界教育创新峰会与北京师范大学中国教育创新研究院共同发布《面向未来：21世纪核心素养教育的全球经验》研究报告。该报告以包括中国在内的24个经济体和5个国际组织的21世纪核心素养框架为分析对象，探讨了21世纪核心素养提出的主要驱动因素和实现途径。报告指出，沟通与合作、创造性与问题解决、信息素养、自我认识与自我调控、批判性思维、学会学习与终身学习以及公民责任与社会参与七大素养为各国际组织和经济体高度重视。

关于21世纪核心素养的讨论非常多，比如：

1.美国21世纪技能学习联盟评选出21世纪最需要学习的4种能力，即：批判性思维能力、沟通交流能力、团队协作能力、创造与创新能力。简称为4C。

2.美国国家委员会评出的21世纪技能分三部分：认知技能、人际技能、内省技能，其中人际技能包括交流、合作、应变、适应、灵活性、与他人互动、领导力、责任感等。

3.有的学者将21世纪的技能分为：思维技能、行动技能、生活技能；有的学者提出两种核心能力：从多个视角看待一种现象，与不同对象有效沟通。

我校对21世纪核心素养和竞争力的提法就是"3+6"，"3"就是"一基两轴"所代表的三大要素：知识、思维、能力，侧重于认知能力方面；"6"特指6种最重要的非认知能力，包括：（1）交流沟通（社交力）；（2）合作包容（亲和力）；（3）组织领导（领导力）；（4）反思自制（自制力）；（5）责任态度（责任心）；（6）好奇创新（创新力）。其中前三项为"群体性非认知能力"，后三项为"个体性非认知能力"。

（二）两面：高阶教学和深度学习是培养21世纪人才竞争力和核心素养的两个方面

教师的高阶教学和学生的深度学习是实现上述目标的根本途径。高阶教学和深度学习是一个问题的两面，是不可分割、相辅相成的。我在"学在锦城，共话成长"师生恳谈会上的讲话——《为适应高阶教学，学生学习必须大变革》里已经详细阐明了二者的关系，今天不再赘述。

（三）基于深度学习发生机制和条件，做好"三抓"

经过这几天对深度学习发生机制的研讨，大家取得了共识，认识到深度学习是在一定条件下发生的，它既有内因，也有外因。毛主席讲："外因是变化的条件，内因是变化的根据，外因通过内因而起作用。"根据这一原理，综合大家的意见，我提出"三抓"：一是抓促进深度学习发生的外部条件，具体来说就是抓环境塑造、资源支持、教师导引三个重点；二是抓促进深度学习发生的内部条件，特别要抓学生学习内驱力的养成；三是抓认知能力和非认知能力协调发展，这是一种保障条件。

1.抓外因，为深度学习创造良好外部条件

我们抓深度学习，第一条就是抓深度学习发生的外部条件，也就是深度学习发生的外因，主要包括：环境塑造、资源支持、教师导引，从而为深度学习创造良好的条件。

（1）环境塑造

安德烈·焦尔当在《学习的本质》一书中指出："学习的发展来自个人所处的物理环境和社会环境。越来越多的研究表明，环境在学习中发挥着决定性作用。"古人曰："蓬生麻中，不扶而直；白沙在涅，与之俱黑"；又有谚语说："橘生淮南则为橘，生于淮北则为枳。"可见环境对人的影响是很大的。

校风是环境。我们提出要努力形成"勤奋、向上、严谨、刻苦"的校风，要继续坚持"育人不放任、考试不放水、管理不放羊"，严肃教风、学风、考风。要大力营造"六种氛围"：一是自由探索的氛围，保护学生的好奇心、探索欲，要允许大家自由探讨，要允许试错；二是沉静的氛围，即教师和学生都要沉下心来做学问，不能浮躁，不急功近利；三是严谨的氛围，不满足于差不多、马马虎虎、得过且过，而要精益求精、止于至善；四是你追我赶、主动进取的氛围，比如搞竞赛，以赛促学；五是交流探讨、合作互助的氛围，"独学而无友，则孤陋而寡闻"，学习一定要有良师益友；六是鼓励创新、不怕失败、发扬长板、宽容缺点的氛围，让学生的亮点亮起来，长板长起来。以此形成一种有利于深度学习的空气，一种推着人走的无形的力量。

外部关系是环境。我们提出办好学校要坚持"四个联系"：一是联系一批政府主管部门，二是联系一批企事业单位，三是联系一批专家学者，四是联系一批校友。现在我们各学院的外部环境还是不错的，我们有上千家合作单位，这就方便我们"引进来，走出去"。很多专家都强调要在"真实的环境里学习"，没有良好的外部关系，学校大门都出不去，怎么到真实的环境中去学习呢？所以，外部关系要搞好，教育才能搞活。

政策和制度是环境。学校赞成什么，反对什么，鼓励什么，抑制什么，这是一种导向。我们的"三不准""三不支持"，评选奖学金和十佳标兵，都促成了很好的风气。例如我们推行的教师答疑和反馈制度，全员育人担任兼职班主任制度，学生担任助管、助研、助教的制度，文传学院有"读、写、听、做"的成才强化制度，计算机学院有"第四课堂"的答辩制度……这些制度都是一种教育环境，对深度学习有润物无声的促进作用。当然，学校的绿化、校舍的干净和整洁、建筑的气魄和风格等等，也是环境，对学生学习也产生一定影响。

（2）资源支持

深度学习离不开资源支持，包括技术、平台、文献、基础设施和社会关系等等。我们要在搞好专业、课程、教材建设的基础上，统筹校内校外、线上线下、五个课堂、竞赛项目等资源，支持和服务于深度学习。

教室课堂(第一课堂)要有教学资料库,包括案例、项目、问题、试题、参考文献及视频等。如计算机学院将学科竞赛题目转化为课堂教学项目,文传学院谢晓东老师建立"课程问题库",工商学院杨泽明老师基于营销实践与学生共同开发"营销工具库",这些都是很好的实践。同志们提出的"大班化小"的问题,我原则上赞成,请白副校长和教务处牵头研究,我的意见是分步走,逐步实施。

实验室课堂(第二课堂)一是要建好,二是要用好。目前绝大多数学院的实验室是满足需要且部分领先的,电子学院的移动通信实验室在全国都是一流的,艺术学院、文传学院、工商学院等建设的实验室也很好。建好了还要用好,要让这些资源发挥最大的效用。

一流设施、一流教学赋能深度学习(招生处　供图)

生产基地课堂(第三课堂)要多拓展,通过"四大合作",与外界建立稳固的合作关系,给学生创造更多走进企业、走进岗位的机会。

课外活动(第四课堂)是健全学生身心的有效措施,要充分依托众创空间、长板楼、未来楼、星光楼等阵地，搞好各级各类学生活动、学术竞赛、技能培训等，促进学生认知能力和非认知能力协调发展。

网络课堂（第五课堂）用好以"锦城在线"为代表的网络学习平台以及以"爱课程""智慧树""学堂在线"等为代表的慕课平台上的海量优质慕课资源。引导学生进行拓展学习、跨学科学习，增加学生学习的深度和广度。

此外，要进一步增强文献资源支持，力求做到文献足征。此外，还要教会学生利用资源的方法，培养学生文献检索利用能力。要继续深入推进"大学生阅读计划"，引导学生阅读经典，养成良好的阅读习惯。要加强技术支持，充分利用信息技术，做好"AI+教育"这篇大文章。利用大数据、人工智能，为学习者画像并提供及时、精准的、具有针对性的学习反馈，促进深度学习。利用VR、AR等技术，开展好仿真实训。利用网络技术，开展混合教学，持续进行"翻转课堂"，促进深度学习。要整合讲座、沙龙等资源，在学校官网开辟"学术看板"专栏，加强对各类讲座、沙龙资源以及各学院的特色资源的宣传和推荐等等。

（3）教学导引

本次会议大家的共识之一，是实现"深度学习"不是削弱教师的作用，而是需要"高阶教学"的导引。《深度学习：走向核心素养》一书就指出："深度学习是教师充分发挥主导作用的活动"，认为"对深度学习理念的认识、单元学习主题的选择、单元学习目标的确定、单元学习活动的设计、持续性评价的设计和实施，对学科专业的理解深度、学科教学的素养提升，以及对学习规律的把握等方面，都对一线教师提出了巨大的挑战"。所以，促进学生深度学习，教师的导引之责非常重大。教师应以课堂与课程设计为龙头，以教学内容、教学方法、教学评价为重点，全面促进学生深度学习。

教学内容要有挑战性。我们前面提到的美国的特伦齐尼教授就认为："在学生教育中，要有挑战学生的外部力量，要呈现出与学生所持有或能够接受的不同的想法、信仰、观点或教育情景。这些从外部挑战学生的也可以是与学生想法、观点和信仰显著不同的人。无论这些挑战的性质或来源是什么，无论是教室内或教室外，只要这些挑战不是小到会被忽略或大到不可接受，他们会以广泛深入的方式，在学生头脑中引起知识、思想或信仰的改变，从而为他们接受更加不同和复杂的思考敞开大门。"

在《学习的本质》一书中，焦尔当指出："学习总是通过反对我们所知道的东西来实现的。"学习是一个冲突、质疑、争论和接受的过程，学习要解构并摧毁"错误的旧概念"，改变自己的先有概念，重构并形成新概念。所以教学内容要有挑战性，要能够有效改变学生的先有概念。这是一条标准，不能对学生先有概念构成"挑战"的内容，不是真正的学习内容，更不容易引发深度学习。

大家都知道维果斯基的"最近发展区"理论。他认为学生的发展有两种水平，一种是现有水平，指独立活动时所能达到的解决问题的水平，另一种是可能的发展水平。两者之间的差异就是"最近发展区"。教学应着眼于学生的"最近发展区"，为学生提供带有难度的内容，调动学生的积极性，发挥其潜能，超越其"最近发展区"而达到下一发展阶段的水平。所以，教学内容不能太简单、没有挑战性，教师提出的问题或任务，一定要让学生"跳一跳"才能够得着。

教学方法要有启发性。我校推行"八大教学法"已经多年了，这对促进学生的深度学习非常有益。比如，问题导向法、头脑风暴法可以很好地促进学生思维发展；项目驱动法、案例教学法可以很好地培养学生分析和解决复杂问题的能力；以赛促学法把真实的竞赛和课程联系起来，效果很好；线上线下混合教学的"翻转课堂"有利于促进学生主动学习习惯的养成，并且可以将简单的记忆、理解等低阶目标放在课前完成，把批判、评价等更高阶的目标放在课堂完成，这为深度学习创造了时间和空间。另外，合作学习、探究式学习的方法也很好。这些教学法具有多样性、科学性、启发性的特点。

教学评价要有导向性。教学评价应当坚持过程与结果并重、考试和其他方式并重、低中高三阶并重，突出教学评价的挑战性、高阶性。考试中要设置引导学生向思维、能力的高阶目标和认知与非认知能力协调发展的目标前进。

总之，教师要做学习活动的设计者、学习环境的营造者、学习过程的辅导者和学习结果的评价者。

以上三条是外部条件，是外因。谁来创造这些条件？主要是学校、学院、教师，这是校方在深度学习中应尽的责任。

2.抓内因，增强学习者深度学习内驱力

我们学习的两本书在讨论深度学习和学习的本质时，都特别强调学习者（学生）在学习过程中的主体地位，强调"学习是学习者在学习"这一理念，这个过程是任何人也替代不了的。《学记》上说："虽有嘉肴，弗食，不知其旨也；虽有至道，弗学，不知其善也。""嘉肴"和"至道"可以由外部提供，但"食"和"学"则必须学习者亲力亲为。虽有环境塑造、良师导引、资源支持，但如果学习者自身缺乏主动性，深度学习也是绝不可能发生的。

刚才王校长引用了约翰·库奇《学习的升级》一书中的一段话："如果一个学生极其渴望学习某样东西，那么，失职的家长、老师和学校合起来也阻止不了他们去学习。"对此，我深表赞同。我读书的时候就对学习充满渴望，我家是农村的，放学回家先干农活，推磨、种自留地，没有人逼我学习，但我对学习充满渴望，做完活已经是晚上了，就在煤油灯下看书学习，条件是艰苦的，但却阻止不了我学习，因为我对学习充满渴望。所以学习的欲望、学习的主动性是最重要的问题，是深度学习发生最重要的条件之一。

白俊峰副校长把学习动力归纳为"先天"和"后天"两大类，或者说是"原生"和"诱发"两大类，强调教师如何挖掘和激发学生先天学习欲望和后天形成的学习兴趣。这方面的研究很好，大家都要研究。

我们在去年提出了教师新的五大核心竞争力，其中第一条能力就是"能够激发学生学习欲望、动机、兴趣和热情的能力"。我今天再讲一句话，教师不是知识的搬运工，把知识从自己脑子里搬到学生脑子里，教师的第一要务是唤醒和激发学生学习的兴趣、欲望、动机。

教育界有一句广为流传的话："教育是一棵树摇动另一棵树，一朵云推动另一朵云，一个灵魂唤醒另一个灵魂。"我看"摇动""推动"都是外力的作用，还不算大本事，"唤醒"则是激活了内因，触动了灵魂，这才是大本事。

本次会议，大家围绕着激发学习动机、增强学习内驱力展开了讨论。我这里再强调几点。

（1）学习目标。焦尔当认为：学习动机＝需求 × 价值。需求是内在的，比如学生渴望成为一名出色的建筑设计师，这是他内在的需求；价值是外在的，是说它对人生和社会是有意义的。所以我们既要帮助学生规划人生、制定目标，激发他们的需求，又要向学生指明路径，说明学习内容的价值。需求和价值，两个方面都做到了，动力就产生了，而且这种动力是比较稳定和持久的。

（2）注意力、好奇心、探索欲、兴趣、爱好等。注意是学习的起点，好奇是探索的动力，兴趣是最好的老师。但这些因素还有一些特点：一是范围广泛，学生对什么都可能有兴趣，对游戏的兴趣可能比对学习的兴趣还要大，所以不能只讲兴趣，不讲目标；二是不稳定，今天对这个问题感兴趣，明天可能就"移情别恋"了，所以有"常立志"和"立长志"之分，关键是要注意力和好奇心的持续，以及兴趣、爱好的深入；第三是兴趣、爱好可培养，比如学习钢琴，一开始很难提起兴趣，坚持下来，慢慢入了门，兴趣也跟着上来了。所以，尽管此类因素促进深度学习的机制比较复杂，但不可否认的是确有帮助。

（3）各类情感和情绪因素。重要的是信心问题，学习者要对学校有信心、对教师有信心、对自己有信心。深度学习还要求学习者要有直面挑战的勇气、完成任务的决心等。另外，教师的宽容、肯定，同伴的激励、鼓舞等，实现阶段性目标后的成就感、满足感等也是非常重要的促进因素。反之，如果缺乏信心、缺乏鼓励、总是受挫，则会抑制深度学习活动。

（4）学习习惯。习惯成自然，习惯是顽强而巨大的力量。抓深度学习，一定要抓学生良好学习习惯、生活习惯的养成。我们年初提出"十大习惯"，学工系统务必促进学生养成好习惯。

所以，21世纪的教师，一定要做到：①激发学生学习的兴趣；②帮助学生树立学习目标；③研究学生的学习逻辑和学习规律，了解学生之间的差异，帮助学生认识问题、解决问题。

3.抓协调，认知能力和非认知能力全面发展

非认知能力和深度学习之间是一个什么关系？本次会议大家达成了两点共识。

其一，深度学习是学习者知觉、思维、情感、意志、价值观全面参与、全身心投入的活动。所以，包括成就动机、求知欲望、学习热情、自尊心、自信心、好胜心、责任感、义务感、荣誉感、自制性、坚持性、独立性在内的非认知因素和非认知能力是深度学习发生的前提和保障。冯正广副校长认为非认知能力是"心力"，认知能力是"脑力"，而深度学习需要"心脑合一"，非认知能力为深度学习提供了内在的动力源泉和价值引领，这个看法是很对的。

其二，认知能力和非认知能力的协调发展是深度学习追求的目标。美国威廉和弗洛拉休利特基金会与美国研究院合作开展的深度学习项目（SDL）将深度学习定义为："深度学习是学生胜任21世纪工作和公民生活必须具备的能力，这些能力可以让学生灵活地掌握和理解学科知识并运用这些知识去解决学习以及未来生活中的问题，主要包括掌握学科核心知识和批判思维、复杂问题解决的认知领域能力；学会团队协作、有效沟通的人际领域能力；学会学习、学习毅力的个人领域能力。"其中"人际领域"能力大致相当于我校提出的"群体性非认知能力"，"个人领域"能力大致相当于我校提出的"个体性非认知能力"。也就是说，深度学习的目标不仅要促进认知能力的发展，也要促进非认知能力的发展。只有认知和非认知两大能力协调发

展，才能算是平衡和谐的全面发展。这也是我校人才培养一贯的目标要求，从"做人第一，能力至上"到"认知与非认知能力并重"，都是如此。

这次会上，就业处、校友办，还有几个学院都专题讲到了非认知能力的重要性，那些优秀的学生，无论在认知能力还是非认知能力方面，都相对全面；而那些非认知能力较差的学生，其认知能力发展也往往受限。如果学校教育不能给学生足够的非认知能力的培养和训育，这个教育就肯定是失败的。校团委报告指出我校学生在自制力方面存在短板，这应该引起我们的重视。

以上就是"三抓"的内容。这里面有学校的责任，有教师的责任，有学生的责任。

（四）基于深度学习标准的"五评"

深度学习达到的标准是什么？可以通过哪些显性的、可观测、可考量的指标来证明学生实现了深度学习？这是摆在我们面前的一道难题，目前国内外还没有一个统一的认识，更不要说可供操作的框架了。但我们要推进工作，就必须要探索出一个标准。我们首先考虑一下评价的原则。

第一，既然深度学习的主体是学生，其最终目的也是促进学生核心素养和竞争力的养成，所以我们最好把评估内容聚焦在学生身上。有同志提出把教师的高阶教学作为一个观测面，虽不无道理，但我们对高阶教学已有考核体系，不必重复。高阶教学聚焦"评教"，深度学习聚焦"评学"。

第二，深度学习要促进学生认知和非认知能力协调发展，所以我们不仅要评价学生认知能力的发展，也要评价非认知能力的发展。我校学工系统正在推进"非认知能力培育显性化"的工作，已经初步建立了一个评价体系，所以我们今天主要讨论认知领域的评价问题。

第三，我校的教学评价历来强调过程与结果并重，所以我们不但要评估学生的学习结果，还要评估学习的过程、方式、方法等。

我从学习态度、学习行为、学习结果三个维度评估，提出五条标准供大家研究、讨论。

1.评估学生是否主动学习

就是看学生是否形成了内在的学习动机，其学习行为是否积极、是否认真、是否有计划或目标、是否能坚持。我们可以设计许多观测点，例如：

（1）学生是否配合教师教学？有无旷课、上课睡觉、上课玩手机、课后不完成作业等现象？

（2）学生是否有清晰的学习目标规划？

（3）学生是否有自学和拓展（包括课前先学和课后延伸）？学生的图书馆到馆频率、图书借阅量，在各类实验、实训和第四课堂场所活动的频次？

2.评估学生的投入程度

美国高质量高等教育研究小组认为，学生自主地投身学习是改善本科教育最重要的一个条件。所谓"投身学习"，是指大学生在学习过程中投入了多少时间、精力和努力。我曾经讲过学习的强度问题，主要观测学生投入学习的时间、精力和努力。没有时间和精力的投入，不会有深度学习。时间上，我校曾提出学生以每周学习总时间40小时左右，课内外学习时间1∶1为宜；精力和努力上，有一个很重要的观测点是学习的专注度，即学习有效时间和无效时间的比。从宏观层面来看，投入学习的结果应该是学生忙起来，而且是有质量地忙起来。

3.评估学生是否运用科学方法学习

我曾提出"科学学习"的问题，学习要讲科学。我们要研究学习科学，促进学生科学学习。在今年6月16日的师生恳谈会上，我提出了学生学习行为的"八个转变"，即由被动学习向主动学习转变，由浅度学习向深度学习转变，由先教后学向先学后教转变，由单渠道学习向多渠道、多方式学习转变，由单科学习向拓展性学习转变，由知识的机械接受向内化转变，由"拼时间"向"拼脑力"转变，由个体学习向团队式学习转变。这可以作为一个观测思路。

此外，我们还可以借助一些成熟的学习理论，评估学生的学习行为。例如爱德加·戴尔提出的"学习金字塔"模型。

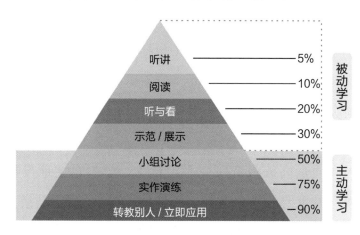

（1）首先，"学习不是一项观赏性的活动"，教师和学生不是"奏技者和看客"的关系（梅贻琦语）。如果学生的学习行为只停留在上课听讲这个层次，显然没有达到深度学习的要求。

（2）既然教授给他人是最有效的学习方式，我们能不能尝试要求学生在学完每一门课程后，画出本门课程的知识地图（或思维导图），并随机地抽取一个核心概念，测试学生是否能讲解清楚？

（3）讨论、小组学习、合作学习是非常重要的学习方式，"交互性"的环境将学习推向深入。那么，能否将"交互性"作为一个观察维度，观察学生与教师、同伴的交互情况，包括与老师课堂互动的频次和质量，在小组中的发言质量等等。为了避免学生在小组中"搭便车"，应该要求每个学生至少要有1次作为主答辩人的经历。

（4）"在做中学"是一种很重要的方式，那么学生是否处在任务中学习也应该是一个观测点。我们可以观测学生参与任务（包括各类竞赛、问题解决方案、设计作品、校企合作项目等）的多少以及在任务中是否能够做到"学以致用"和"用以致学"。

（5）大家都认为探究式学习很重要，探究式学习就一定要有"问题"，观测学生是否产生了"问题"，他们提出的问题质量如何，以此来衡量其探究水平。

（6）既然我们提倡学生的学习要由单科学习向拓展性学习转变，我们又提出了复合化的"三条路径"（专业复合、课程复合、知识点复合），那么是否能通过统计学生辅修第二专业情况、跨学科课程的设置情况以及学生的课外阅读情况，来评估学生的拓展性学习水平？

4.评估学生是否实现了"三阶递进"

这是从认知心理学的角度来评价深度学习的。据上海交通大学岑逾豪在《本科教学中的高阶学习：问题、实践和挑战》一文的研究结果，我国本科课程在五项认知能力（记忆、分析、综合、评价、应用）的强调程度上均不及美国本科课程，在高阶学习方面差距较大，甚至对记忆能力的强调程度也要低于美国。如果她的研究结论可信的话，说明我们要做的工作还有很多。

记忆和理解虽然属于低阶，但却是基础，绝不能因为片面追求高阶教学目标而忽视了记忆和理解。如果学生学习了四年，什么东西都没有记住，脑子里空空如也，还能有什么竞争力？

怎么判断"三阶递进"过程真实地发生了呢？主要还是靠考试测验。测验是一门科学，关键在于我们转变测试思想、测试模式、测试内容。测试不仅可以是一张试卷，还可以是一个项目、一次调研，或者是完成一项任务、参加一次竞赛、撰写一个方案、做出一个作品、表演一台大戏等等。此外，考试试题命制要有梯度、有层次，要从主要测试记忆、理解，转变为在测试记忆、理解的基础上，更多地测试学生的应用、分析、评价等高阶思维和解决实际问题的能力。

每一个专业都应该建立一些关键性的学业指标。有些指标是国家认可、国际认可、行业认可的，比如英语专业的专四、专八，土木专业的一建、二建，财会类专业的 ACCA、CPA，金融类专业的 CFA 等，这些证书的过级率可以作为衡量标准之一。没有这些标准的考试、考级怎么办？可以参考文传学院在"读写听做"方面设置一些"硬标准"的做法，当然不是照着搞"读写听做"，而是结合自己的学科、专业的特点来制定。

我们提倡学生要对作业、作品、竞赛等实行"三反"：一是反馈讨论，听取教师和同伴的评价反馈意见；二是反复修改，不改三遍不过关；三是反思总结，要回头看，为什么做对了？为什么做错了？是否可以做得更好？这样坚持下去，就会使学习深化起来。

5.评估学生是否实现创新

深度学习的最终效果，是要获得多方案解决复杂问题的能力，我们称之为"创新"。创新并不一定是要造出一个新东西，按照熊彼特的观念，增加一个方案就是创新。观察学生是否具备创新力，可以从以下一些观测点考虑：

（1）设计出一个复杂的产品（如3D打印机、人形机器人、艺术设计类作品）；

（2）能够完成一个复杂的项目（尤其是真实的项目，如工商咨询项目、建筑设计项目、软件开发项目等）；

（3）能够提出一个具有"专家思维"水平的方案（如改进工作方案等）；

（4）能够写出一篇有较大启发性和影响力的报告（如财务审计报告、公开发表的通讯、报道等）；

（5）获得省级以上竞赛奖项；

（6）取得专利（包括发明专利、实用新型专利等）；

（7）公开发表论文；

（8）能够解决一个现实的难题。

需要说明的是，我校是多学科、综合性大学，文、理、工、经、管、艺，学科覆盖面广，所以这个"五评"不能搞"一刀切"。我提出的是一个供大家讨论的大框架，各学院可以根据不同的学科和专业特点来设计考评方案。今天的讨论不是"一锤定音"，是可以继续调整的。

四、如何落实"一点两面、三抓五评"这个框架？

第一，做好学情的调查和分析。了解学生是高阶教学和深度学习的必要条件。学情分析不能"只见森林，不见树木"，而要具体到每一个学生。他的基础、长板、状态、现有知识框架等等，都是需要了解的。这件事不仅辅导员要做，而且老师和干部都要做。

第二，培训教师。大家都表态了，回去之后马上就要做这个工作。王校长刚才讲，要培养老师们的胜任力。什么胜任力？就是"开展高阶教学，推动深度学习"的胜任力。既要肯定教师们在贯彻高阶教学的辛勤努力、阶段成果，也要引导老师们通过理论学习，让教师明白高阶教学和深度学习不是简单的工作叠加，而是双向共生、有机统一，是一个硬币的两个方面。各学院要鼓励老师们再接再厉，把高阶教学和深度学习贯彻好、落实好。要通过学校、学院、教学系三级培训，切实提高教师们实施高阶教学和促进学生深度学习的胜任力。我看大家这次会议发言都很有水平，回去继续研究，也鼓励老师们研究，将来各单位（各条块）都争取出一本高阶教学和深度学习的书，经费学校赞助，支持大家。允许有不同意见，因为各单位情况不同。学术上不要求统一，学术要百花齐放。

第三，动员学生。深度学习的主体是学生。没有广大学生的积极性，没有广大学生的认同和积极参与，学习革命不可能成功。所以，要通过各种途径，采用各种方式，向同学们宣传普及学校的理念和要求，让学生提高认识，明白自己的责任，把学校的理念、要求转化为广大学生自觉的行动。

第四，每个学院、单位做出贯彻此次会议的计划。"高阶教学和深度学习相结合，认知能力和非认知能力培育相结合"是"锦城"教育教学改革的特色。各单位要制定一个落实本次会议的计划，重点是贯彻落实这"两个结合"。

第五，纳入考核，兑现奖惩。高阶教学是年初部署的重要工作，纳入今年的正式考核；深度学习，下半年可以做一个预备性质的考核，属于奖励性的，明年纳入正式考核。

不管是高阶教学还是深度学习，都是高强度的，真正要做好，需要费点力气。教师是一个辛苦的职业。美国大学教授每周平均工作60小时，强度是很大的。"锦城"教育要爬坡上坎，教师的工作要跟得上。相对应的，学校要做好考核和激励，"又要马儿跑，又要马儿不吃草"是不能持久的。不但"草"要保证，还要给跑得快、跑得好的同志添些"黄豆"。锦城要持续发展，不能搞"竭泽而渔"那一套。一方面要求大家把工作做好，一方面要兑现奖惩。兑现不了，我和王校长负责；执行落实不好，在座诸位负责。

2021年暑期干部学习会合影（宣传处　供图）

　　最后，我给大家分享一个小故事。我熟人的一个小孩，原来在成都一所有名的小学读书，后来转到嘉祥。在前一所学校读了五年，在嘉祥读了半年。家人问他："你更喜欢哪一所学校？"他不假思索地回答："更喜欢嘉祥。"问他为什么，他说："两所学校的老师都好，但是嘉祥的老师更用心。"同志们，用心不用心，专注不专注，投入不投入，决定教育效果、人心向背啊。学校要生存，要发展，要出类拔萃，必须把每一件事都做得很出色，这就要求我们所有"锦城人"用脑、用心、用力！

　　同志们，我们需要一场教学转型，需要一场学习变革。本次会议吹响了我校向深度学习进军的冲锋号。衷心希望这次会议能够开更鲜艳的花，结更丰硕的果！让我们共同努力，创造"锦城教育"新的美好前景。无论外面天气如何变幻，"锦城"的天空永远一片光明！

就读"锦城",无限可能

——在2021级新生开学典礼上的讲话

（2021年9月6日）

尊敬的各位来宾，各位校董，各位家长，各位校友，老师们，同学们：

大家上午好！首先我要代表学校党政工团、师生员工向8000名本专科及专升本新生们表示热烈的欢迎！同时，请允许我向你们并通过你们向你们的家长表达我衷心的感谢！感谢你们在社会上有人对社会力量办学说一些不实之词的时候，郑重地向锦城学院投了赞成票！你们做出报考锦城的决定，需要睿智、需要勇气、需要定力。历史将会证明，你们和你们的家长做出了一个非常正确的决定！英明的决定！

一、锦城学院的办学初衷是让青年人"有学上、上好学"

同学们、老师们，我在这里首先和你们分享一段四川高等教育发展的历史。1996年，党中央、国务院提出重庆直辖后，四川发展面临新形势、新问题。当时我在省政府工作，省委、省政府交给我一个任务，组织一个班子，研究制定四川省跨世纪发展战略，其中一个重要内容是大力发展科教事业，夯实科教这个基础。根据群众反映，当时京、沪地区高校多，所以京沪考生分数比四川考生低都能上大学，而四川考生分数比京沪考生高，也不一定能上大学。省委、省政府主要领导同志指示，一定要采取措施，把四川的高校录取线降到京沪水平，把四川考生录取率提高到京沪水平。怎样才能做到这一点呢？邓小平同志说发展才是硬道理！办法是动员社会力量，多办几所大学！于是，在四川省人民政府、四川大学和一批大中型企业的支持下，锦城学院应运而生。

2021年9月4日，邹广严校长视察迎新工作（文传学院　供图）

我们创办这所大学的初衷，就是为了给省内外的孩子们创造更多上大学的机会，满足省内外青年学子"有学上"的愿望。我们在保证质量的前提下，办学规模从2005年的2000人到2万人，现在达到近3万人，已累计为社会培养输送了6万名高素质人才，为四川高考录取率达到全国平均水平贡献了"锦城"力量！

现在，广大青年不仅要"有学上"，还要"上好学"，读好大学的愿望非常强烈。所以，我校在党和政府的领导下，在股东们的支持下，近年来不断改善办学条件、不断提高师资水平、不断进行教育教学改革，并且走在前列，下决心把锦城学院办成中国西部最好的应用型、创业型大学。总之，人民的愿望是我们办学的动力，满足青年学子对高质量高等教育的需求是我们奋斗的方向！

在这里我必须告诉同学们一个事实，"锦城"办学16年来，我校所有的股东，从政府到民间、从国有到民营、从内资到外资，都没有从学校拿走一分钱。学校的所有收入，包括学费、社会捐赠、政府拨款等等，全部用于办学。正是因为股东们全力支持，我们的学校才越办越好，已经成为西部应用型高校的佼佼者！因此我在这里提议，让我们用热烈的掌声对校董们的大力支持表示衷心的感谢！

如果要问锦城学院是一所什么样的大学，我校的一位老师说了三句很朴素的话，那就是锦城学院的领导在很认真地办学，锦城学院的教师在很用心地育人，锦城学院的学生在很努力地学习。"锦城"上上下下都很用心，都很专注，都很投入，办好"锦城"是本校师生员工的最高追求！这就是我们办学的初心和使命！"锦城"必将是同学们成长的沃土、成功的摇篮，是改变你们一生的大学！

邹广严校长在2021级新生开学典礼上讲话（宣传处　供图）

二、"锦城"学子的任务是与"锦城教育"同频共振共鸣

同学们,你们到了"锦城",就要融入"锦城"、热爱"锦城"、信任"锦城"、接受"锦城",接受"锦城"的办学思想、教育理念、教学方式、人才培养和管理制度。我校的一个基本理念是教育的本质不是选拔,而是培养。我们的本事不是去"掐尖",而是把学生培养成优秀的人才!尽管办学只有16年时间,但是我校坚持改革创新,走差异化、特色化、复合化的办学之路,形成了一整套独树一帜、走在前列的"锦城教育"思想与实践。这是我校后来居上的法宝,更是让全体"锦城"学子受益最大化的培养方案!

我们本着"做人第一,能力至上"的标准,把你们培养成杰出的、优秀的人才,这需要全体师生员工都加倍努力才可以达成。我们大力培养你们的"三品三力",包括高尚的品德、高贵的品质、高雅的品味,以及学习力、思考判断力和行动力,这是促进你们成长、成人、成才的关键。我们实施"三大教育",即"三讲三心"明德教育、"一体两翼"知识教育、"三练三创"实践教育,这是帮助你们实现德智体美劳全面发展,成为好人、能人、全人的核心保障。我们推行"三大培养",包括习惯养成培养、岗位胜任培养、事业成功培养,这对你们将来的职场竞争、终身发展有重要意义。我们推进教学内容、方法和评价的"三大教改",这将为你们带来更高质量的教学,使更多创新的应用型人才"冒"出来。我们坚持"教育不放任、管理不放羊、考试不放水"的原则,这是保持教育高水准、对你们高度负责的良心所在!

　　同学们，锦城学院已经形成了良好的校风、教风和学风——我们营造"自由探索、沉静严谨、积极向上、互助合作、你追我赶"的氛围，创设了"刻苦奋斗、严肃认真、和谐宽松、鼓励创新、包容失败"的校风。"锦城"的老师们把"全身心投入教育事业"作为第一师德，把"全天候服务学生成长"作为职业光荣，把"课堂大于天"视为最基本、最重要的行为准则，共同造就了倾心育人的"锦城"教风。我们倡导"全身心投入学习是'锦城'学子的第一要务"，塑造了"勤奋、向上、严格、刻苦"的学风，你们将在教室、实验室、生产实习基地、课外活动和网络在线的"五个课堂"忙学习、忙竞赛、忙项目、忙创新……总之，"锦城"的大好环境、大好风气是一种无形的力量，可以推着你走，拉着你走，带着你们不断前进、前进、再前进！

　　融入"锦城"，你们还要跟随"锦城教育"，不断与时俱进、走在前列。我们创新实施了"一基两轴、三阶递进"的高阶教学，这需要你们践行"一点两面、三抓五评"的深度学习作为配合，走出老师讲、学生听的传统模式，打破"为考试而学"的心理定式，改变只读书本的学习习惯，学会在同伴合作中学、在实践探索中学、在解决问题中学、在完成项目中学。我们在培养你们认知能力的同时，还注重非认知能力的培育，特别强调社交力、亲和力、领导力、自制力、责任心和创新力这六种重要能力的发展和"十大习惯"的养成，相信你们在"锦城"一定能成长为智商、情商、行商三商俱高的人才。我们创新了"锦城教育学"的"长板原理"，着力培养和发挥每位同学的特长，帮助你们长板更长、亮点更亮，获得更多人生出彩的机会。我们追踪新技术革命前沿，开展了全专业、全产业的大学生就业岗位调查，使你们在学校就做好适应社会的准备。我们努力建设未来型学校，造就未来型教师，培养未来型学生，建成了全国首个 5G 高校实验室、西部首个高校量子通信实验平台、85 个先进的实验实训中心，为你们的学习提供了强大支撑，相信你们在"锦城"一定能探索未来、创造未来、赢得未来！

同时，我也要提醒同学们，教育不是万能的，教育不能改变所有人的命运。如果你们当中有的同学上课玩手机，下课睡大觉，晚上没完没了地打游戏，动不动就躺平，这怎么能改变命运？我们倡导的是"亲其师，信其道，爱其校，乐其学"，只有那些自觉接受"锦城"教育，与学校同频共振共鸣、形成合力的同学，才能改变命运，才有光明前途，才会在未来的竞争中立于不败之地！

三、"锦城"校友的成功预示着你们的锦绣前程和无限可能

老师们、同学们，今年的开学典礼和入学教育和往年相比还有一个特点，就是我们组织了"百人校友代表团"回校现身说法，向新生作报告、谈体会、话人生、叙情谊，他们是我校 6 万名校友中的优秀代表。

我校历来认为，校友发展是检验一所大学成功与否的试金石，校友的成功就是学校的成功！校友的今天预示着在校生的明天！我校毕业生就业率多年保持在 98% 以上。其中，创业率超过 3%，高于全国平均水平，读研深造率达 20%。就业的同学中，有相当多人受到党政军机关、事业单位和各行业头部企业的青睐，呈现了多就业、就好业、高端就业的大好形势。继续深造的同学中，许多人考入清华、北

大、复旦、浙大、川大、哈佛、斯坦福、康奈尔、哥伦比亚大学、东京大学、悉尼大学等中外名校。我们的校友遍布世界各地，在各行各业中崭露头角。据不完全统计，"锦城"校友中已涌现出50多位作家，100多位博士，100多位乡镇长，200多位银行行长，5000多位党政军干部，6000多位科技工作者，8000多位文化艺术工作者，1万余名工程师、会计师、审计师，1万余名国企和民营企业的高管，1.2万余名硕士，还有1600多位创业校友创建了1800多家校友企业，为社会提供了3万多个就业岗位，年产值接近200亿元。

他们当中的代表，如智能制造学院的马跃博校友，现在是中国科学院的青年科学家，参与了国家探月工程和行星探测计划。电子学院的张凡校友，在西南交通大学博士后工作站从事高铁研究。建筑和土木学院的校友则在许多顶级的工程中有亮眼表现，比如陈伟校友曾担任宁波梅山春晓大桥总工程师，该工程荣获国家工程质量最高奖"中国建设工程鲁班奖"，田泽辉校友是成都建工集团的一级建造师，他参与的课题今年荣获"四川省科学技术进步奖二等奖"。

出席今天开学典礼的财会学院校友段吟颖博士，毕业不到10年即成为四川农业大学教授、硕士生导师，她的同班同学刘彻，去年升任了工商银行崇州支行行长，是工行系统最年轻的一级行长。金融学院的苏丹校友是成都银行望江支行行长，她的同班同学中，还涌现出建设银行、中国银行、农业银行、邮储银行、交通银行等7位年轻的行长。一个班出了7个行长！了不起啊，同学们。

在文化艺术界，我校校友依然可圈可点。如艺术学院的陈钰琪校友，在多部热播剧中塑造了诸如"九公主""赵敏"等许多大众喜爱的荧幕形象，同学院的陈菁菁校友是四川台主持人，荣获"全国金牌主播"和"四川省十佳主持人"称号。文传学院的冯姗校友是一名记者，她的作品荣获"中国新闻奖一等奖"。巫海燕校友是电视台编导，她致力于向全球讲好中国故事，荣获"四川五四青年奖章"。

"锦城"校友代表"锦城"，"锦城"校友就是"锦城"名片。图为2021年3月30日，邹广严校长出席校友展览馆开馆仪式（宣传处　供图）

　　我们还有一大批创业有成或担任企业高管的校友。计算机学院的刘江校友转战零售、科技、金融等行业，创办了多家公司，他还热心为校友服务，创建了"锦城会馆"。外国语学院的万璐校友，现担任全球顶尖数字视觉企业、成都市独角兽企业立方科技集团副总，同时还担任三家分公司的总经理。工商学院的马超校友30岁出头就当上了国企董事长，尹柯、陈明俊、冯晓丹等校友不仅是创业明星，而且经常赞助母校的各类活动，还有今天远道而来的杨磊校友，现任中海集团物流湖北有限公司总经理，他稍后将和大家做分享。

　　此外，我们还有一大批扎根基层，为人民服务的公务员校友。如在脱贫攻坚中表现优异，被授予"全国优秀共青团干部"的熊杰校友，在达州市堡子镇任镇长的程舜校友，在乐山市高笋乡任乡长的潘聪校友，在绵阳市涪江街道办事处任主任的吴雪校友，等等。

我们还有一批专科起点，但现在已取得博士学位的校友，如财会学院的秦志豪、工商学院的马政等，说明起点不决定终点。我们还有一批个性鲜明、特长突出的校友，如"北京榜样"张博研、"中国好人"吴鹏坤、著名青年作家张皓宸、青年艺术家曾闻樵、音乐人陈戈儿等等。他们都在发挥自己的天赋和特长。

"锦城"优秀校友是群星灿烂，恕我不能一一列举。

以上事例充分说明，"就读锦城，锦绣前程；就读锦城，无限可能！"

以上事例有力地启示我们，校友能做到的，你们一定能做到！校友的今天就是你们的明天，你们的明天更胜校友的今天。我相信，"锦城"学子一代更比一代强，数风流人物，还看今朝！

以上事例充分证明，教育部高等教育司领导对"锦城"的高度评价是正确的、中肯的，那就是："走进锦城是成功，走出锦城更成功！"

努力吧，同学们，你们的人生大有可为，大有希望，大有前途！锦城学院将与你们一路同行！

谢谢大家！

关于教师情感劳动的若干问题

（2021年9月）

教师是学校的支柱，是教育、教学的主导力量，教师的水平决定学校的水平。教师为什么重要？这是由他们付出的劳动决定的。一所好大学里教师的劳动，不仅是脑力劳动、体力劳动，还有情感劳动——这就是大学教师"三种劳动"的理论。脑力、体力劳动大家都已理解了，下面就情感劳动做一些说明。

一、情感劳动的产生

从20世纪70年代以来，经济生产方式从以传统的商品经济为主转变为以服务业为主。服务业的特征是注重人际交往中面对面的接触、表情、姿态和语言，这些因素都与情感管理有关。伴随着现代服务业的兴起，情感劳动开始受到普遍的重视。

二、情感劳动的定义

定义一，1983年，美国社会学家霍赫希尔德将情感劳动定义为，

"对自身情感进行管理而创造出某种公开可见的面部表情和身体动作来获取报酬,因而具有交换价值"的劳动形式。并将情感劳动称为体力劳动与脑力劳动之外的"第三种劳动"。

定义二,员工为表达组织期望的情绪而需付出的努力、计划和控制。

显然,教师频繁地与学生、家长、领导、同事进行人际互动,为了达到教育目标,必须管理自身情绪以表达符合社会期望、职业规范或学校制度的情感。比起其他职业,教师更需要付出大量的情感劳动。好的教育从来不是冷冰冰的,必须倾注情感。正如著名教育家陶行知老先生所说:"真的教育是心心相印的活动,唯独从心里发出来的,才能打动心的深处。"教师的情感劳动既是唤起学生积极的、有利于学习的情感或行为的前提,也是教育走向鲜活、生动,实现教学效果最优化和学生获益最大化的基础。

借鉴以上定义的思路,我们也可以给"教师情感劳动"下一个定义:教师对自己的情感进行必要的调节和管理,以表达出适合教育教学活动的情感的过程。

三、情感劳动的表现

霍赫希尔德提出了"面部表情"和"身体动作",我认为还应该加上"形象装扮"以及"语言和声调"。所以,情感劳动应该有四方面的表现:

"锦城教育"让学生心中有爱、眼中有光（校团委　供图）

1.面部表情。包括喜怒哀乐。很难想象一个喜怒无常、阴晴不定的教师会受学生喜欢。

2.肢体动作。比如站立上课、上课时的姿态和手势、轻拍学生肩膀以示肯定和鼓励等等。

3.形象装扮。如果脸面不修、衣着不整、邋里邋遢，如何面对学生？上课是正式场合，一般应着正装或与教师职业相应的服装。课外活动、实习实训等场合则可着便装，以便与学生打成一片。

4.语言声调。"良言一句三冬暖，恶语伤人六月寒"，出言不可不慎。同时还要注意，同样的语言，用不同的语气说出来，效果截然不同。比如说"等一等"，用温和的语气说出来和用不耐烦的语气说出来，对方的感受完全不同。

四、情感（情绪）的分类

1.自然情绪。指自然而然、不加修饰和掩盖的情绪。说某人"喜怒形于色",高兴不高兴都挂在脸上,就是指这种自然的情绪状态。

2.意外情绪。指因突发或者意外事件引发的情绪。比如遭到了别人无理由的言语羞辱,产生了愤怒等等。

3.规定情绪。指因工作或者某种需要,设计出的符合规范的情绪。最典型的就是空乘人员,一般情况下,她们总是微笑的、热情的,

邹广严校长题词(校办 供图)

极少表现出厌恶或者不耐烦的情绪,因为航空公司对她们有明确的规定。

五、情感劳动的两类表现方式或策略

1.深层表现,即通过调整内在情绪感受,使自己的情绪体验与工作所需的情绪表现达成一致。这需要在认知、观念、价值观等思想深处做出调整和改变,属于深层策略。比如一位老师热爱教学、热爱学生,那么他的热情就不是装出来的,他内心的热爱和学校的导向规定又是统一的,这就是"深层表现"。

2.浅层表现,即通过改变面部表情和行为状态,伪装或隐藏情绪感受,表现出工作所需要的情绪。这只涉及在面部表情或行为状态上

作出调整，不涉及思想和情感的深处，是伪装或者掩盖了自己内在的情感。比如某位管理或服务人员在服务过程中，因为主观或客观的原因，产生了消极负面的情绪，但他努力控制自己不让这种情绪表现出来，从而不影响他的管理和服务工作。这就是浅层表现的策略。值得注意的是，浅层表现也是在投入情感劳动，只要其表现符合情感劳动的规范，也是值得肯定的。

六、教师的自我情绪管理

（一）工作前酝酿情绪

教师在进入工作之前，可能会遇到一个烦心的事儿，会造成心绪不宁、心情烦躁、余气未消等等，这些情绪无论是什么原因造成的都不能带进工作当中。因此，进入工作前必须清理、酝酿好情绪，把烦心的事儿放在脑后，以最佳状态进入工作，严格控制私人情绪与工作情绪的边界，不能把私人情绪、家庭情绪、社会情绪带到工作中。

（二）要努力在工作中达到组织设定的情绪表现要求

好的教师应对自己的情感表现进行设计，包括言语、举止、表情及化妆打扮等等，其依据是组织对教师的情绪规范或规则。同时，教师应努力学习和理解所在组织的理念和价值观，努力调整内在情绪感受，使自己的感受与工作所需的情绪表现达成一致（即达到深层表现）。对突发事件激起的情绪反应应进行调节和控制，不至于情绪失控而造成不良后果。

努力降低浅层表现的成分（如果一定程度的浅层表现是需要的话），减少伪装和虚伪的表演。

适度运用形象辅助手段和语言工具，做到得体而不夸张（如衣着整齐而不华丽、语言赞美而不阿谀）。

七、学校对教师情绪劳动的管理

学校通过培训、引导、监督、评价、考核等方式，对教师的情感活动进行管理。

设计制定情绪规则或规范，使教师有规则可循。引导教师认可，信奉本学校理念，促使其情绪表现自觉符合学校要求，即"内化"，对应"深层表现"策略。教育教师加强情绪管理，抑制不良情绪，特别是突发事件引起的不良表现（包括面部表情、语言、肢体等）。予以考核评价，并作为奖惩升降的依据之一。

八、以他人为取向的情绪调节

服务工作存在一种交互作用，服务双方始终处于相互影响、你来我往的互动中。教师善于管理和调节自己的情绪是应该的，若不善于应对和协调服务对象的情绪，不具备影响他人情绪的能力和策略，也算不上优秀的教师。

教师对自我情绪进行调节，其目的不仅在于管理好自己的情绪，更是为了调节学生的情绪，如引导学生集中注意力，引起学习兴趣，激发学习动机和积极性，吸引学生沿着教师的思路思考等等。

九、教师情感劳动的特殊性

并不是所有的情感劳动都发生在经济领域或以获取经济回报、获取工资报酬为目的，在教师、医生等社会工作职业中，情感劳动是出于专业规范或职业道德而形成的。比如医学界流传着特鲁多医生的名言，叫作"有时是治愈，常常是帮助，总是去安慰"，医生安慰病人是专业需要和职业道德。教师也是这样，我们经常说"没有爱就没有教育"，爱是教育的灵魂，而爱本身就是一种情感。

相对于乘务员、柜员、售货员、接线员等服务性岗位，教师有特殊性。教育属性决定了教师要承担服务职能，但不是简单的服务人员。

首先，教育属于公共服务，教师属于公务员性质。他代表国家社会履行培养下一代的责任，其影响具有国家性、全局性、历史性。这意味着教师个人做出的情绪表现和产生的情绪影响，不仅代表学校和特定组织，还代表国家和政府，为此教师的情绪规范要更慎重、严谨。

其次，教师的工作有伦理标准。教师工作的终极目标是育人，这决定了评价教师工作不能只考虑经济效益和物质回报，必须具有伦理标准和道德内涵。

再次，教师的服务对象是未成年人或刚成年的人，其人格具有可塑性，教师的言行举止影响大，故必须具有仁爱之心。

总之，对教师情感劳动的规范和评价，应坚持正确的价值观导向。

十、学生学习（特别是课堂学习）的动力分析

归纳起来说，促进学生学习的动力大概有三种：一是兴趣动机，二是目标动机，三是情感动机。所谓"情感动机"，即"亲其师，信其道，爱其校，乐其学"。

亲其师，信其道，爱其校，乐其学。图为"锦城尊师节"活动现场（校团委 供图）

十一、锦城学院的情感劳动框架

国家和学校应对教师情感劳动作强制性的要求，以规范教师情感表达的条件、限度、方式等等。当教师情感枯竭、工作倦怠、表现不当时，应采取相应的介入措施（包括心理疏导、调整工作岗位或培训提高、惩戒等等）。

与脑力、体力劳动一样，我校对教师的情感劳动制定了"情感劳动框架"，制定了相应的标准和规范，并将执行考核和奖惩。

　　我校教职员工的报酬里面包括对其情感劳动的报酬，情感劳动做得好的，应予以兑现和嘉奖；做得不好的，应予以诫勉谈话、警示或相应惩罚。

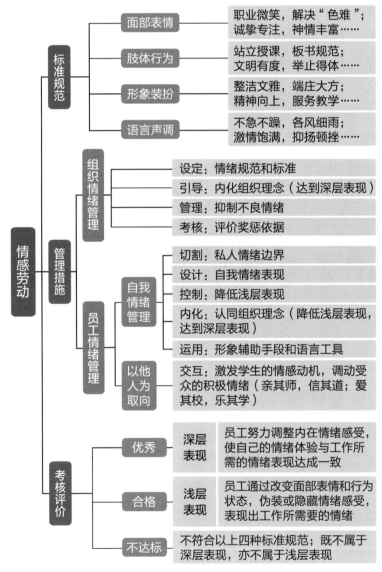

锦城学院"四标准、两管理、三考核"的教职员工情感劳动框架（根据邹广严校长手稿绘制）

关于对"四大框架"的若干认识问题

——在"锦城"教育理论专题研讨班上的讲座要点

（2021 年 10 月 22 日）

一、"四大框架"概述

（一）何谓"四大框架"

我校的"四大框架"，包括"一基两轴、三阶递进"的高阶教学框架，"一点两面、三抓五评"的深度学习框架，"两商六力、三显三隐"的非认知能力培育框架以及"四标准、两管理、三考核"的教师情感劳动框架。

（二）对"四大框架"的几点认识

"四大框架"紧紧围绕一个中心，即培养学生21世纪的核心素养和胜任能力，造就更多的好人、能人、全人。

"四大框架"有两大根据：一是党和国家对教育高质量发展的要求——这是政策上的；二是布鲁姆教育目标分类法体系——这是学术上的。

"四大框架"在育人上有三个特点：全面育人（"认知+非认知

就是全面）、全员育人（教职员工都是育人主体）、高水平育人（高阶教学、深度学习就是高水平）。

高阶教学、深度学习、非认知能力、认知能力、情感劳动等，这些概念不是我们的发明。实现这些先进理念的途径，全世界都还在探索之中。我们设计出"四大框架"，找到了一条实现这些理念的有效途径。实行高阶教学与深度学习相结合、非认知能力与认知能力相结合，是我们的创造。这个模式既是一个路径，也是一个目标。从目前国际、国内教学以及人才培养的实践来看，它是一个高峰。

我们现在的任务是深入研究，博采众长爬坡上坎，力争几年内达到这个高峰。当我们占领了这个教育的制高点之后，那就是"会当凌绝顶，一览众山小"了。

二、"一基两轴，三阶递进"的高阶教学框架

（一）何谓"高阶教学"

高阶教学是相对于传统的低阶教学的一个概念。著名心理学家、教育学家布鲁姆根据思维发展的特征，把思维分为低阶思维（记忆、理解、应用）和高阶思维（分析、评价、创造）。受此理论的启发，我校提出了"一基两轴、三阶递进"的高阶教学框架，其特点是以知识传授为基础、以思维和能力为两轴，以提升学生思维和能力达到高阶层次为目标。

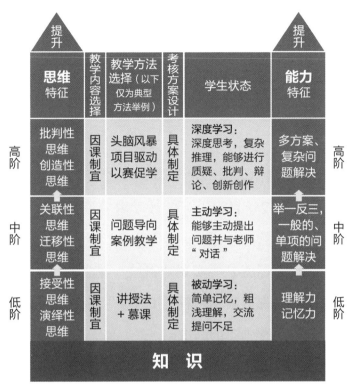

提升 思维 特征	教学内容选择	教学方法选择（以下仅为典型方法举例）	考核方案设计	学生状态	提升 能力 特征
高阶 批判性思维 创造性思维	因课制宜	头脑风暴 项目驱动 以赛促学	具体制定	深度学习：深度思考，复杂推理，能够进行质疑、批判、辩论、创新创作	多方案、复杂问题解决 高阶
中阶 关联性思维 迁移性思维	因课制宜	问题导向 案例教学	具体制定	主动学习：能够主动提出问题并与老师"对话"	举一反三，一般的、单项的问题解决 中阶
低阶 接受性思维 演绎性思维	因课制宜	讲授法＋慕课	具体制定	被动学习：简单记忆，粗浅理解，交流提问不足	理解力 记忆力 低阶

知　识

锦城学院"一基两轴、三阶递进"的高阶教学实施框架（根据邹广严校长手稿绘图）

（二）高阶教学与"三大教改""两课设计"等理论的关系

大家看高阶教学这个框架，它系统整合了我校此前提出的各大教学理论。

比如，我们在2011年就提出并开展了轰轰烈烈的三大教学改革。在教学内容改革方面，通过去掉、调整、增加、嵌入，做到教学内容上的"接近前沿、立足应用、上下衔接、减少重复"。在教学方法改革方面，推行"八大教学法"，即案例教学法、项目驱动法、问题导向法、模拟仿真法、以赛促学法、在线教育法、翻转课堂教学法、头脑风暴教学法，杜绝照本宣科、"满堂灌"等教学方式。在教学评价改革方面，坚持过程与结果并重、标准答案与非标准答案并重、平时成绩与期末考试并重、课内课外并重、考题中至少要有一个课外题目、突出对运用知识解决实际问题能力的考核，实行多元评价，促进学生"长板"发展。

2015年，我们提出并推行"课程与课堂设计"（又称"两课设计"）。规定动作有教学目标设计、教学内容设计、教学方法设计、教学互动设计、教学管理设计、评价方式设计、作业设计、推荐课外读物设计8项。其目标就是要实现"锦城"课堂的科学化、信息化、最优化，把传统的备课提高到"教育工程学"的水平，把传统的教书先生提升到"教育工程师"的高度。

从"三大教改""两课设计"到"高阶教学框架"，我校的教学理论是在继承中不断发展、不断提高的，到高阶教学，算是集其大成了。我们要用历史的、发展的眼光来看待这些理论之间的关系。"高阶教学"不是从天而降的，这个理论有长期的实践基础，也在固有基础上实现了新的飞跃。不是说现在搞高阶教学，就不搞"课堂大于天""三大教改""两课设计"了。实际上，"课堂大于天""三大教改""两课设计"等理论已经完美内蕴于高阶教学框架中了，推行高阶教学，是对这些做法的进一步坚持、提高并实现新的飞跃。

（三）对高阶教学框架的一些说明

1.指导原则

"一基"即以知识为基础，要让学生明白知识是什么、从哪里来、到哪里去（用处和发展），要把知识教够、教活，达到系统（纵向）、关联（横向），这是教学的基础。

"两轴"即以提升思维和能力为目标，使学生的思维和能力得到发展，最终达到高阶思维、高阶能力。

"三阶"即以分阶递进为手段，方法上注意循序渐进。

2.实施要点说明

一是要处理好一门课和一堂课的关系。高阶教学以课程（一门课）为单位，一门课下来，必须促进学生的思维和能力从低阶进到高阶，但不是要求每堂课都"三阶递进"。

二是要处理好低、中、高阶的关系。主攻高阶教学并不否定低阶、中阶教学。在一定程度上，先有低阶、中阶教学，然后才有高阶教学。不宜把"三阶递进"简单化为高阶教学；不能只讲高阶，不讲递进。

三是要注意把握高阶的标准。学生的思维和能力达到高阶层次是高阶教学的标准，高阶思维的特征是批判性、创造性。高阶能力的特征是能够多方案，解决复杂问题。

四是要处理好目标和方法的关系。促进学生的思维和能力达到高阶层次是目标，教学内容、教学方法和考核方案都是方法。不能以方法代目标，不能简单地说某某教学法就是高阶（或低阶）。有的教学法在低、中、高阶教学中均可使用，教师要选择的是最佳方法。

五是要处理好知识、思维、能力的关系。知识是思维和能力的基础，但知识不等于思维，也不等于能力。知识是形成思维的基础内容或原材料，没有知识，思维是空的；没有思维，知识是死的。思考加行动就是能力。

六是要注意不同学科高阶教学的区别。不同学科的低、中、高阶思维和能力的表现是不同的。例如文科、工科和艺术类学科的高阶表现就有显著差异。理工科抽象思维是高阶，文、艺科形象思维是高阶。

七是要明确教学方法中包含教学技术。我们一直强调，技术变革是教育变革的决定性推动力，技术是方法的支撑，技术变革是方法变化的重要原因。

八是要注意学生的状态。学生在低、中、高三阶中的状态是有显著差别的，同时是可观测的。关注学生的状态，有助于把握学情，有助于评估教学活动、调整教学策略。

三、关于"一点两面、三抓五评"的深度学习框架

（一）何谓深度学习

深度学习是学习者主动地学习，在理解的基础上，学习者批判性地学习新知识，将它整合到原有的知识结构当中，并能将所学的知识迁移到新的情景中，灵活地解决新问题并能创造新知识。

（二）深度学习的特点

1.强调学习者的主体性、主动性、内驱力。

2.从认知心理学的角度，强调理解、整合、内化、重构、应用、迁移等思维过程，尤其强调高阶思维和解决复杂问题的能力。

3.强调教师的引导作用。

4.强调非认知能力因素的参与和养成。如学会学习、学习毅力的个人领域能力，团队协作、有效沟通的人际领域能力。

5.强调形成核心素养（人文素养、科学素养、职业素养），促进人的发展。

（三）深度学习与之前学习理论的关系

锦城学院的学习理论，是一个长期发展的过程。例如在2007年，我们提出了"全身心投入学习是学生的第一要务"。2010年，我们提出了"搞好一个项目比考出一个高分更重要，解决一个现实难题比拼凑一篇论文更重要，干好一件事情比空谈理论更重要，做好一项实验比死记硬背更重要"。2020年，我们提出了"强度学习、深度学习、科学学习"三大学习概念。2021年的暑期会，我们正式形成了"一点两面、三抓五评"的深度学习框架。

深度学习理论与之前学习理论的关系，类似于高阶教学与之前教学理论的关系，是在继承中有发展、有飞跃。

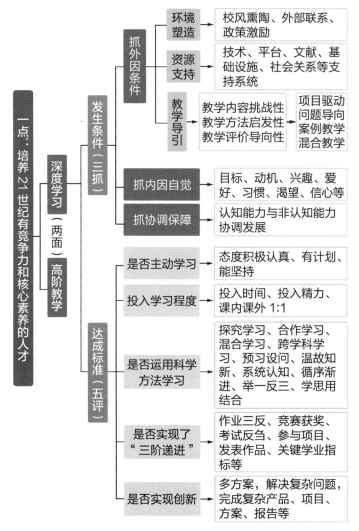

锦城学院"一点两面、三抓五评"的深度学习实施框架
（根据邹广严校长手稿绘图）

（四）深度学习框架的实施要点

1.深度学习是有条件的，不是自发产生的行为，故需"三抓"。

2.深度学习的过程和结果是有表现的，需要评价标准，故要

"五评"。

3.深度学习需要教学导引，故不是弱化教师的作用，而是更加强化了教师的作用，对教师的教育教学提出了更高的要求。

4.深度学习是一个系统工程，涉及教、学、管三个方面，故各方要齐心协力、各尽其责。

四、关于"两商六力、三隐三显"的非认知能力培育框架

从认识论的角度，人的能力大体分为两种：一种是认知能力，即人们通常所说的智力，指人脑加工储存和提取信息的能力，其高低程度用智商来衡量；另一种是非认知能力，包括社会情感能力和行动力，诸如组织领导、合作沟通、协作能力、情绪管理、负责精神、发展动机、好奇心、包容性和创造性等，其高低程度用情商、行商来衡量，非认知能力通俗地讲，主要就是指情商和行商。

在传统的大学教育当中，认知能力的培养是一条主线，它通过教师、教材、课堂、教学活动、考试、评价等途径进行，完全是显性化的。而非认知能力的培育则不同，它基本上是隐性的，靠学风、习惯、体验等，既缺乏明确的目标和要求，又没有教材和教育者，当然也缺乏考核的标准和方法。

坚持非认知能力与认知能力并重，促进学生认知能力和非认知能力协调发展，是我校培养全面发展人才的关键，也是一个特点和特色。我们提出非认知能力培育的一个框架，其重点是"两商六力"，方法是"三隐三显"。就是要把隐性措施和显性措施相结合，并制定

相应的目标、标准和考核方法。使非认知能力的培育有教师、有教材、进课堂、进实践场所。非认知能力培育，不但学生工作者要抓，而且全体教师都要抓。

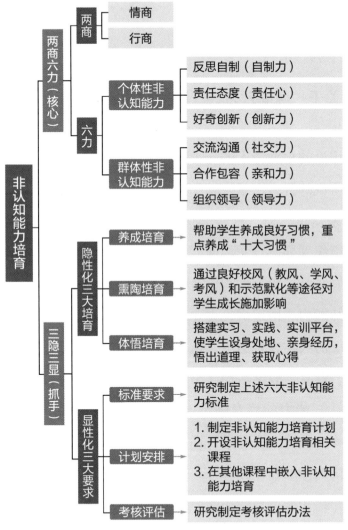

锦城学院"两商六力、三隐三显"的非认知能力培育框架
（根据邹广严校长手稿绘图）

五、关于教师情感劳动框架

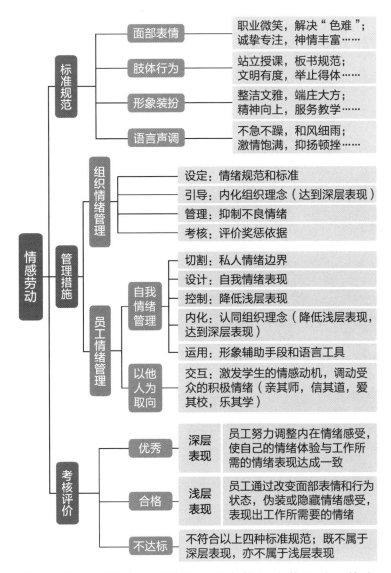

锦城学院"四标准、两管理、三考核"的教职员工情感劳动框架（根据邹广严校长手稿绘图）

教师是一个特殊职业，他所付出的劳动除脑力劳动、体力劳动之外，还有第三种劳动，即情感劳动。我们提出大学教师"三种劳动"的理论，是在高质量教育教学、人才培养、建立新型师生关系方面的一种创举。

为了使教师情感劳动有章可循，我们在以前论述的基础上，制定了一个框架，其要点是"四标准、两管理、三考核"。

六、关于"四大框架"的实施和考核

贯彻"四大框架"，学习是前提，设计是龙头，落实是重点，考核是关键。

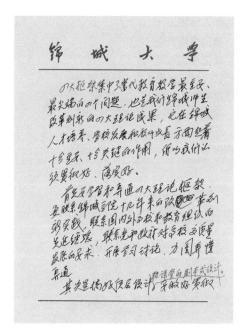

"四大框架"引领推动"锦城教育"实现高水平跨越。图为邹广严校长手稿（校办 供图）

"锦城"青年一要学习，二要奋斗

——在锦城学院第十六次团代会、学代会上的讲话

（2021年11月22日）

各位来宾，各位代表，同学们，老师们：

大家上午好！在此，我代表学校党委、董事会、行政班子，向大会的召开表示热烈的祝贺！向团省委任副书记、团市委李书记，省、市团委和各兄弟院校的同志们以及锦城小学的小朋友们的到来表示热烈的欢迎和衷心的感谢！

一、"锦城"共青团、学生会的定位、作用和贡献

建校十七年来，"锦城"共青团、"锦城"学生会在学校发展、壮大的过程中起到了不可替代的作用，作出了突出的贡献。我年轻的时候也当过团的干部，胡耀邦同志当团中央第一书记的时候提出一个观点，我记忆尤深，那就是"共青团没有自己的中心工作，党的中心工作就是共青团的中心工作"。十七年来，"锦城"共青团也好、"锦城"学生会也好，都是围绕着党的工作中心，服务于学校工作大局，扎根于青年学生群体，把自己的工作和学校中心工作结合起来。

锦城学院第十六次团代会、学代会会议现场（校团委 供图）

学校的中心工作是什么？就是要贯彻党的科教兴国战略和教育方针，培养社会主义的建设者和接班人，把学生培养成能够为社会主义建设事业出力的、将来能成为各行各业骨干的人才。

十七年来，"锦城"共青团、学生会找准了自己的定位和工作的着力点，开展了许多有声、有色、有效的活动——活动光是有声有色还不行，还要有效。判断有效的标准是什么？就是要推动学校的人才培养。众多的班团组织和140多个学生社团，在学习共产主义理论，在发扬"长板原理"，在贯彻"三自三助"，在认知能力和非认知能力培育相结合等方面，做了大量工作，是我校教育不可缺少的一部分！

特别是在非认知能力方面，着力于培养学生的社交力、亲和力、领导力、自制力、责任心、创新力，发挥了不可替代的作用。我们现在表现突出的校友，他们在校期间要么当过共青团的干部，要么当过学生会的干部，要么当过社团的干部，所以共青团、学生会、社团是锻炼人才的舞台。现在很多大学都提出要培养未来领导者，严格地说，领导力不是上课上出来的，而是锻炼出来的。"锦城"的学生走上社会后有出息，原因之一就是他们在学校经过充分的锻炼。所以，同志们，我说青年团和学生会在我校人才培养的中心工作中发挥了不可替代的作用。我在此代表学校向你们表示感谢！

二、"锦城"共青团员一要学习，二要奋斗

我们学校，也还是有点雄心壮志的。我看会场后面的标语写着："追求卓越，止于至善，为建设世界著名、国内一流的应用型、创业型大学贡献力量。"说实话，学校提出的是"世界知名"，你们比较厉害，说是要追求"世界著名"，这就说明"锦城"的年轻人有理想、有抱负。好！我们就是要办成这样的大学，这是党交给我们的任务，这是人民——包括你们的家长，对我们的嘱托。那么，要完成这个任务，"锦城"青年要做些什么？我想主要是两条，第一条是学习，第二条是奋斗！

（一）"锦城"青年要认真学习

我今天带了一本小册子，名字叫作《共青团的任务》，这是列宁1920年10月2日在俄国共产主义青年团第三次代表大会上的讲话。我手上这本是1953年前后印刷的。1961年前后，我在中学当了团支部书记、校团委副书记，就认真地读过这本册子。我给大家读几段列宁的原话："一般青年的任务，尤其是共产主义青年团及其他一切组织的任务，可以用一句话来表示：就是要学习！"学习什么内容呢？

书里讲道："看来首先的和理所当然的回答是：青年团和所有想走向共产主义的青年都应该学习共产主义。"还讲道："如果只学习共产主义的理论、著作、小册子等东西，那么我们可能造就一批共产主义的书呆子或者吹牛匠，而这往往会使我们受到损害……因为这种人把共产主义书本上的东西背得很熟，但是不善于把这些知识融会贯通，也不会按照共产主义的要求去实际行动。"

邹广严校长与到会指导的共青团四川省委、成都市委领导亲切交谈
（校团委　供图）

在列宁的时代，电气化知识是最前沿的知识。列宁有句名言："共产主义是苏维埃政权加全国电气化。"他号召青年人学习当时最前沿的电气化知识：

你们完全了解，不识字的人实现不了电气化。而且仅仅识字还不够，只懂得什么是电还不够，还应该懂得怎样在技术上把电应用到工农业上去，应用到工农业的各个部门中去。你们自己必须学会这一点，而且还要教会全体劳动青年。这就是一切有觉悟的共产主义者的任务，也就是每一个认为自己是共产主义者的青年，每一个明确地认识到加入共产主义青年团之后就负起了帮助党建设共产主义、帮助整个青年一代建立共产主义社会的责任的青年的任务。

每个青年必须懂得，只有受了现代教育，他才能建立共产主义社会，如果不受这种教育，共产主义仍然不过是一种愿望而已。

这虽然是列宁在100年前的讲话，但是他的基本思想和基本理论是很值得我们学习的。我们现在也号召大家学习。一是要学习共产主义知识，包括马克思列宁主义、毛泽东思想、邓小平理论、"三个代表"重要思想、科学发展观、习近平新时代中国特色社会主义思想。二是要学习人文的、科学的、社会的知识，特别是当代的新科技，具体到我们学校就是以"三大教育"为主要内容的课程体系。"锦城"教育的特点是德智体美劳五育并举，认知能力与非认知能力并重，促进学生全面发展、个性化发展，培养学生掌握知识、应用知识、创新创造、开创未来的能力。同学们只有好学、勤学、善学，才能成为社会所需、引领未来的人才！

（二）"锦城"青年要努力奋斗

奋斗就是落实，奋斗就是行动。我们全国人民为中华民族的伟大复兴而奋斗，在学校就是为建设一流的应用型大学而奋斗，这是党和人民交给我们的任务。

我讲过，"没有一流的校长办不成一流的大学，没有一流的班长和团支部书记也办不成一流的大学"。前半句是公认的，北大的蔡元培、清华的梅贻琦、南开的张伯苓，都是名校长办名校。后半句"没有一流的班长和团支部书记也办不成一流的大学"，算是我的发明。班长和团支书是班团组织的领导者，没有一流的班长和团支部书记就没有一流的班团组织，没有一流的班团组织就没有一流的大学。为什么？因为班风就是校风，团风就是校风，校风不好，能办成一流大学吗？我们提倡师生要"忙起来"，大家都跑到外面吃火锅去了，凌晨两三点钟还不回来，能行吗？班团是最有号召力、约束力、吸引力的组织，学校非常重视班团组织的作用。所以，我希望校团委、校学生会以及各团支部、各班委会、社团组织，都能够带头为建设一流大学而奋斗！

从基层抓起，从小事做起，让班团、社团都成为锻炼人才的基地、培养非认知能力的基地。大家万众一心，众志成城，为把我校建设成为一流的应用型大学而奋斗！

"锦城"青年，向着胜利进军（校团委 供图）

同学们，学校办得好不好，关键看校友走出校门后的表现。你们两三年之后就是我们的校友，你们的前途就是"锦城"的前途，你们的发展就是"锦城"的发展，你们的今天就要为明天打好基础、做好准备！现在为建设一流大学立功，将来为建设社会主义现代化强国立功，为中华民族伟大复兴建功！这就是我们的"锦城"力量、"锦城"贡献！

最后，预祝此次大会圆满成功！

谢谢大家！

"锦城"之大，在于人才培养成果之大

——在与校友代表会谈时的讲话

（2021年12月9日）

今天，各位校友从各地赶来，提前祝贺我的生日，我既高兴又感动。以前是"人生七十古来稀"，现在八十才算得上"古来稀"。回望自己八十年来走过的路，除了念书以外，大致经过了三个阶段。

邹广严校长发表即席讲话（校友办 供图）

第一个阶段是办企业、振兴长钢的二十年。1968年12月，我从天津大学毕业后，来到四川江油工作。当时，我在地图上都找不到江油，那个时候的站名叫"中坝"，不叫江油，所以我说自己是被分配到地图上连名字都没有的地方。我在四川也没有什么亲戚朋友，可谓是单枪匹马入川。到长钢后，从工人到班长、工段长、车间书记，一步一个台阶，1984年当选为长钢党委书记，成为长钢第一个电话号码的主人。整个过程用了多长时间？十六年。所以我经常对校友们说，你们发展得比我好、进步得比我快。

我从企业的基层到高层用了十六年，几乎每一个岗位都没有漏过，处长都当了四个——厂长办公室主任、企业整顿办公室主任、技改处处长、物资供应处处长。我当物资供应处处长的时候，可以说不管事大事小，都事必躬亲，无论是客户关系、物资采购、仓库管理，都是自己动手。我之前没有学过物资管理，但是善于学习、肯动脑筋，仓库的设计、物品的挂牌、物资的分类，都是自己动手。

我到长钢的时候，还处于"文革"时期。"文革"之后，百废待兴，老领导同志拨乱反正，企业慢慢走上正轨。我接班的时候，长钢仍很困难，资金紧张、原料紧张，什么都紧张。那时实行党委领导下的厂长负责制，我担任长钢党委书记，带领全厂艰苦奋斗。通过全厂

邹广严校长与"锦城"校友合影（校友办　供图）

的努力，长钢实现了腾飞，创造了中兴和辉煌。当时绵阳最著名的企业是"两长一烟"，即长钢、长虹和卷烟厂。所以说，我人生的第一个阶段就是把长钢建设好、管理好、发展好。

第二个阶段是在政府工作的十几年，将近二十年。1988 年，我从长钢调任四川省计划经济委员会副主任，主要负责交通和能源方面的工作。后来省委、省政府决定成立生产委员会，让我牵头，任命我当生产委员会主任。这个生产委员会就是后来的经委、经贸委、经信委，现在的经信厅（即经济和信息化厅）的前身。四川省生产委员会成立的时候也差不多什么都没有，缺人、缺经费，车子也只有两部，我还是把它从零开始建起来了。再后来我到省政府工作，当了省长助理、副省长，主要分管全省的经济工作。

从计委、生产委到省政府，我要感谢党的培养，感谢组织的信任，感谢四川人民给我投下的信任选票。所以，我必须对党、对四川人民负责，一切损害四川利益的事，在我这里都通不过。

这二十年算是我人生中比较高光的时期了。当时的党和国家领导人如江泽民、李鹏、朱镕基、吴邦国、温家宝等同志，我都见过面，汇报过工作。我当时主要分管四川的经济工作，也算是建设河山、挥斥方遒。四川省当时有十个机场，我主持修建了九个；四川省内前 2000 公里的高速公路，基本上是我领导修建的；四川省内的所有铁路电气化是在我支持下建成的；四川由一个严重的缺电的省份到电力相对富余，实现"西电东送"，是在我的任期内开始逐步实现的。当时，县城不允许使用天然气，但四川是天然气资源大省。我在宋宝瑞省长的支持下，提出了一个"气化全川"的方案，让全省各县城甚至乡镇都用上了天然气，还发展了以天然气为能源的新能源汽车。我一贯认为，手里有权就一定要为老百姓做实事，不为老百姓做实事还不如回家卖红薯。

第三个阶段是2003年到现在。我2003年结束副省长的任期，到川投集团担任董事长、党委书记。当时，除了办企业以外，我还想办三件事：一件是想办学校，让更多青年人有学上、上好学；一件是办药厂，缓解老百姓吃药难的问题；还有一件是办个像资生堂一样的化妆品厂，满足人民对美好生活的向往。当然，后两件都没有实现，但办学校实现了！

今天，我要特别感谢我们的校友，有三个方面的原因。

第一，感谢你们当年报考了"锦城"。2005年，我们这所学校刚从地平线上冒出来，5月9日教育部批准学校成立，5月24日政府批准招生，6月7日就是高考，当时连宣传都来不及。所以，那个时候，愿意填报咱们学校就是对学校最大的支持！当然，反过来讲，我们也给大家创造了一个上大学的机会。如果办一所学校没人报考，这学校肯定就办不下去，所以我要代表学校感谢你们。

第二，感谢你们在校期间接受和配合学校的教育。对学校的教育思想、教育理念、教学改革、人才培养措施，你们都是很支持的。大学教育是教与学两个方面，校方和学生也是两个方面，彼此不配合是不行的。比如我们要求背书包，带"三大件"，如果你们不配合，教育效果就要打折扣。后来我写了一段话："教育不是万能的，'锦城教育'也不是万能的。教育不能改变所有人的命运，'锦城教育'也没有办法改变所有人的命运。'锦城教育'能改变什么人的命运呢？改变那种接受和配合'锦城教育'的孩子们的命运。"因为如果学生不接受学校的教育，教育就无从发生，自然也就没有什么效果。

当年"锦城"有"三大教育",一个是"明德教育",一个是"知识教育",一个是"实践教育"。我们的"三大教育",你们不但接受了,而且还很配合。我经常讲,2005 级的孩子们考分可能不是很高,但是活动能力很强。那个时候还没有"非认知能力"的概念,用今天的话来说,搞活动就是非认知能力的一个重要方面。我们2005、2006 级的孩子们出去后都发展得不错。为什么呢?因为他们除了认知能力以外,非认知能力也比较强。你看尹柯这个小伙子,考试不一定得高分,但是做生意肯定在行。当然,段吟颖校友是另一类学生的代表,她的认知能力和非认知能力都很强,所以她读完了博士,当了教授。我们"锦城精神"之一,就是学校谋特色,学生谋特长。所以,我感谢同学们配合学校的教育,支持学校的教育,不然我们的学校不会人才辈出。

第三,感谢你们毕业后的努力,为"锦城"赢得了荣誉。你们践行和发扬了"锦城"的教育思想,譬如我们主张要先做人后做事,你进入社会不会做人,只想当官,只想赚钱,那是做不好的。做生意首先要做人,搞学问首先要做人,当官首先也要做人。做人做不好,其余的都不行,即使是上去了也要下来。同学们毕业后践行"锦城"的教育理念了,都践行得很好,发展得很好,为"锦城"争了光,所以我要感谢你们。顺便说一句,苏斌同志当校友办主任是不错的,多方联系,哪个校友有什么成就了,马上发个信息,密切关注校友们的发展。所以,可以负责地讲,在保持和校友密切联系方面,我们学校在全国高校中,都是做得很好的。

我最近发明了一个理论——以前说看一所大学办得好不好,要看这所学校的大楼修得怎么样。后来清华的梅贻琦校长说,不光要看大楼，更重要的是要看有没有大师。在此基础上，我又发展了一步，认为不光要看大楼、大师，还要看校友。大学之大，不仅在于大楼之大、大师之大，还在于人才培养成果之大，即校友之大。大楼修得再好，请的老师再高明，培养出来的学生没有出息，你能说这所学校好吗？所以我经常讲，校友发展是检验学校办学好不好的试金石。

邹广严校长一直牵挂着广大"锦城"校友的发展。图为邹校长2019年为校友年会的题词（校友办　供图）

邹广严校长在米易县与"锦城"校友交流（校友办　供图）

大家在各行各业都表现得很好，发展得很好。我常常听用人单位说："'锦城'的毕业生很不错。"我听了很高兴。前不久我到攀枝花去，遇到一位女孩叫刘金倩，是我们"锦城"的毕业生，现在是米易县政协委员。我之前有一个部下，现在是攀枝花市政协副主席，到米易来请我吃饭，米易县政协主席也来陪同。我对他们说，我的学生是你们的政协委员，请你们多指导。我刚告诉他们这位学生的名字，他们立马就说这姑娘很不错，上次大会发言的委员中就有她。所以，你们发展得越好，我们当校长、当老师的就越光荣；你们发展得越好，就越能说明我们办学的成功！

一开始我讲了自己的三个"二十年"，人生八十古来稀，到了我这个年龄讲的就是"门生故旧"。"门生"就是学生。这次我到攀枝花米易县，川煤集团董事长一见面就说："校长，我是您的学生。"我问他是什么时候的学生，他说是省工商管理学院的学生。我在省政府工作的时候，兼任过省工商管理学院的院长，所以他算是我的学生。"故旧"就是以前的部下、朋友。米易县委书记说是我的老部下，原来她以前在攀枝花市计委工作，当时我领导全省计委系统，所以她算是我昔日部下的部下。随着时间的推移，部下慢慢少了，但学生却是永远的。因为领导关系可以变，但师生关系是不变的。我为当过你们的校长和老师而骄傲。

再次感谢你们为我举办庆祝会！谢谢亲爱的同学们！